| www.dongyangbooks.com |

새로운 도서, 다양한 자료
동양북스 홈페이지에서 만나보세요!

홈페이지 활용하여 외국어 실력 두 배 늘리기!

홈페이지 이렇게 활용해보세요!

1 도서 자료실에서 학습자료 및 MP3 무료 다운로드!

❶ 도서 자료실 클릭
❷ 검색어 입력
❸ MP3, 정답과 해설, 부가자료 등 첨부파일 다운로드
* 원하는 자료가 없는 경우 '요청하기' 클릭!

2 동영상 강의를 어디서나 쉽게! 외국어부터 바둑까지!

300만 독자가 선택한

가장 쉬운
독학 일본어 첫걸음
14,000원

가장 쉬운
독학 중국어 첫걸음
14,000원

가장 쉬운
프랑스어 첫걸음의 모든 것
17,000원

가장 쉬운
독일어 첫걸음의 모든 것
18,000원

가장 쉬운
스페인어 첫걸음의 모든 것
14,500원

버전업! 가장 쉬운
베트남어 첫걸음
16,000원

버전업! 가장 쉬운
태국어 첫걸음
16,800원

가장 쉬운
러시아어 첫걸음의 모든 것
16,000원

가장 쉬운
이탈리아어 첫걸음의 모든 것
17,500원

첫걸음 베스트 1위!

가장 쉬운
포르투갈어 첫걸음의 모든 것
18,000원

가장 쉬운
터키어 첫걸음의 모든 것
16,500원

버전업! 가장 쉬운
아랍어 첫걸음
18,500원

가장 쉬운
인도네시아어 첫걸음의 모든 것
18,500원

가장 쉬운
영어 첫걸음의 모든 것
16,500원

버전업! 굿모닝
독학 일본어 첫걸음
14,500원

가장 쉬운
중국어 첫걸음의 모든 것
14,500원

동양북스
www.dongyangbooks.com
m.dongyangbooks.com

新HSK 6급
고득점 공략 비법서!!

新 HSK 합격쓰기

王乐 지음

6급

동양북스

초판 3쇄 | 2017년 2월 10일

지은이 | 王乐
발행인 | 김태웅
총　괄 | 권혁주
편집장 | 이경숙
책임편집 | 연윤영
디자인 | 성지현
마케팅 총괄 | 나재승
마케팅 | 서재욱, 김귀찬, 왕성석, 이종민, 조경현
온라인 마케팅 | 김철영, 양윤모, 탁수지
제　작 | 현대순
총　무 | 한경숙, 안서현, 최여진, 강아담
관　리 | 김훈희, 이국희, 김승훈, 이규재

발행처 | 동양북스
등　록 | 제10-806호(1993년 4월 3일)
주　소 | 서울시 마포구 동교로22길 12 (04030)
전　화 | (02)337-1737
팩　스 | (02)334-6624

http://www.dongyangbooks.com

ISBN 978-89-8300-936-4 14720
　　　978-89-8300-924-1 (세트)

▶ 본 책은 저작권법에 의해 보호를 받는 저작물이므로 무단 전재와 복제를 금합니다.
▶ 잘못된 책은 구입처에서 교환해 드립니다.

머리말

많은 수험생들은 '요약 쓰기' 즉, 작문을 많이 접해보지 못했을 것이다. 그래서 종종 이 '종이호랑이'에 놀라는데, 이 책을 출간한 목적은 독자들에게 '종이호랑이 잡는 법'을 가르쳐주기 위함이다. 이 책에는 지금까지 실제 출제됐던 여러 문제를 분석하여 키워드 찾기, 6요소 찾기, 단서 찾기 등의 비법을 만들어 실었으며, 책을 공부함으로써 수험생들이 더 이상 요약 쓰기에 대해 혼란스럽지 않도록 체계적으로 설명했다. 본서는 6급 쓰기의 요점만을 엮어서 만들었으며, 수험생들이 시험의 요구에 적절하게 요약하여 쓸 수 있도록 '문장 다시 쓰기 공략 → 지문 요약 쓰기 공략 → 제목 짓기 공략'의 순서로 기초부터 차근차근 가르쳐준다. 또한 실전 연습을 통해 6급 쓰기를 파악하는데 도움을 줄 것이며, 빠르게 작문실력을 향상시키고, 시험에 쉽게 통과할 수 있도록 할 것이다.

이 책의 특색

새롭다 : 모든 문제는 최근 시험문제를 기반으로 다각도에서 분석하고 해석하였다. 신속하게 수험생의 중국어 작문실력을 최대한 빠르게 향상시키기 위하여, 新HSK 6급 쓰기 시험의 큰 관문을 돌파했다.

쉽다 : 지문에서의 6요소 찾기, 단서 찾기 등의 연습을 통해 수험생들이 쓰기 시험을 볼 때 더욱 쉽게 답을 써내려 갈 수 있게 했다. 또한 요약 쓰기의 구상에 대해 설명하고, 정확하게 쓰는 방법을 알려준다. 수험생은 자세하게 설명된 답안을 참고하여 학습할 수 있어, 요약 쓰기에 쉽게 접근할 수 있다.

전부 다 있다 : 문장에서 글에 이르기까지, 점에서 면이 되기까지, 단계적으로 연습할 수 있는 방식으로 되어있다. 동시에 모범 요약문에 쓰인 뛰어난 어휘로 하나를 보면 열을 알 수 있도록 했다.

비교할 수 있다 : 모범 요약문은 60점짜리와 80점짜리를 제시하여, 저득점과 고득점의 차이를 분명하게 비교해 볼 수 있게 했다.

이 책은 낚시꾼에게 물고기 잡는 법을 알려주듯 수험생이 짧은 시간 내에 쓰기 시험에 응하는 전략을 스스로 깨닫게 해주고 있다. 또한, 수험생들이 요약 쓰기의 비법을 배우고 도움을 받아, 쓰기의 고득점 성공을 이루었으면 하는 바람이다.

저자

新HSK 6급

1. 응시수준

응시대상 5,000개 또는 5,000개 이상의 상용어휘와 관련 어법지식을 마스터한 학습자를 대상으로 한다.

합격수준 중국어 정보를 듣거나 읽는 데 있어 쉽게 이해할 수 있으며, 중국어로 구두상 또는 서면상의 형식으로 자신의 견해를 유창하고 적절하게 전달할 수 있다.

2. 시험 구성

영역		문항 수		시간	배점
듣기	제1부분	15	50	약 35분	100점
	제2부분	15			
	제3부분	20			
	듣기 답안지 작성 시간			5분	
독해	제1부분	10	50	50분 (별도의 답안지 작성 시간이 없음)	100점
	제2부분	10			
	제3부분	10			
	제4부분	20			
쓰기	작문	1	1	읽기 : 10분 쓰기 : 35분	100점
합계		101		약 135분	300점

※ 총 시험 시간은 140분이다. (개인정보 작성 시간 5분 포함)
  총점 180점 이상이면 합격이다.

3. 영역별 문제 유형

듣기	제1부분	단문을 듣고 일치하는 내용의 보기 고르기 (주의 : 별도로 질문을 하지 않음)
	제2부분	총 3개의 인터뷰를 듣고 각 인터뷰 당 5개의 질문에 알맞은 답 고르기
	제3부분	몇 개의 단락으로 이루어진 지문을 듣고 2~4개의 질문에 알맞은 답 고르기
독해	제1부분	4개의 보기 중 틀린 문장 고르기
	제2부분	단문 속 3~5개의 빈칸에 들어가기에 알맞은 단어나 성어로 되어 있는 보기 고르기

독 해	제3부분	주어진 A, B, C, D, E 보기를 5개의 빈칸이 있는 지문의 내용에 맞게 배열하기
	제4부분	질문에 알맞은 답 고르기(한 지문당 3~5문제)
쓰 기	작문	10분 동안 1,000자 정도로 이루어진 글을 보고 400자 정도의 단문으로 요약하여 쓰기

4. 응시방법

원서접수

① **인터넷접수**
HSK 한국사무국 홈페이지(www.hsk.or.kr)에서 접수

② **우편접수**
구비서류(응시원서 + 반명함판 사진 2장 + 응시비 입금영수증)를 동봉하여 HSK 한국사무국으로 등기 발송

③ **방문접수**
서울공자아카데미(HSK 한국사무국 2층)에서 접수
[접수시간] 평일 : 오전 9시 30분 ~12시, 오후 1시~5시 30분 / 토요일 : 오전 9시 30분 ~12시
[준비물] 응시원서, 사진 3장(3×4cm 반명함판 컬러 사진, 최근 6개월 이내 촬영)

시험 당일 준비물

① **수험표** HSK 한국사무국 홈페이지에서 출력(방문접수자는 접수현장에서 발급)
② **필기도구** 2B 연필, 지우개
③ **유효한 신분증**
[18세 이상] 주민등록증, 운전면허증, 기간만료 전의 여권, 주민등록증 발급신청 확인서
[18세 미만] 기간만료 전의 여권, 청소년증, HSK 신분확인서
※ 주의 : 학생증, 사원증, 국민건강보험증, 주민등록등본, 공무원증은 인정되지 않음

5. 성적발표

성적은 시험일로부터 1개월 후 중국고시센터 홈페이지(www.hanban.org)에서 개별 조회가 가능하며, 성적표 발송은 시험일로부터 45일 이후이다.
성적표에는 듣기, 독해, 쓰기 각 영역의 점수와 총점이 기재되며, 총점이 180점을 넘어야 합격이다.
HSK성적은 시험일로부터 2년간 유효하다.

新HSK 6급 쓰기

1. 출제 형식

1. 약 1,000자 내외의 제시문을 10분 동안 자세히 읽게 한다. (옮겨 쓰거나 기록할 수 없음)
2. 10분 후, 감독관이 시험지를 회수하면 응시자는 지문의 내용을 35분 동안 원고지에 요약한다.
3. 원문을 요약하여 서술하되, 자신의 관점이 들어가서는 안 되고, 제목은 자율적으로 정한다.
4. 글자 수는 400자 내외로 쓴다.
5. 요약은 답안지(원고지)에 직접 작성한다.

	시험 시간	글자 수	문항 수
문제 보기	10분	1000자 내외	1문항 (101번 : 요약하기)
요약 하기	35분	400자 내외	
총	45분	※ 답안 작성 시간은 별도로 주어지지 않는다.	

▶ 쓰기 시험에서 꼭 알아야 할 포인트

수험생들은 평소 연습을 할 때, 지문의 내용이 980자 또는 1,100자에 상관없이 글자 수를 최대한 400자 이상으로 작문 양식에 따라 요약하면 된다. 출제 요구에 따르면 390자도 가능하지만, 원고지 칸 수가 500자를 제시하기 때문에 글자 수가 적으면 문장이 비교적 짧아 보이므로 채점자에게 좋지 않은 인상을 줄 수 있다. 한두 문장을 더 써서 410자가 된다 할지라도, 글자 수 때문에 점수가 깎이는 경우는 없을 것이다.

新HSK 6급 쓰기 부분은 수험생들의 중국어 독해, 언어 표현, 쓰기 능력을 총체적으로 평가하는 중요한 부분으로, 수험생들이 가장 어려워하는 관문이기도 하다. 이 어려운 관문을 통과하기 위해서는 일단 시험의 출제 경향과 풀이전략을 정확히 알아야 한다.

2. 출제 경향

수험생은 10분이라는 아주 짧은 시간 동안 1,000자 이상의 글을 독해한 뒤 원문과 내용이 일치되게 400자 내외의 글을 써야 한다. 이는 수험생들의 서술능력을 요구하는 것이다. 제목은 요약해서 써야 하며, 수험생은 핵심 내용이 무엇인지 핵심을 파악하여 말이 되게 써야 한다. 이 부분은 사실 수험생의 종합이해능력을 평가하고, 자신만의 어투로 다시 서술 할 수 있는지를 주로 평가한다. 즉 기억, 생각, 표현 등을 잘 활용하여 원문의 내용을 정확히 요약하고, 요구한 글자에 맞춰 썼는지를 확인한 후, 주어진 시간 내에 글에 대한 이해력과 표현력이 정확한지를 시험하는 것이다.

수험생은 이런 방식의 시험이 아직은 낯설 것이다. 하지만 쓰기가 어렵다고만 느끼지 말고, 이 책의 공략 비법을 숙달하여 합격에 가까운 점수가 아닌 고득점을 받을 수 있는 작문을 해야 한다.

3. 공략 비법 공개

시험 중 지문을 보는 데 주어지는 시간은 단 10분이므로, 지문을 읽으면서 요약할 내용을 대략적으로 구상해야만 완벽한 요약문을 작성할 수 있다. 新HSK 6급 쓰기는 응시자의 독해력, 적절한 단어 사용 능력, 문장의 재구성 능력을 중점적으로 보기 때문에, 지문의 문장을 그대로 인용하기보다는 지문을 읽으면서 각 단락의 키워드를 기억하고, 빠르게 핵심 내용을 취사선택(取舍选择)하는 능력을 길러야 한다.

6급 쓰기 시험에 나오는 제시문은 대부분 기승전결이 뚜렷하고 주제가 분명한 글들이다. 내용이 어렵지는 않지만, 제시문을 10분 내에 모두 이해하고 기억하여 다시 400자 내외로 요약해내는 것은 생각보다 어려운 일이다. 짧은 시간 안에 제시문의 핵심 내용을 정확히 파악하고 유창한 중국어로 오류 없이 요약해내기 위해서는 몇 가지 요령과 끊임없는 연습이 필요하다.

▶ 요약의 3가지 포인트

① 기억력

新HSK 6급 쓰기 시험은 제시된 지문을 메모하거나, 보면서 요약할 수 없으므로 정확한 기억력이 무엇보다 중요하다.

② 사고력

쓰기는 지문을 그대로 베껴 쓰는 것이 아니고, 정해진 요구 사항에 따라 줄여 쓰는 것이므로, 지문에서 주요 요소를 취사선택(取舍选择)하여 내용을 종합하고 재구성하는 사고력이 필요하다.

③ 표현력

지문과의 연관성을 유지하고, 지문의 핵심 내용에서 벗어나지 않게 정확하고 분명하게 서술한다. 내용뿐만 아니라 중국어의 어법적·문화적·관습적인 면에서도 부합해야 하므로, 불확실한 고급 표현보다는 지문의 표현 방식을 활용한다거나, 간단명료하고 정확한 표현을 선택하는 것이 유리하다.

▶ 쓰기 시험이 쉬워지는 4가지 포인트

① 총체적으로 구상하고 전반적으로 이해하자.

각 단락에서 필요한 내용을 대략 어림잡아 보자. 이렇게 해야만 요약 쓰기를 마무리 할 때 글자 수를 조절해야 하는 낭패를 피할 수 있다. 총체적인 구상도 하기 전에 쓰기를 시작하거나, 순간순간의 문장만 생각하고 한 문장씩 쓰거나, 생각한 만큼만 쓰는 행동들은 삼가자.

新HSK 6급 쓰기

② 합리적으로 지문을 요약 정리하자.
어떤 부분을 얼마만큼 상세히 쓰고 간략하게 써야 하는지를 전반적으로 조정하는 것이 필요하다. 또한 이야기의 소재를 합리적으로 요약해야지 무작정 지문을 베껴서는 안 된다.

③ 인과 연상법과 한정어를 적극 사용하자.
글자 수가 부족하다면 원인과 결과를 연상해 보거나, 수식된 한정어를 활용하는 방법으로 소재를 추가할 수 있다. 이렇게 하면 글자 수는 자연스레 배로 늘어나 쉽게 보충 할 수 있을 뿐만 아니라, 내용도 충실해진다. 만약 앞부분에서 너무 많이 썼다면 뒷부분에서는 개괄적인 단어로 내용을 총결하고 요점을 정리해 마무리 할 수 있다. 어떤 상황이라 하더라도 그대로 내버려두면 안 되며 반드시 이성적으로 조절해야 한다.

④ 글자 수를 맞춰 작문하는 습관을 기르자.
요약에는 지문의 내용과 기본적인 글짓기 기술이 바탕이 되어야 하지만, 글자 수를 조절하는 것도 중요하다. 따라서 평소 연습을 할 때에도 의식적으로 글자 수에 맞춰 쓰는 습관을 길러야 시험에 도움이 된다. 아무리 훌륭한 내용으로 요약을 했다 하더라도 글자 수가 너무 부족하거나 많으면 감점의 요인이 될 수 있음을 명심하자.

▶ **新HSK 6급 쓰기 문제의 6가지 포인트**

① 빠른 속도로 반복해서 읽고 내용을 파악하라.
② 지문의 핵심 내용을 파악하라.
③ '언제, 어디서, 누가, 왜, 어떻게, 무엇을'에 해당하는 6요소를 확실히 파악하라.
④ 서술 방법을 사용하되, 개인적인 견해가 들어가서는 안 된다.
⑤ 핵심 내용을 바탕으로 제목을 정하라.
⑥ 제시된 글자 수 400자 내외를 지키고, 글자는 정자체로 또박또박 깨끗하게 써라.

▶ **확 꽂히는 포인트 하나 더!**

평소 중국어 문장을 다독 다작하는 습관을 들이자. 어떤 문장이든 많이 읽고 많이 쓰다 보면 자신도 모르는 사이에 작문과 어휘량을 확실히 늘릴 수 있다. 또한 다작은 다양한 문장을 경험해 볼 수 있으므로 쓰기 시험을 볼 때, 쓸 말이 없어서 쓰지 못하는 어려움을 모면 할 수 있다. 하지만, 어떤 형식의 요약문이든 지문이 표현하고자 하는 핵심 내용을 제대로 구사해야 한다는 사실을 항상 기억해야 한다. 즉, 쓰기의 실력은 평소 연습의 결과물이라고 할 수 있다.

新HSK 6급 성적표

 国家汉办/孔子学院总部
Hanban/Confucius Institute Headquarters

新 汉 语 水 平 考 试
Chinese Proficiency Test

HSK（六级）成绩报告
HSK (Level 6) Examination Score Report

姓名：_____
Name

性别：_____ 国籍：_____
Gender　　　　　　Nationality

考试时间：_____ 年 _____ 月 _____ 日
Examination Date　　Year　　　　Month　　　Day

编号：_____
No.

	满分（Full Score）	你的分数（Your Score）
听力（Listening）	100	
阅读（Reading）	100	
书写（Writing）	100	
总分（Total Score）	300	

总分180分为合格（Passing Score：180）

主 任 _____　国家汉办
Director　　　　　　　Hanban

中国 • 北京
Beijing • China

이 책의 구성

GRADE 1 단계별 요약 쓰기 공략

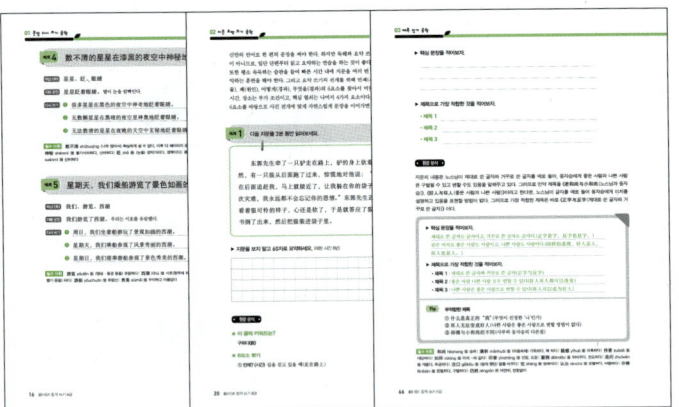

단계별 요약 쓰기

01 문장 다시 쓰기 공략, 02 지문 요약 쓰기 공략, 03 제목 짓기 공략 세 부분으로 나누어 요약 쓰기의 기본을 체계적으로 다루고 있습니다. 지문 요약 쓰기 공략에서는 단편, 중편, 장편으로 구분하여 新HSK 쓰기에 쉽게 접근할 수 있게 하였습니다.

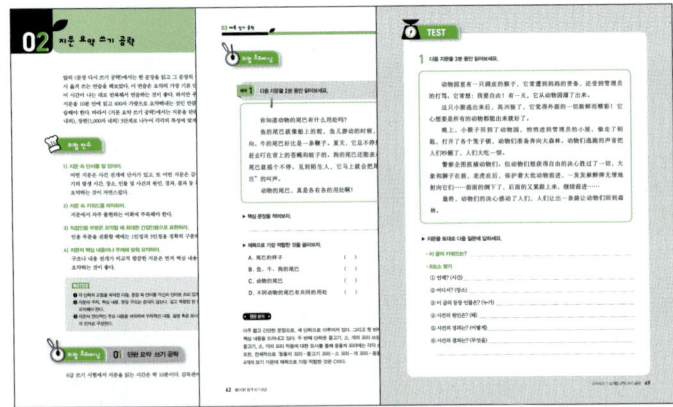

비법 전수 · 비법 트레이닝 · TEST

비법 전수에서는 新HSK 쓰기를 공략하는 비법을 공개했으며, 비법 트레이닝에서는 예제를 제시하여 문제 접근 방법을 설명했습니다. TEST에서는 비법 트레이닝에서 설명한 방법을 토대로 문제를 풀 수 있게 했고 지문 길이에 따라 독해 시간과 요약하는 시간을 따로 제시하여 실전과 동일하게 시간 배분 연습을 할 수 있습니다.

※ 지문에 제시된 독해 시간과 요약 시간은 시험에서 제시되는 시간을 기준으로 지문 글자 수 및 요약 글자 수에 따라 적합한 시간을 제시한 것입니다.

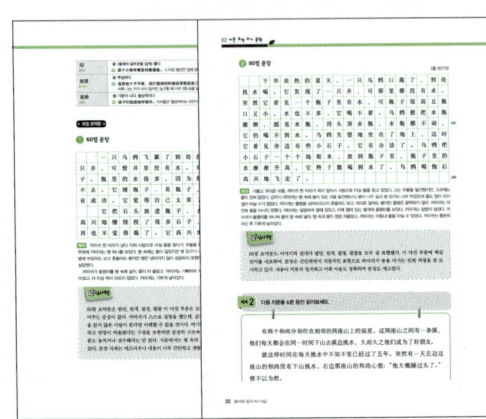

모범 요약문

문제에 따른 모범 요약문은 60점짜리와 80점짜리 문장 두 가지를 제시하였습니다. 또한 각 요약문에 심사평을 달아 요약문의 문장, 어휘, 내용 전개에 따른 오류를 설명했습니다.

GRADE 2 & 3 단계별 요약 쓰기 연습 & 요약 쓰기 실전

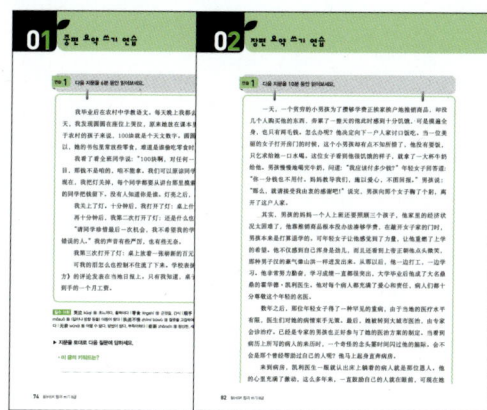

단계별 요약 쓰기 연습

단계별 요약 쓰기 연습에서는 제시된 단어를 참고해 중편과 장편의 지문을 읽고 GRADE 1에서 배운 풀이 방법을 바탕으로 연습 할 수 있게 했습니다.

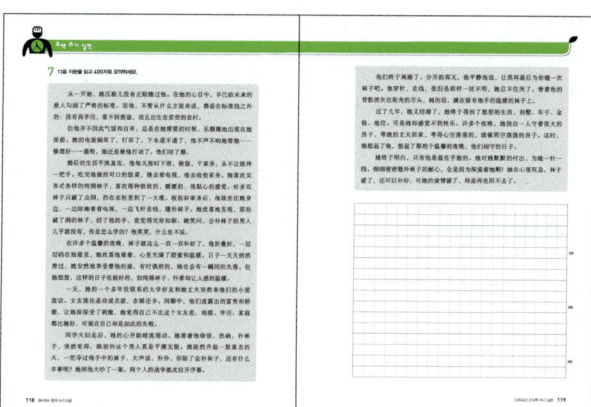

요약 쓰기 실전

요약 쓰기 실전에서는 실전 문제와 동일한 1,000자 이상의 지문을 읽고 400자가 넘는 원고지에 요약 쓰기 할 수 있게 하여 실전과 동일하게 했습니다.

부록 & 모범답안 및 풀이

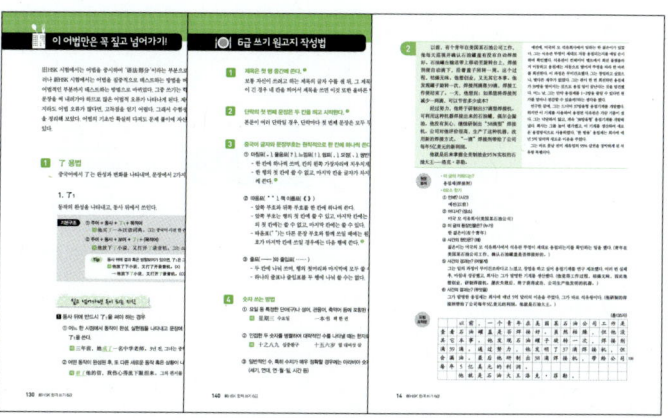

부록에서는 수험생들이 요약 쓰기를 하면서 많은 오류를 범하는 어법과 원고지 작성법, 자주 쓰는 문장 부호를 정리 하였습니다
모범답안 및 풀이에서는 GRADE 1 비법 트레이닝의 예제 및 TEST, GRADE 2 연습 문제, GRADE 3 실전 문제에 대한 번역과 모범답안 그리고 자세한 풀이를 실었습니다.

차례

머리말 • 3
新HSK 6급 • 4
新HSK 6급 쓰기 • 6
新HSK 6급 성적표 • 9
이 책의 구성 • 10

GRADE 1 단계별 요약 쓰기 공략 — 13
- **01** 문장 다시 쓰기 공략 — 14
- **02** 지문 요약 쓰기 공략 — 19
- **03** 제목 짓기 공략 — 60

GRADE 2 단계별 요약 쓰기 연습 — 73
- **01** 중편 요약 쓰기 연습 — 74
- **02** 장편 요약 쓰기 연습 — 82

GRADE 3 요약 쓰기 실전 — 101
- 요약 쓰기 실전 — 102

부록
- 이 어법만은 꼭 짚고 넘어가기! — 130
- 6급 쓰기 원고지 작성법 — 140
- 자주 쓰는 문장부호 — 142

GRADE 1

단계별 요약 쓰기 공략

01 문장 다시 쓰기 공략

'요약 쓰기'는 지문의 내용을 있는 그대로 옮겨 쓰는 것이 아니고, 지문의 내용을 간단한 문장으로 다시 표현하는 것이다. 지문에 쓰인 핵심 단어와 의미를 정확히 파악한 다음, 자신의 기억을 조합하여 같은 뜻의 문장을 하나 더 만들어내는 것으로, 지문의 의미를 그대로 전해야 한다. 하지만 처음부터 시험에 나오는 긴 지문을 읽고 요약을 하려면, 한숨부터 나올 것이다. 따라서 처음에 긴 지문을 읽는 것보다 먼저 짧은 한 문장을 읽은 다음, 보지 않고 다시 써보는 연습부터 하는 것이 좋다.

 비법 전수

1) 줄기를 잡는다. → 주어, 서술어, 목적어를 잡아라!
핵심 키워드를 파악해야 한다. 문장의 핵심 단어와 주요 내용을 이해한다.

2) 가지와 잎은 버린다.
세세한 묘사나 부차적인 서술은 과감히 제거한다. 문장을 접하면, 요약 할 때 버려야 할 부분과 한마디로 포괄할 수 있는 부분을 정확히 이해해야 한다.

> Tip 문장 가운데 …的, …地, 得…가 쓰인 부분은 모두 가지와 잎이므로 다 없애도 된다. 다만 지시대사는 없애면 안 된다.

3) 부정사에 유의한다.
不, 无, 没有 등의 부정을 나타내는 단어에 유의해야 한다. 요약 시 이 부정사를 생략하면 원문의 뜻과 정반대의 의미가 되므로 반드시 다른 부정사로 대치하거나 남겨둬 원문의 의미에서 벗어나지 않게 조심해야 한다.

4) 새로운 문장을 만든 후, 새 옷이 몸에 맞는지 확인하자!
문장의 줄기를 잡은 후에는 원문의 의미를 살려주는 수식어를 생각해 문장을 완성하고, 새로운 문장이 원문의 의미와 일치하는지 꼭 확인해야 한다.

 비법 트레이닝

먼저 …的, …地, 得…와 같은 수식성분을 제외한 핵심 단어를 기억한다. 문장의 핵심어는 주로 주어(주체), 서술어(상태 / 행위), 목적어(대상)가 된다.

예제 1 红通通的太阳热辣辣地照着整个村庄。

핵심 단어 太阳、照、村庄

기본 문장 太阳照着村庄。 태양이 마을을 비추고 있다.

다시 쓰기 ❶ 整个村庄被火红的太阳照着。

❷ 火红的太阳炙热地照着整个村子。

❸ 红红的太阳火热地照耀着整个村庄。

필수 어휘 红通通 hóngtōngtōng 형 새빨갛다 | 热辣辣 rèlàlà 형 따갑다, 화끈하다 | 炙热 zhìrè 형 매우 뜨겁다 | 火热 huǒrè 형 불처럼 뜨겁다 | 照耀 zhàoyào 동 눈부시게 비치다, 밝게 비추다

예제 2 我在屋里没有找到那个装书的包。

핵심 단어 我、没有、找、包

기본 문장 我没有找到包。 나는 가방을 찾지 못했다.

다시 쓰기 ❶ 我在房间里找不到那个装了书的包。

❷ 在屋子里，我没找到那个装书的包。

❸ 我在房子里无法找到那个有书的包。

필수 어휘 无法 wúfǎ 동 ~할 수 없다, ~할 방법이 없다

예제 3 伤心的小女孩似乎看见她的奶奶在快乐和希望中飞走了。

핵심 단어 小女孩、看见、奶奶、飞

기본 문장 小女孩看见奶奶飞走了。 어린 소녀는 할머니가 날아가는 것을 보았다.

다시 쓰기 ❶ 难过的小女孩好似看见她的奶奶高兴地飞走了。

❷ 悲伤的小女孩好象看见奶奶高兴地带着希望飞走了。

❸ 忧伤的小女孩仿佛看到她的奶奶开心地怀着希望飞走了。

필수 어휘 悲伤 bēishāng 형 몹시 슬퍼하다 | 忧伤 yōushāng 형 근심으로 슬퍼하다 | 仿佛 fǎngfú 부 마치 ~인 듯하다 | 怀 huái 동 (마음속에) 품다, 가지다

01 문장 다시 쓰기 공략

예제 4 数不清的星星在漆黑的夜空中神秘地眨着眼睛。

핵심 단어 星星、眨、眼睛

기본 문장 星星眨着眼睛。 별이 눈을 깜빡인다.

다시 쓰기
① 很多星星在黑色的夜空中神奇地眨着眼睛。
② 无数颗星星在黑暗的夜空里神奥地眨着眼睛。
③ 无法数清的星星在夜晚的天空中玄秘地眨着眼睛。

필수 어휘 数不清 shǔbuqīng (너무 많아서) 확실하게 셀 수 없다, 이루 다 헤아리지 못하다 | 漆黑 qīhēi 형 칠흑 같다, 캄캄하다 | 神秘 shénmì 형 불가사의하다, 신비하다 | 眨 zhǎ 동 (눈을) 깜박거리다, 깜짝이다 | 神奥 shén'ào 형 신비하다, 오묘하다 | 玄秘 xuánmì 형 신비하다

예제 5 星期天，我们乘船游览了景色如画的西湖。

핵심 단어 我们、游览、西湖

기본 문장 我们游览了西湖。 우리는 서호를 유람했다.

다시 쓰기
① 周日，我们坐着船游玩了景观如画的西湖。
② 星期天，我们乘船参观了风景秀丽的西湖。
③ 星期日，我们搭乘游船参观了景色秀美的西湖。

필수 어휘 游览 yóulǎn 동 (명승·풍경 등을) 유람하다 | 西湖 Xīhú 명 서호(항주에 위치한 호수) | 搭乘 dāchéng 동 (차·배·비행기 등을) 타다 | 游船 yóuchuán 명 유람선 | 秀美 xiùměi 형 우아하고 아름답다

▶ 다음 문장을 읽은 다음, 문장을 가리고 빈칸을 채워보세요. (내용은 반드시 원문의 뜻과 일치해야 함)

1 红扑扑的小脸上嵌着一双大眼睛。

- 핵심 단어 _____
- 기본 문장 _____
- 다시 쓰기 _____

2 采桑叶的担子落在父亲身上。

- 핵심 단어 _____
- 기본 문장 _____
- 다시 쓰기 _____

3 装满货物的卡车在高低不平的公路上奔驰。

- 핵심 단어 _____
- 기본 문장 _____
- 다시 쓰기 _____

4 清脆悦耳的鸟叫声从远处的山林里传来。

- 핵심 단어 _____
- 기본 문장 _____
- 다시 쓰기 _____

5 身处于青松和垂柳之中的小桥突然出现在我的眼前。

핵심 단어 ....

기본 문장 ....

다시 쓰기 ....

6 他想尽了各种办法去够葡萄，但是白费劲。

핵심 단어 ....

기본 문장 ....

다시 쓰기 ....

7 跌进兔子洞后，爱丽丝又一次遇见了童年的朋友们。

핵심 단어 ....

기본 문장 ....

다시 쓰기 ....

8 天气很热，学生们一个个昏昏欲睡，强打精神等待老师宣布下课。

핵심 단어 ....

기본 문장 ....

다시 쓰기 ....

02 지문 요약 쓰기 공략

앞의 〈문장 다시 쓰기 공략〉에서는 한 문장을 읽고 그 문장의 핵심 단어를 파악해 자신의 언어로 다시 옮겨 쓰는 연습을 해보았다. 이 연습은 요약의 가장 기본 단계로 기초 실력을 탄탄하게 할 수 있어 시간이 나는 대로 반복해서 연습하는 것이 좋다. 하지만 우리의 최종 목표는 1,000자 가량의 긴 지문을 10분 안에 읽고 400자 가량으로 요약해내는 것인 만큼, 문장 요약을 지문 요약으로 확대 연습해야 한다. 따라서 〈지문 요약 쓰기 공략〉에서는 지문을 단편(150~300자 내외), 중편(400~600자 내외), 장편(1,000자 내외) 3단계로 나누어 각각의 특성에 맞게 요약하는 법을 전수하고자 한다.

 비법 전수

1) 지문 속 단서를 잘 잡아라.
어떤 지문은 사건 전개에 단서가 있고, 또 어떤 지문은 감정 변화에 단서가 있을 수 있다. 이야기의 발생 시간, 장소, 인물 및 사건의 원인, 경과, 결과 등 각 방면의 진행 상황에 따라 순서대로 요약하는 것이 자연스럽다.

2) 지문 속 키워드를 파악하라.
지문에서 자주 출현하는 어휘에 주목해야 한다.

3) 직접인용 부분은 요약할 때 최대한 간접인용으로 표현하라.
인용 부분을 전환할 때에는 1인칭과 3인칭을 정확히 구분하여 바꿔야 한다.

4) 지문의 핵심 내용이나 주제에 맞춰 요약하라.
구조나 내용 전개가 비교적 깔끔한 지문은 먼저 핵심 내용을 정리하거나 주제문을 찾아낸 다음 요약하는 것이 좋다.

> **NOTICE**
> ❶ 각 단락의 요점을 파악한 다음, 문장 속 언어를 자신의 언어로 조리 있게 정리한다.
> ❷ 지문의 주제, 핵심 내용, 문장 구조는 손대지 않는다. 길고 복잡한 한 편의 지문을 짧고 간략한 한 편의 단문으로 요약해야 한다.
> ❸ 지문의 전반적인 주요 내용을 파악하여 부차적인 내용, 설명 혹은 묘사 부분을 먼저 삭제하고, 간단명료하게 자신의 언어로 구성한다.

 비법 트레이닝 **01 단편 요약 쓰기 공략**

6급 쓰기 시험에서 지문을 읽는 시간은 딱 10분이다. 감독관이 문제지를 수거해 가면, 수험생은 자

02 지문 요약 쓰기 공략

신만의 언어로 한 편의 문장을 써야 한다. 하지만 독해와 요약 쓰기 능력은 단시간에 향상되는 것이 아니므로, 일단 단편부터 읽고 요약하는 연습을 하는 것이 좋다.

또한 평소 속독하는 습관을 들여 빠른 시간 내에 지문을 여러 번 보면서 지문의 내용을 빠르게 파악하는 훈련을 해야 한다. 그리고 요약 쓰기의 전개를 위해 언제(시간), 어디서(장소), 누가(등장인물), 왜(원인), 어떻게(경과), 무엇을(결과)의 6요소를 찾아서 머릿속에 입력해야 한다. 6요소에서 시간, 장소는 부가 조건이고, 핵심 열쇠는 나머지 4가지 요소이다. 요약할 때에는 머릿속에 기억한 6요소를 바탕으로 사건 전개에 맞게 자연스럽게 문장을 이어가면 된다.

예제 1 다음 지문을 3분 동안 읽어보세요.

东郭先生牵了一只驴走在路上，驴的身上驮着一个装了书的袋子。忽然，有一只狼从后面跑了过来，惊慌地对他说："先生，救救我吧。猎人在后面追赶我，马上就接近了，让我躲在你的袋子里吧。如果能逃过这一次灾难，我永远都不会忘记你的恩情。"东郭先生迟疑不决地停了下来，但看着狼可怜的样子，心还是软了，于是就答应了狼的请求。他把袋子里的书倒了出来，然后把狼装进袋子里。

▶ 지문을 보지 말고 60자로 요약하세요. (제한 시간 8분)

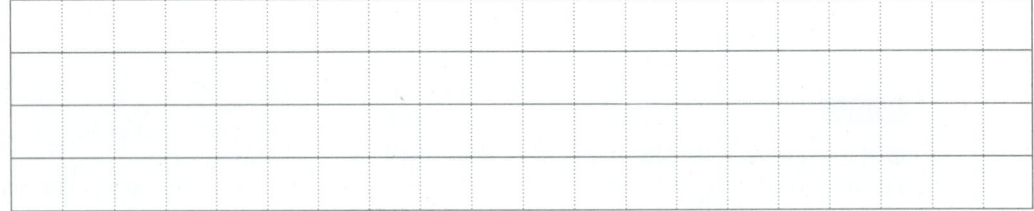

• 원문 분석 •

★ 이 글의 키워드는?

구하다(救)

★ 6요소 찾기

① 언제? (시간) 길을 걷고 있을 때(走在路上)

② 어디서? (장소) 길에서(在路上)
③ 이 글의 등장인물은? (누가) 동곽 선생(东郭先生), 당나귀(驴), 늑대(狼), 사냥꾼(猎人)
④ 사건의 원인은? (왜) 동곽 선생이 길을 걷고 있었고, 당나귀는 봇짐을 지고 있었다.(东郭先生走在路上，驴驮着袋子。)
⑤ 사건의 경과는? (어떻게) 늑대가 동곽 선생에게 사냥꾼이 그를 쫓고 있으니 봇짐에 숨겨 달라고 했다.(狼向东郭先生说，猎人追赶它，请他装进袋子。)
⑥ 사건의 결과는? (무엇을) 동곽 선생은 늑대의 청을 받아주었다.(东郭先生答应了狼的请求。)

> **키포인트**

6요소 중 중복되는 상황이 있다면 요약 시 한 번만 써주면 된다. 인물간의 관계 및 사건의 전개 과정을 확실히 이해하고, 재빨리 머릿속에서 생각을 정리한 뒤 지문의 내용에 따라 요약된 문장을 써 내려가야 한다.

> **필수 어휘**

惊慌 jīnghuāng	형	(놀라서) 허둥지둥하다, 당황하다
	예	面对猪流感，不必惊慌。돼지 콜레라(신종 인플루엔자)에 직면했다고, 당황할 필요 없다.
躲 duǒ	동	피하다, 숨다
	예	他就是躲到别的城市，我也能把他找出来。그가 다른 도시로 숨는다 해도, 나는 그를 찾아낼 수 있다.
逃 táo	동	달아나다, 도망치다
	예	听说有人逃出了监狱。듣자하니, 누군가 감옥에서 도망쳤다고 한다.
灾难 zāinán	명	재난
	예	灾难面前，人的生命格外脆弱。재난 앞에서, 사람의 생명은 유달리 약해진다.
恩情 ēnqíng	명	은정, 친절, 사랑을 베푸는 마음
	예	我们几个孩子永远记得您对我们的恩情。우리 몇 명의 아이들은 영원히 당신의 은혜를 기억할 것입니다.
迟疑不决 chíyí bùjué		망설이며 결정하지 못하다
	예	她对回国创业的事情迟疑不决。그녀는 귀국하여 창업하는 일에 대해 망설이며 결정하지 못하고 있다.
可怜 kělián	형	가련하다, 불쌍하다, 가엾다
	예	看着她可怜的样子，我难过得留下了眼泪。그녀의 불쌍한 모습을 보고, 나는 슬퍼서 눈물을 흘렸다.
心软 xīnruǎn	형	(마음이) 여리다, 약하다
	예	我担心她因为心软而答应对方的无理要求。나는 그녀가 마음이 약하기 때문에 상대방의 무리한 요구에 응할까 걱정된다.

> **모범 요약문**

1 60점 문장

(총85자)

		东	郭	先	生	走	在	路	上	，	看	见	一	只	狼	，	问	它	怎
么	了	。	狼	说	："	猎	人	追	我	，	让	我	躲	在	袋	子	里	吧	。

02 지문 요약 쓰기 공략

如	果	你	救	了	我	的	话	，	我	一	定	会	给	您	钱	。"	东	郭	先
生	看	狼	可	怜	，	心	软	就	答	应	了	。	他	把	狼	装	进	了	驴
驮	的	袋	子	。															

100

> **해석** 동곽 선생이 길을 걷다가 늑대 한 마리를 보고는 어떻게 된 일이냐고 물었다. 늑대는 "사냥꾼이 저를 쫓아옵니다. 제가 봇짐 속에 숨게 해주세요, 만약 저를 구해준다면, 반드시 돈을 드리겠습니다."라고 말했다. 동곽 선생은 늑대를 보니 가여워 마음이 약해져 청을 받아주었다. 그는 늑대를 당나귀의 봇짐에 숨겨주었다.

> **심사평**
> 60점 요약문에서는 지문과 의미가 일치하지 않는 부분이 많다. 첫째는, 동곽 선생이 늑대를 보고 무슨 일이냐고 물었다고 했는데, 지문에서는 늑대가 다가와 동곽 선생에게 살려달라고 요청했기 때문에 내용이 일치하지 않는다. 둘째는, 늑대가 봇짐 속에 숨겨달라고 했는데, 첫 문장에서 당나귀라는 존재를 언급하지 않았기에 이 문장만으로는 무슨 봇짐인지 알 수 없고, 마지막 부분에 이르러서야 당나귀의 봇짐임을 알 수 있다. 셋째는, 지문에서 늑대가 동곽 선생에게 보답한다고 했지만, 돈을 주는 방식으로 보답한다고 하지는 않았다. 또한, 글자 수가 약간 많고 단어 사용이 단순하며, '늑대는 말했다(狼说: "……")'는 직접인용 부분은 간접인용으로 바꾸는 것이 좋다.

2 80점 문장

(총77자)

	东	郭	先	生	牵	着	毛	驴	在	路	上	走	，	毛	驴	背	上	驮
着	口	袋	。	忽	然	，	从	他	的	后	面	跑	来	一	只	狼	，	说	猎
人	追	它	，	求	他	救	它	，	还	说	要	报	答	他	的	救	命	之	恩	。
东	郭	先	生	见	它	可	怜	，	便	把	它	装	进	口	袋	。			

> **해석** 동곽 선생이 당나귀를 끌며 걷고 있었고, 당나귀 등에는 봇짐이 실려 있었다. 갑자기, 그의 뒤에서 늑대 한 마리가 달려오더니 사냥꾼이 자기를 쫓고 있으니 동곽 선생에게 구해달라고 부탁하며, 살려준 은혜는 보답하겠노라고 말을 했다. 동곽 선생은 그를 보니 가여워, 늑대를 봇짐 속에 숨겨 주었다.

> **심사평**
> 80점 요약문에서는 분명하고 명확하게 인물, 장소, 사건의 원인, 경과, 결과를 소개했다. 또한 중요한 내용은 남기고 세세한 부분들은 삭제했으며, 단락의 뜻은 변하지 않게 남겨두었다. 지문의 직접인용 부분을 간접인용으로 바꾸면서 대화는 3인칭의 평서문으로 되었다. 글자 수도 요구치 기준에 적합하고, 생각이 분명하며 어휘 사용도 적절했다.

예제 2 다음 지문을 3분 동안 읽어보세요.

　　这个悲剧发生在两个星期之后。猎人是在毫无防备的时候遭遇豹子的。那天，他感到很疲倦，就靠在一棵大树旁睡着了。当他被一阵轻微的簌簌声弄醒时，睁开眼看到的是一只豹子！猎人立刻毛孔喷张，脑袋里"轰"的一声。枪就在他手边，子弹早已上膛，但是那时，他完全呆住了。更不可思议的是，豹子竟挨着蹲了下来。豹子望着他，那个样子充满天真，仿佛是一个想听故事的孩子。猎人以为自己在做梦，他悄悄使劲咬嘴唇，感到了疼痛。恐惧中，他本能地抓住了枪，并且把枪管移向豹子的头部。豹子没有反应，它懒洋洋地伸了个懒腰，之后就用嘴去叼枪管。突然，一声惊天动地的爆响。豹子的身子一下子飞了起来，同时，一朵血花在它的头部灿烂地开放……

▶ 지문을 보지 말고 **120자**로 요약하세요. (제한 시간 10분)

02 지문 요약 쓰기 공략

• 원문 분석 •

★ 이 글의 키워드는?

비극(悲剧)

★ 6요소 찾기

① 언제? (시간) 2주 후(两个星期后)
② 어디서? (장소) 큰 나무 옆(大树旁)
③ 이 글의 등장인물은? (누가) 사냥꾼(猎人), 표범(豹子)
④ 사건의 원인은? (왜) 사냥꾼이 잠에서 깨어났을 때, 표범을 발견했다.(猎人睡醒时发现了豹子。)
⑤ 사건의 경과는? (어떻게) 표범은 사냥꾼을 해치지 않고, 그와 놀았다.(豹子没伤害猎人，和他玩耍。)
⑥ 사건의 결과는? (무엇을) 사냥꾼은 표범을 죽였다.(猎人把豹子打死了。)

• 필수 어휘 •

悲剧 bēijù	몡	비극
	몌	真不希望这样的悲剧发生在她的身上。 이런 비극이 그녀에게 생기는 것을 정말 원치 않는다.
毫无 háowú		조금도 ~ 없다, 털끝만큼도 ~ 없다
	몌	他毫无顾虑地谈出了自己的想法。 그는 조금의 고려도 없이 자신의 생각을 말했다.
防备 fángbèi	동	방비하다, 대비하다
	몌	我像刺猬一样防备着这个世界上任何一点伤害。 나는 고슴도치처럼 이 세상의 어떠한 상해에도 대비하고 있다.
遭遇 zāoyù	동	(적이나 불행한 일, 여의치 못한 일 등을 우연히) 만나다, 부닥치다
	몌	小李在新工作中遭遇了不少困难。 샤오리는 새 업무를 보면서 적지 않은 어려움에 부딪혔다.
豹子 bàozi	몡	표범
	몌	羚羊是豹子主要的猎食对象。 영양은 표범의 주요 포식 대상이다.
疲倦 píjuàn	형	(몸이나 마음이) 지치다, 고단하다, 나른하다, 피곤하다
	몌	我疲倦得甚至连冷饮也不想喝了。 나는 차가운 음료도 마시고 싶지 않을 정도로 피곤했다.
轻微 qīngwēi	형	(정도가) 가볍다, 매우 작다, 경미하다, 경소하다
	몌	爸爸最近有轻微的消化不良。 아버지는 최근 들어 가벼운 소화불량에 걸리셨다.
簌簌 sùsù	의성	쏴쏴, 바스락(바람이 나뭇잎을 스치는 소리)
	몌	风吹树叶簌簌响。 바람이 불어 나뭇잎이 쏴쏴 소리를 낸다.
睁开眼 zhēngkāiyǎn	동	눈을 뜨다
	몌	小宝宝慢慢地睁开了眼。 아기가 천천히 눈을 떴다.
轰 hōng	의성	쿵, 쾅(천둥·폭발 등이 일어날 때 나는 소리)
	몌	炸药"轰"的一声，山石崩裂。 폭약이 '쾅'하는 소리에, 산에 있는 돌이 갈라졌다.
上膛 shàngtáng	동	(총알이나 포탄을) 장전하다
	몌	当场缴获两支已上膛的手枪和五发子弹。 현장에서 이미 장전된 권총 2개와 총알 5발을 빼앗았다.
不可思议 bùkě sīyì	성	불가사의하다
	몌	老板的决定真让人感到不可思议。 사장님의 결정은 사람들을 정말 불가사의하게 했다.
仿佛 fǎngfú	부	마치 ~인 것 같다
	몌	远处山峦重叠，仿佛是一幅画。 멀리 첩첩이 연이어져 있는 산이, 마치 한 폭의 그림같았다.
做梦 zuòmèng	동	꿈을 꾸다
	몌	我昨晚做梦梦到自己去大草原了。 나는 어젯밤 내가 대초원에 간 꿈을 꾸었다.

悄悄 qiāoqiāo	튄 은밀하게, 살짝
	예 他从后面悄悄爬过来，缴了那人的武器。 그는 뒤에서 은밀하게 기어와서, 그 사람의 무기를 빼앗았다.
使劲 shǐjìn	동 힘을 쓰다
	예 我使劲扣他家的门环，也不见有人来开门. 나는 힘들게 그의 집 문고리를 걸었지만, 누가 와서 문을 여는 것을 보지 못했다.
懒洋洋 lǎnyángyáng	형 흥이 나지 않는 모양, 활기가 없는 모양, 생기가 없는 모양
	예 他总是没精打采，成天懒洋洋的样子。 그는 늘 활기가 없고, 종일 나른한 상태다.
伸懒腰 shēnlǎnyāo	동 기지개를 켜다, 기지개를 펴다
	예 那老虎舒舒服服地伸了个懒腰。 그 호랑이는 편안하게 기지개를 폈다.
惊天动地 jīngtiān dòngdì	성 하늘을 놀라게 하고 땅을 뒤흔들다
	예 我一定会成就惊天动地的事业。 나는 반드시 세상이 놀랄 만한 사업을 이룰 것이다.
灿烂 cànlàn	형 찬란하다, 눈부시다
	예 她的笑容看起来灿烂如花。 그녀의 미소는 꽃같이 찬란해 보인다.

모범 요약문

1 **60점 문장**

(총99자)

		猎	人	在	睡	醒	时	发	现	一	只	豹	子	,		刚	开	始	,	他
很	害	怕	,	但	没	想	到	豹	子	没	吃	他	,	反	而	坐	在	他	旁
边	盯	着	他	看	。	猎	人	发	现	自	己	没	有	危	险	,	迅	速	拿
起	枪	,	慢	慢	把	枪	移	到	豹	子	的	头	部	。	豹	子	觉	得	枪
好	玩	,	就	用	嘴	咬	枪	,	结	果	被	猎	人	误	伤	打	死	。	

100

해석 사냥꾼이 잠에서 깨어났을 때, 표범 한 마리를 발견했다. 처음에 그는 두려웠지만, 의외로 표범은 그를 잡아먹지 않았고, 오히려 사냥꾼 옆에서 그를 쳐다보았다. 사냥꾼은 자신이 위험하지 않음을 알고 재빨리 총을 들어 천천히 총을 표범 머리에 겨눴다. 표범은 총을 재미난 놀이 정도로 생각해 입으로 총을 물어 결국에는 사냥꾼의 과실로 죽었다.

심사평

60점 요약문은 문제에서 120자 정도로 요약하라고 했는데, 100자도 채 안 되므로, 제시된 글자 수보다 부족하다. 전체 스토리를 모두 묘사했으나 요약문에서 '사냥꾼은 자신이 위험하지 않음을 알고(猎人发现自己没有危险)'라는 문장은 지문의 '공포 속에서, 그는 본능적으로 총을 잡았고(恐惧中，他本能地抓住了枪)'라는 내용과 일치하지 않는다. 즉, 사냥꾼은 과실로 표범을 죽인 것이 아니라, 기회를 틈타 고의로 죽인 것이다. 따라서 지문의 내용을 지나치게 단순화하여 지문 속 작가의 의도를 놓쳤다. 또한 너무 단순하게 요약하여 표범의 천진함과 사냥꾼의 매정함은 전혀 드러나지 않았다.

2 80점 문장

(총136자)

		悲	剧	就	这	样	发	生	了	。	猎	人	觉	得	很	困	,	就	靠
在	树	旁	睡	着	了	。	他	睁	开	眼	发	现	豹	子	时	,	完	全	吓
呆	了	,	虽	然	他	手	里	握	着	枪	。	不	过	,	豹	子	居	然	蹲
下	望	着	他	,	像	孩	子	一	样	天	真	。	猎	人	咬	嘴	唇	,	感
到	了	疼	痛	,	他	这	才	反	应	过	来	不	是	做	梦	,	他	抓	住
枪	,	把	枪	移	到	豹	子	的	头	部	。	豹	子	还	傻	乎	乎	地	用
嘴	去	咬	枪	管	,	却	被	猎	人	一	枪	打	死	了	。				

해석 비극은 이렇게 발생했다. 사냥꾼은 너무 졸려서, 나무 옆에서 잠이 들었다. 그가 눈을 떠 표범을 발견했을 때, 완전히 멍해져 버렸다. 비록 그의 손에는 총을 쥐고 있었지만 말이다. 그러나 표범이 갑자기 앉아서 그를 바라보는데, 마치 아이처럼 천진난만했다. 사냥꾼은 입술을 깨물었고, 아픔을 느꼈다. 그는 그제서야 정신을 차리고 꿈이 아닌 것을 알고는 총을 쥐고, 총을 표범 머리로 향했다. 표범은 어수룩하게 입으로 총부리를 물었으나, 사냥꾼의 총에 맞아 죽었다.

심사평

80점 요약문은 분명하고 명확하게 6요소를 소개했다. 첫문장 '비극은 이렇게 일어났다(悲剧就这样发生了)'에서 了는 과거에 발생했던 일임을 분명히 나타내고 있다. 중요한 줄거리는 남기고 일부는 삭제함으로써 단락의 뜻이 변하지 않았다. 작가의 의도는 표범의 천진함과 대조적으로 보여지는 사냥꾼의 살육을 부각시킴으로써 사냥꾼이 표범을 죽인 비극을 나타내는 것이었다. 연속적으로 동사를 사용해 당시 상황을 생동감 넘치게 묘사했으며, 천진하다, 어수룩하다 등의 단어로 사냥꾼의 폭력 행위를 더욱 두드러지게 하고 있다. 글자 수는 요구치보다 많지만, 제시된 글자 수의 10% 내외에 부합하므로 적합하다. 또한 요약문이 전반적으로 생각이 분명하고 어휘 사용도 적절했다.

비법 트레이닝 02 중편 요약 쓰기 공략

단편을 읽고 요약하는 데 어느 정도 익숙해졌다면, 이제 좀 더 긴 지문을 요약해보자. 중편은 일반적으로 2, 3단락을 시작으로 구성되며, 단편보다 조금 복잡하지만, 요약 방법은 거의 동일하다. 다만 〈단편 요약 쓰기 공략〉에서 연습한 6요소 가운데 시간, 장소, 등장인물을 제외한 사건의 원인, 경과, 결과 등이 다소 복잡해진다.

따라서, 〈중편 요약 쓰기 공략〉에서는 6요소를 토대로 한 요소 찾기(시간, 장소, 등장인물)와 글의 흐름 파악하기(발단, 전개, 절정, 결말) 두 가지로 나누어 쓰기 연습을 해보기로 한다. 문장의 실마리를 추적하여 분석하고 열쇠를 찾아 사건 전개에 맞게 이야기를 만들어 간다면 복잡한 중편도 문제없이 요약할 수 있다.

예제 1 다음 지문을 6분 동안 읽어보세요.

　　一个干旱炎热的夏天。一只口渴的乌鸦到处找水喝。乌鸦飞来飞去，已经累得筋疲力尽了。乌鸦突然发现地面上有一口井，兴奋地朝井边飞去。乌鸦心想：终于有水喝了。可是，井里一滴水也没有。

　　突然，乌鸦发现井边有一个水瓶。乌鸦高兴极了，心想：我可以从瓶里弄到水喝了！可是，瓶里的水很少，瓶口又很小。乌鸦把嘴伸进瓶口试了试，根本喝不到水。乌鸦想把水瓶撞倒，它撞了几下，水瓶动也没动。眼看着瓶里清凉的水喝不到嘴，乌鸦又气又急。乌鸦搂住水瓶，用力地摇晃水瓶，可水瓶仍然没动。乌鸦用头使劲儿顶，水瓶还是不动。唉！乌鸦觉得自己太笨了。又渴又累得乌鸦失望地坐在了地上。

　　这时，乌鸦看到地上有许多石子儿，它想起了一个好主意。乌鸦用嘴叼起石子儿，投进水瓶里。乌鸦投了一些石子儿，瓶子里的水位开始上升了。乌鸦不停地往瓶子里投石子儿，瓶子里的水位越升越高。乌鸦越投越起劲儿，眼看就要喝到水了。瓶里的水已经升到了瓶口，乌鸦终于喝到水了！

　　喝足了水的乌鸦，快乐地飞走了。

▶ 지문을 보지 말고 160자로 요약하세요. (제한 시간 15분)

02 지문 요약 쓰기 공략

● 원문 분석 ●

★ 이 글의 키워드는?

물을 마시다(喝水)

★ 단서 찾기

① 이 글의 요약에 필요한 요소를 찾아보자. (누가, 언제, 어디서)

목마른 까마귀 한 마리(一只口渴的乌鸦) - 가물고 무더운 여름(干旱炎热的夏天) - 우물 옆(一口井边)

② 그렇다면 이 글의 흐름은? (키워드를 포함해서 판단하라)

마실 물을 찾았다(발단-找水喝) - 물병을 발견했다(전개-发现水瓶) - 물을 마실 수 없었다(절정-喝不到水) - 돌멩이를 이용해 물을 마셨다(결말-利用石子喝到水)

③ 이제 요약문의 스토리를 구상해보자.

까마귀가 목이 말라 마실 물을 찾다가, 병 속에 물이 있는 것을 발견했다. 하지만, 다양한 방법을 이용했으나 물을 마실 수 없었다. 까마귀는 옆에 몇 개의 돌멩이를 발견했고, 돌멩이를 이용해 물을 마셨다. 까마귀는 물을 충분히 마신 후 날아갔다.(乌鸦口渴找水喝，发现水瓶里有水。但是使用各种办法喝不到水。它发现旁边有些石子，于是利用石子喝到水。乌鸦喝足水后飞走了。)

키포인트

만약 이야기의 흐름을 파악하고 요약을 한다면 문장의 중요 내용을 빠트리거나 지문 내용에서 벗어날 리도 없다. 중편 요약 쓰기는 비교적 간단하므로 요약을 할 때 자신만의 언어로 이야기를 정확하게 풀어내면 된다.

● 필수 어휘 ●

炎热 yánrè	형 (날씨가) 무덥다, 찌는 듯이 덥다 예 人在炎热的环境下，会造成心烦气躁，憋闷的感觉。 인간은 무더운 환경에서, 짜증나고 귀찮아 답답한 느낌을 가질 수 있다.
乌鸦 wūyā	명 까마귀 예 有人把乌鸦的叫声当作凶兆。 어떤 사람은 까마귀 울음소리가 흉조라고 생각한다.
筋疲力尽 jīnpí lìjìn	성 기진맥진하다 예 瑜伽运动可以增强体质，又不会感到筋疲力尽。 요가는 체질을 강하게 해주고, 기운이 빠졌다고 느끼지 않게 해준다.
伸 shēn	동 펴다, 펼치다, 내밀다 예 我的宝宝总喜欢把手伸进嘴里。 우리 아기는 늘 손을 입 안에 넣는 것을 좋아한다.
撞倒 zhuàngdǎo	동 부딪치다, 박다, 충돌하다, 치다 예 他的车撞到了路边的大树上。 그의 차가 길가의 큰 나무를 들이박았다.
清凉 qīngliáng	형 시원하다, (상쾌한 느낌이 들 정도로) 서늘하다 예 人们坐在屋外感受着清凉的夜风。 사람들이 집 밖에 앉아 시원한 밤바람을 느끼고 있다.
搂 lǒu	동 (양팔로) 안다, 껴안다, 부둥키다 예 妈妈搂着孩子，生怕他觉得冷。 엄마는 아이를 안은 채, 아이가 추워할까 봐 걱정했다.
摇晃 yáohuàng	동 흔들다, 요동하다 예 地震来临时，房子在剧烈地摇晃。 지진이 나자, 집이 격렬하게 흔들렸다.

叼 diāo	동 (물체의 일부분을 입에) 물다
	예 那个小青年嘴里叼着烟卷。 그 어린 청년은 입에 담배를 물고 있었다.
投进 tóujìn	동 투입하다
	예 虽然他个子不高，但打篮球的时候经常能投进三分球。 비록 그는 키가 크지 않지만, 농구할 때 자주 3점 슛을 넣는다.
起劲 qǐjìn	형 기운이 나다, 열성적이다
	예 孩子们起劲地学骑车。 아이들은 열성적으로 자전거 타는 것을 배웠다.

모범 요약문

① 60점 문장

(총156자)

		一	只	乌	鸦	飞	累	了	到	处	找	水	喝	，	它	发	现	了	一
只	井	，	可	惜	井	里	没	有	水	。	突	然	，	它	看	见	一	个	瓶
子	。	瓶	里	的	水	很	多	，	因	为	瓶	口	很	小	，	它	的	嘴	进
不	去	。	它	撞	瓶	子	、	晃	瓶	子	，	瓶	子	都	没	倒	，	都	没
有	成	功	。	它	觉	得	自	己	太	笨	了	，	对	自	己	非	常	失	望
		它	把	石	头	放	进	瓶	子	，	水	就	升	上	来	了	，	它	很
高	兴	地	继	续	投	了	很	多	石	子	，	它	终	于	喝	到	了	水	，
再	也	不	觉	得	渴	了	。	它	高	兴	地	飞	走	了	。				

100

해석 까마귀 한 마리가 날다 지쳐 사방으로 마실 물을 찾다가, 우물을 하나 발견했지만 안타깝게도 우물 안에는 물이 없었다. 뜻밖에 까마귀는 병 하나를 보았다. 병 속에는 물이 많았지만 병 입구가 너무 좁았기 때문에, 부리가 들어가지 않았다. 까마귀는 병에 부딪쳐도 보고 흔들어도 봤지만 병은 넘어지지 않아 성공하지 못했다. 까마귀는 자신이 어리석게 느껴져, 스스로에게 매우 실망했다.
　까마귀가 돌멩이를 병 속에 넣자, 물이 차 올랐고, 까마귀는 기뻐하며 계속 매우 많은 돌멩이를 넣었다. 마침내 까마귀는 물을 마셨고, 더 이상 목이 마르지 않았다. 까마귀는 기쁘게 날아갔다.

심사평

60점 요약문은 발단, 전개, 절정, 결말 이 다섯 부분은 모두 갖춰져 있으나, 첫째와 둘째 단락을 이어주는 문장이 없다. 까마귀가 스스로 실망을 했는데, 갑자기 왜 돌을 병 속에 집어넣었을까? 지문을 읽지 않은 사람이 본다면 이해할 수 없을 것이다. 여기에 까마귀가 우연히 작은 돌멩이들을 발견하고 방법이 떠올랐다는 구절을 보충하면 문장의 구조와 뜻이 자연스럽게 연결된다. 또한 작은 부분도 놓치거나 실수해서는 안 된다. 지문에서는 병 속의 물이 분명히 적다고 했지, 많다고 하지 않았다. 문장 자체는 매끄러우나 내용이 너무 간단하고 생동감이 떨어진다.

02 지문 요약 쓰기 공략

❷ 80점 문장

(총 187자)

干旱炎热的夏天，一只乌鸦口渴了，到处找水喝。它发现了一只井，可那里都没有水。突然它看见一个瓶子里有水，可瓶子很高且瓶口又小，水也不多，它喝不着。乌鸦想把水瓶撞倒，摇晃水瓶，用头顶水瓶，水瓶都不动，它仍喝不到水。乌鸦失望地坐在了地上，这时它看见旁边有些小石子。它有办法了。乌鸦把小石子一个个地衔来，放到瓶子里，瓶子里的水渐渐升高，它终于能喝到水了。乌鸦喝饱后高兴地飞走了。

해석 가물고 무더운 여름, 까마귀 한 마리가 목이 말라서 사방으로 마실 물을 찾고 있었다. 그는 우물을 발견했지만, 그곳에는 물이 전혀 없었다. 갑자기 까마귀는 병 속에 물이 있는 것을 발견했는데, 병이 너무 길고 병 입구는 너무 작았으며 물도 얼마 되지 않아 마실 수가 없었다. 까마귀는 물병을 넘어뜨리고자 흔들어도 보고, 머리로 밀어도 봤지만 물병은 꼼짝하지 않아, 까마귀는 여전히 물을 마시지 못했다. 까마귀는 실망하며 땅에 앉았고, 이때 옆에 있는 몇개의 돌멩이를 보았다. 까마귀는 방법이 생겼다. 까마귀가 돌멩이를 하나씩 물어 병 속에 넣자, 병 속의 물이 점점 차올랐고, 까마귀는 마침내 물을 마실 수 있었다. 까마귀는 충분히 마신 후 기쁘게 날아갔다.

> **심사평**
>
> 80점 요약문도 이야기의 전개가 발단, 전개, 절정, 결말을 모두 잘 표현했다. 이 다섯 부분에 핵심 단서를 내포하여, 문장은 간단하면서 직접적인 표현으로 까마귀가 물을 마시는 전체 과정을 잘 묘사하고 있다. 내용이 지문과 일치하고 어휘 사용도 정확하며 문장도 매끄럽다.

예제 2 다음 지문을 6분 동안 읽어보세요.

有两个和尚分别住在相邻的两座山上的庙里。这两座山之间有一条溪，他们每天都会在同一时间下山去溪边挑水，久而久之他们成为了好朋友。

就这样时间在每天挑水中不知不觉已经过了五年。突然有一天左边这座山的和尚没有下山挑水，右边那座山的和尚心想："他大概睡过头了。"便不以为然。

哪知道第二天左边这座山的和尚还是没有下山挑水，第三天也一样。过了一个星期还是一样，直到过了一个月右边那座山的和尚终于受不了，他心想："我的朋友可能生病了，我要过去拜访他，看看能帮上什么忙。"

于是他便爬上了左边这座山，去探望他的老朋友。

等他到了左边这座山的庙，看到他的老友之后大吃一惊，因为他的老友正在庙前打太极拳，一点也不像一个月没喝水的人。他很好奇地问："你已经一个月没有下山挑水了，难道你可以不用喝水吗？"

左边这座山的和尚说："来来来，我带你去看。"于是他带着右边那座山的和尚走到庙的后院，指着一口井说："这五年来，我每天做完功课后都会抽空挖这口井，即使有时很忙，能挖多少就算多少。如今终于让我挖出井水，我就不用再下山挑水，我可以有更多时间练我喜欢的太极拳。"

我们在公司领的薪水再多，那都是挑水。而把握下班后的时间挖一口属于自己的井，等将来当年纪大了，体力拼不过年轻人时，还能有水喝，而且喝得很悠闲。

▶ **지문을 보지 말고 240자로 요약하세요.** (제한 시간 20분)

02 지문 요약 쓰기 공략

● 원문 분석 ●

★ 이 글의 키워드는?

물을 지다(挑水)

★ 단서 찾기

① 이 글의 요약에 필요한 요소를 찾아보자. (누가, 언제, 어디서)

두 스님(两个和尚) - 갑자기 어느 날(突然有一天) - 인접한 두 산(相邻的两座山上)

② 그렇다면 이 글의 흐름은? (키워드를 포함해서 판단하라)

두 스님은 물을 길렀다(발단-两个和尚挑水) - 오른편 스님이 오랜 시간 물을 길러 오지 않는 왼편 산의 스님을 방문했다(전개-右边和尚看很长时间不挑水的左边和尚) - 왼편 스님은 스스로 우물을 파서 물을 길 필요가 없었다(절정-左边和尚让自己打了一口井不用挑水) - 우리에게 어떻게 자신의 우물을 파야 하는지 깨달음을 주고 있다(결말-启发我们如何打自己的井)

③ 이제 요약문의 스토리를 구상해보자.

좌우의 두 산 위에서 두 스님은 매일 산에서 내려와 물을 길렀다. 갑자기 왼편 산의 스님이 한 달 동안 물을 길러 내려오지 않아, 오른편 스님이 그를 보러 갔다. 왼편 산의 스님은 우물을 팠기 때문에 물을 길러 내려오지 않았고, 오른편 산의 스님은 크게 놀랐다. 이 일은 우리에게 어떻게 자신의 우물을 파야 하는지 깨달음을 준다.(左右两座山上两个和尚每天下山挑水。突然左边山上的和尚一个月没下山挑水，右边和尚去看他。因为左边和尚打了一口井，所以没下山挑水，右边和尚大吃一惊。这件事启发我们如何打自己的井。)

● 필수 어휘 ●

和尚 héshang	몡 승려, 스님 몌 这位小和尚正在打禅，我们还是别打扰他了。 동자승이 좌선하고 있으니, 우리는 그를 방해하면 안 된다.
相邻 xiānglín	동 서로 이웃하다, 서로 인접하다 몌 相邻的两家人为了门前的小路有了矛盾。 이웃인 두 집안이 문 앞의 작은 길 때문에 갈등이 생겼다.
挑水 tiāoshuǐ	동 (멜대로) 물을 지다 몌 我们挑水的担子都是扁平的。 우리가 물을 지는 멜대는 전부 납작하다.
久而久之 jiǔér jiǔzhī	성 상당히 긴 시간이 지나다 몌 久而久之，我们对事情的看法就改变了。 상당히 긴 시간이 지나, 일에 대한 우리의 관점은 바뀌었다.
不以为然 bùyǐ wéirán	성 그렇게 여기지 않다, 그렇다고는 생각하지 않다 몌 他不以为然地摇了摇头。 그는 그렇게 생각하지 않는다며 고개를 저었다.
拜访 bàifǎng	동 방문하다, 찾아뵙다, 문안하다 몌 我想明天去拜访一下王教授。 나는 내일 왕 교수님을 뵈러 가려고 한다.
探望 tànwàng	동 문안하다, 방문하다 몌 这次队日活动是去养老院探望孤寡老人。 이번 단체활동은 양로원에 가서 외로운 노인을 방문하는 것이다.
大吃一惊 dàchī yìjīng	성 (의외로 발생한 일로) 몹시 놀라다 몌 我们对她新换的发型大吃一惊。 우리는 그녀의 새롭게 바뀐 헤어 스타일에 깜짝 놀랐다.
抽空 chōukòng	동 시간을 짜내다, 힘들게 틈을 내다, 어렵게 시간을 내다 몌 工作期间，我抽空学习了外语。 업무 중에, 나는 틈을 내어 외국어 공부를 한다.
挖井 wājǐng	동 우물을 파다 몌 一锹挖不出井来。 한 번의 삽질로는 우물을 파지 못한다.

属于 shǔyú	동 (~의 범위)에 속하다, ~에 소속되다 예 最后的胜利一定属于我们。 최후의 승리는 반드시 우리 몫이다.
悠闲 yōuxián	형 한가롭다, 여유롭다 예 为了以后能过上悠闲的生活，我们现在必须辛勤工作。 미래의 여유로운 생활을 보내기 위해, 우리는 지금 반드시 열심히 일해야 한다.

● 모범 요약문 ●

1 60점 문장

(총288자)

			有	两	个	和	尚	，	分	别	住	在	不	同	的	山	上	。	他	们
每	天	都	在	同	一	时	间	去	山	下	挑	水	，	慢	慢	地	成	了	好
朋	友	。																	
			突	然	有	一	天	，	右	边	山	上	的	和	尚	发	现	左	边	山
上	的	和	尚	没	下	山	挑	水	，	右	山	上	的	和	尚	估	计	他	可
能	没	起	来	，	没	当	回	事	儿	。	但	是	一	天	、	三	天	、	七
天	，	都	过	去	一	个	月	了	，	他	还	没	来	挑	水	。	右	边	和
尚	认	为	他	生	病	爬	不	起	来	，	所	以	他	爬	上	左	边	的	山，
准	备	看	看	老	朋	友	。												
			到	山	上	时	，	他	看	到	老	友	在	打	太	极	拳	，	不	像
一	个	月	没	喝	水	的	样	子	，	感	到	很	奇	怪	。	老	友	说	，
他	用	了	五	年	时	间	，	每	一	天	如	果	一	有	时	间	就	挖	井，
最	后	终	于	挖	到	井	了	，	可	以	不	用	下	山	挑	水	了	。	
			挑	水	好	比	薪	水	，	下	班	好	比	挖	井	，	老	的	时	候，
就	可	以	喝	到	井	水	。												

해석 두 스님이 있었는데, 각기 다른 산에 살고 있었다. 그들은 매일 같은 시간에 산에서 내려와 물을 길었고, 점차 친한 친구가 되었다.

　어느 날 문득 오른편 산의 스님은 왼편 산의 스님이 물을 길러 오지 않는 것을 발견하고, 오른편 산의 스님은 그가 아마도 일어나지 못했을 거라고 추측하고 대수롭지 않게 여겼다. 하지만 하루, 3일, 일주일, 한 달이 흘러도 그는 물을 길러 오지 않았다. 오른편 산의 스님은 그가 병이 나서 오지 못하는 것으로 생각하여 오른편 산으로 가서 친구를 볼 채비를 했다.

　산에 올랐을 때, 그는 친구가 태극권을 연마하고 있는 것을 보았는데, 한 달간 물을 마시지 않은 모습인 것 같지는 않아 이상하게 여겼다. 친구는 5년 동안 매일 틈만 나면 우물을 팠고, 드디어 우물을 다 파서 산을 내려가 물을 긷지 않아도 된다고 말했다.

　물을 긷는 것은 월급을 받는 것과 같고, 퇴근은 우물을 파는 것과 같아, 늙어서도 우물물을 마실 수 있는 것이다.

02 지문 요약 쓰기 공략

> **심사평**
>
> 60점 요약문은 글자 수가 눈에 띄게 초과되었다. 시험 볼 때 긴장한 나머지 너무 앞부분의 내용을 많이 쓰면 문장이 가분수처럼 될 수 있다. 또한 우리에게 전달하고자 하는 바를 한 문장으로 정리하는 마지막 부분에서 비유 문장이 잘못되었다. 지문에서는 퇴근 시간을 이용해 우물을 파야 한다는 것을 일깨워 주고 있으므로, 퇴근이 우물을 파는 것과 같다고 할 수는 없다. 또한, '오른편 산의 스님은 왼편 산의 스님이 병이 나서 일어나지 못하는 것으로 생각하였다'는 문장에서 认为(~여기다)보다는 怀疑(추측하다)로 바꿔 쓰는 것이 작가의 의미를 더 정확하게 표현할 수 있다.

② 80점 문장

(총247자)

	有	两	个	相	邻	山	上	的	和	尚	，	他	们	每	天	都	下	山
打	水	，	逐	渐	成	为	好	朋	友	。				
	一	天	，	左	山	上	的	和	尚	没	下	山	挑	水	，	右	山	上
的	和	尚	以	为	他	睡	过	头	了	，	没	怎	么	在	意	。	可	都	一
个	月	了	，	他	仍	没	下	来	。	右	边	和	尚	担	心	他	生	病	了，
于	是	他	爬	上	左	边	的	山	，	去	探	望	老	朋	友	。	
	他	到	山	上	时	，	看	到	老	友	正	在	打	太	极	拳	，	不
像	一	个	月	没	喝	水	。	老	友	告	诉	他	，	五	年	来	，	他	坚
持	每	天	一	有	时	间	就	挖	井	，	现	在	终	于	成	功	了	，	不
用	再	下	山	挑	水	。									
	挑	水	好	比	我	们	领	到	的	薪	水	，	如	果	下	班	后	也
挖	一	口	属	于	自	己	的	井	，	等	我	们	年	老	时	，	也	许	可
以	悠	闲	地	喝	水	。

> **해석** 인접한 두 산에 스님이 살았는데, 그들은 매일 산에서 내려와 물을 길었고, 점차 친한 친구가 되었다.
> 　하루는 왼편 산의 스님이 물을 길러 오지 않자, 오른편 산의 스님은 늦잠을 자는 것으로 생각하고 크게 신경 쓰지 않았다. 하지만 한 달이 다 가도록 그는 내려오지 않았다. 오른편 스님은 그가 병이 났을까 걱정이 되어서, 왼편 산을 올라 친구를 살피러 갔다.
> 　오른편 스님은 산에 올랐을 때, 친구가 태극권을 연마하고 있는 것을 보았는데, 한달간 물을 마시지 못한 것 같지 않았다. 친구는 5년간 꾸준히 매일 시간이 날 때마다 우물을 팠고, 마침내 성공해서 더 이상 산을 내려가 물을 긷지 않아도 된다고 말했다.
> 　물을 긷는 것은 우리가 월급을 받는 것과 같다. 만약 퇴근 후에도 자신만의 우물을 판다면, 우리가 나이 들었을 때, 아마도 여유롭게 물을 마실 수 있을 것이다.

> 📝 **심사평**
>
> 80점 요약문은 이야기의 발단, 전개, 절정, 결말을 모두 잘 정리했다. 이야기의 원인이 만약 문장의 의미에 영향을 주지 않을 때에는 생략할 수 있다. 두 스님의 관계도 정확히 묘사되었고 쓸데없는 군더더기도 없다. 또한 문장이 매끄럽고 전체적으로 사건의 전개도 정확하며, 우물을 파면 우리에게 좋은 이유도 알려주었다. 글자 수도 요구치에 적합하다.

비법 트레이닝 03 장편 요약 쓰기 공략

단편과 중편을 읽고 요약하는 것에 어느 정도 익숙해졌다면, 이제는 6급 쓰기 시험과 똑같은 장편을 읽고 요약 쓰기에 도전해보자. 실전에 강해야 산다! 하지만 장편이라고 두려워할 필요는 없다. 단편과 중편이라는 단막극을 모아 엮어놓은 미니시리즈를 장편이라고 할 수 있으므로, 중편보다 문단이 몇 개 더 추가되었을 뿐이다. 다만 지문이 길어질수록 고도의 집중력과 독해력, 기억력이 필요하므로, 정신을 더 바짝 차려야 한다.

예제 1 다음 지문을 10분 동안 읽어보세요.

　　从前有一位皇帝，他非常喜欢穿好看的新衣服。他为了要穿得漂亮，把所有的钱都花到衣服上去了，他一点也不关心他的军队，也不喜欢去看戏。他也不喜欢乘着马车逛公园，除非是为了炫耀一下新衣服。他每天每个钟头要换一套新衣服。有一天来了两个骗子。他们说他们是织工。他们能织出谁也想象不到的最美丽的布。这种布的色彩和图案不仅是非常好看，而且用它缝出来的衣服还有一种奇异的作用，那就是凡是不称职的人或者愚蠢的人，都看不见这衣服。皇帝听后非常高兴，给了他们很多金子，传令让两个骗子开工。

　　他们摆出两架织布机，假装开始工作，可是他们的织布机上连一点东西的影子也没有。皇帝非常想看看布料究竟织得怎样了，派了最诚实的老大臣到织工那儿去，这位善良的老大臣就来到那两个骗子的屋子里，看到他们正在空空的织机上忙碌地工作。他什么东西也没有看见！但是他没敢把这句话说出口来，依然说着美极了。过了不久，皇帝又派了另一位诚实的官员去看工作的进展。这位官员看到了同样的情境，但他不想让别人觉得他愚蠢，也把他完全没有看见的布称赞了一番。最后皇帝打算亲自去看一下，可他也没看到任何东西，他更不想让百姓笑话他愚蠢，所以也说很漂亮。

当骗子假装把衣服织好时，他们把皇帝身上的衣服统统都脱光了。这两个骗子假装把他们刚才缝好的新衣服一件一件地交给他。皇帝在镜子面前转了转身子，扭了扭腰肢。"上帝哟，这衣服多么合身啊！式样裁得多么好看啊！"大家都说。"多么美的花纹！多么美的色彩！这真是一套贵重的衣服！""大家已经在外面把华盖准备好了，只等陛下一出去，就可撑起来去游行！"一位官员说。

接着，皇帝就在那个富丽的华盖下游行起来了。站在街上和窗子里的人都说："乖乖，皇上的新装真是漂亮！他上衣下面的后裙是多么美丽！衣服多么合身！"谁也不愿意让人知道自己看不见什么东西，因为这样就会暴露自己不称职，或是太愚蠢。皇帝所有的衣服从来没有得到这样普遍的称赞。"可是他什么衣服也没有穿呀！"一个小孩子最后叫出声来。"上帝哟，你听这个天真的声音！"爸爸说。于是大家把这孩子讲的话私自低声地传播开来。"他并没有穿什么衣服！有一个小孩子说他并没有穿什么衣服呀！""他实在是没有穿什么衣服呀！"最后所有的老百姓都说。

皇帝有点儿发抖，因为他似乎觉得老百姓所讲的话是对的。不过他自己心里却这样想："无论如何，我都必须把这游行大典举行完毕。"因此，他继续摆出一副更骄傲的神气，他的内臣们跟在他后面走，手中托着一个并不存在的后裙。

▶ 지문을 보지 말고 400자로 요약하세요. (제한 시간 35분)

100

200

300

400

● 원문 분석 ●

★ 이 글의 키워드는?

새 옷(新装)

★ 단서 찾기

① 이 글의 요약에 필요한 요소를 찾아보자. (누가, 언제, 어디서)

한 임금, 두 사기꾼, 늙은 대신, 관리(一位皇帝、两个骗子、老大臣、官员) - 예전(从前) - 지문에 나와 있지 않음

02 지문 요약 쓰기 공략

② 그렇다면 이 글의 흐름은? (키워드를 포함해서 판단하라)
한 임금이 새 옷을 좋아한다(발단-一位皇帝爱新装) - 두 사기꾼에게 새 옷을 만들게 한 후, 나중에 직접 새 옷을 보러 갔다(전개-让两个骗子做新装，后来亲自去看新装) - 임금은 새 옷을 입고 행진했다(절정-皇帝穿新装旅行) - 새 옷의 비밀이 폭로되다(결말-揭新装秘密)

③ 이제 요약문의 스토리를 구상해보자.
임금은 새 옷에 심하게 집착했고, 이 때문에 두 사기꾼이 임금에게 새 옷을 만들어 드리겠노라고 유혹했다. 그 후, 두 대신과 임금이 새 옷을 보러 갔다. 마침내 임금은 새 옷을 입고 행진을 했다. 하지만 새 옷의 진실이 들통났다.(皇帝对新装很痴迷，因此两个骗子诱惑给皇帝做新装。后来两大臣和皇帝去看新装。终于皇帝穿新装参加游行。然而新装真面目被揭穿。)

키포인트

이야기의 단서를 정확히 파악하고 요약을 한다면 문장의 중요 내용을 빠트릴 가능성은 없으며 원문에서 벗어날 리도 없다. 모르는 단어는 앞뒤 문장을 통해서라도 의미를 어느 정도는 파악해야 한다. 쓰기 시험은 수험생의 독해와 작문 능력을 알아보고자 하는 것이므로, 문장 속 낯선 단어 분석에 너무 많은 시간을 할애할 필요는 없다. 요약 시 지문의 모든 단어가 필요한 것은 아니므로, 전체 내용만 정확하게 표현하면 된다.

필수 어휘

炫耀 xuànyào	통 (능력·공로·지위 등을) 뽐내다, 자랑하다, 과시하다 예 他刚刚提高了一点成绩，就到处炫耀。 그는 이제 막 조금 성적을 올리고 여기저기서 자랑했다.
织出 zhīchū	통 (직물·털옷을) 짜다 예 他织出了能散发七色光的布。 그는 일곱 가지 빛깔을 내는 천을 짰다.
图案 tú'àn	명 도안 예 我设计的图案非常新颖，赢得了顾客的喜爱。 내가 디자인한 도안은 매우 참신해서, 고객의 사랑을 받았다.
奇异 qíyì	형 별나다, 묘하다, 기이하다, 괴상하다 예 这真是一个奇异的世界。 이건 정말 별난 세상이다.
称职 chènzhí	형 (의식 수준, 업무 능력 등이) 직무에 알맞다, 직무에 적합하다 예 老张是个称职的销售经理。 장씨는 직무에 적합한 영업팀장이다.
愚蠢 yúchǔn	형 어리석다, 우둔하다, 미련하다 예 只有她才会愚蠢地相信那个骗子的话。 그녀만이 어리석게 그 사기꾼의 말을 믿는다.
假装 jiǎzhuāng	통 (참된 모습이나 내용을) 숨기다, 감추다, (~한) 척하다 예 他假装没看见我。 그는 나를 못 본 척했다.
忙碌 mánglù	형 (업무나 사무 등이 많아) 바쁘다 예 为了全家人的生活，他成天忙碌不停。 가족의 생활을 위해, 그는 종일 쉬지 않고 바쁘다.
依然 yīrán	부 변함없이, 여전히, 예전 그대로 예 尽管我好言相劝，她依然执意不从。 나는 언제나 좋은 말로 권하는데, 그녀는 변함없이 고집부리며 따르지 않는다.
进展 jìnzhǎn	명 진전 예 在他的领导下，城市建设的进展很迅速。 그의 지도 아래, 도시 건설의 진전이 매우 신속하다.
称赞 chēngzàn	통 (말로써) 칭찬하다 예 我的父亲称赞我的表演很精彩。 나의 아버지는 내 공연이 매우 멋졌다고 칭찬하셨다.
合身 héshēn	형 (옷이 몸에) 맞다 예 妈妈帮我买的衣服有点儿不合身。 어머니께서 나를 도와 사주신 옷이 좀 맞지 않았다.
撑起 chēngqǐ	통 쳐들다, 펼치다 예 雨越下越大，观众纷纷撑起雨伞。 비가 점점 많이 내리자, 관객들은 연이어 우산을 펼쳤다.

游行 yóuxíng	통 행진하다, 퍼레이드
	예 那个城市举行了一场别开生面的小丑大游行。 그 도시는 새로운 형식의 어릿광대 퍼레이드를 개최했다.
暴露 bàolù	통 (비밀·결함·문제 등을) 폭로하다, 드러내다, 들추다
	예 与韩国队的比赛中，中国足球队员暴露了自身的弱点。 한국팀과의 경기 중, 중국 축구팀은 신체의 약점을 드러냈다.
私自 sīzì	부 몰래, 은밀하게
	예 你们这样私自设卡收费是违法的。 당신들이 이렇게 은밀하게 초소를 세운 비용은 위법이다.
传播 chuánbō	통 퍼뜨리다, 널리 퍼지게 하다
	예 空气是传播声音的媒介。 공기는 소리를 널리 퍼지게 하는 매개물이다.
似乎 sìhū	부 마치 ~인 것 같다, 마치 ~인 듯하다
	예 这位老人的感觉神经似乎不太敏锐了。 이 노인의 감각신경은 그다지 예민하지 않은 것 같다.
骄傲 jiāo'ào	형 자랑스럽다, 뽐내다
	예 老科学家为青年同志的成就感到骄傲。 오래된 과학자는 청년들의 성과를 자랑스럽게 느꼈다.
神气 shénqì	명 표정, 기색, 안색
	예 他再也神气不起来了，上个星期，他投资股票失败已经破产了。 지난 주 그는 투자한 주식이 실패해 이미 파산하여, 다시는 표정이 밝아지지 않았다.

모범 요약문

1 60점 문장

(총390자)

　　很多年以前，有一个皇帝，他特别喜欢新衣服，他不喜欢任何娱乐，所有的兴趣都在穿衣服上面。他每天每小时都要换套新衣服。有两个骗子，告诉皇帝，他们能织出谁也想象不到的布，除了漂亮，布还有个奇特的作用就是愚蠢或不称职的人看不见。皇帝给他们金子让他们做。骗子开始工作了，他们把织布机摆出来，然后假装织布，其实上面什么东西都没有。皇帝派了一个老大臣去看布织得怎么样，老大臣看见骗子在空空的织布机上忙碌着，他什么也没见到。不过他害怕别人笑话他傻，说他不称职。所以他告诉皇帝他们织的布非常漂亮，又过了几天，皇上找了另外一个人也去看看，那个人也有同样的看法，也说布很漂亮。

　　皇帝穿上了漂亮的衣服，他对这个衣服很满意，周围的官员们也都夸赞这件漂亮的衣服。

02 지문 요약 쓰기 공략

有	人	提	议	他	游	行	，	皇	帝	就	开	始	了	游	行	。	所	有	的
老	百	姓	都	夸	赞	皇	帝	的	衣	服	漂	亮	。	只	有	一	个	孩	子
叫	出	声	，	大	家	都	说	他	什	么	都	没	穿	啊	。	皇	帝	不	管
这	些	，	仍	然	继	续	游	行	。										

400

해석 오래 전 한 임금이 있었는데, 새 옷을 유달리 좋아하여 어떤 오락도 좋아하지 않고 옷 입는 데에만 관심이 있었다. 그는 매일 매시간마다 새 옷을 갈아입었다. 두 사기꾼이 임금에게 자신들은 누구도 상상하지 못하는 천을 짤 수 있는데, 아름다움 외에도 그 천이 가지고 있는 색다른 점은 멍청하거나 직분에 어울리지 않는 자는 볼 수 없노라고 말했다. 임금은 그들에게 금을 주고 (옷을) 만들도록 했다. 사기꾼들은 일을 시작했다. 그들은 베틀을 들여놓은 후 천을 짜는 척 할 뿐, 사실 그 위에는 아무것도 없었다. 임금은 늙은 대신을 보내 천 짜는 것이 어떻게 되고 있는지 보고 오라고 했다. 늙은 대신은 사기꾼들이 텅 빈 베틀 위에서 바쁘게 움직이는 것만 봤을 뿐 아무것도 보지 못했다. 하지만 그는 다른 사람들이 그가 멍청하고 자격이 없다고 비웃을까 두려웠다. 그래서 임금에게 그들이 짜는 천이 아주 아름답다고 전했다. 또 며칠이 지나 임금은 다른 사람을 찾아 보냈다. 그 또한 같은 견해로, 천이 아름답다고 말했다.

임금은 아름다운 옷을 입었고 이 옷에 굉장히 만족했으며, 주위의 관리들도 모두 아름다운 옷이라며 칭찬했다. 누군가가 임금에게 행진을 건의했고, 임금은 바로 행진을 시작했다. 모든 백성이 임금의 옷이 아름답다며 칭찬을 했다. 단지 한 아이만이 소리쳤고, 다들 그가 아무것도 입지 않았다고 말했다. 임금은 이를 상관하지 않고 행진을 계속했다.

심사평

60점 요약문은 지문의 단서에는 대부분 부합하지만 새 옷을 보는 부분에서 임금이 직접 천을 보러 가는 과정이 빠졌다. 그리고 마지막에 새 옷이 드러나는 부분의 내용이 종합적이지 못하고 앞뒤 연결도 자연스럽지 못하다. 한 어린아이가 먼저 임금이 벌거벗고 있다고 말한 후 모두 그 아이의 말을 전하기 시작했으며, 이 말이 임금의 귀에 들어간 후 자신도 그 말이 맞는 것임을 알았으나 체면 때문에 어쩔 수 없이 마지못해 행진한 것인데, 그 과정이 모두 빠져 있다. 또한 문장 속에 중복되는 어휘가 많다. 그중 漂亮(예쁘다)이라는 단어가 자주 등장하는데, 이 어휘를 好看(보기 좋다), 美丽(아름답다), 华丽(화려하다) 등의 단어로 대체해도 같은 의미를 전달할 수 있다. 전체적으로 문장이나 단서, 글자 수는 요구치에 적합하다.

② 80점 문장

(총429자)

		从	前	有	个	皇	帝	，	他	特	别	喜	欢	漂	亮	的	新	衣	服	。
漂	亮	是	他	唯	一	追	求	的	。	他	只	喜	欢	炫	耀	他	的	新	衣
服	，	每	天	每	个	小	时	都	要	换	一	套	新	衣	服	。				
		有	一	天	，	来	了	两	个	骗	子	，	说	自	己	能	做	一	种
美	丽	的	衣	服	。	但	愚	蠢	或	不	称	职	的	人	是	看	不	见	的	，
爱	穿	新	衣	服	的	皇	帝	当	然	上	当	了	。	虽	然	那	两	个	骗
子	从	早	到	晚	都	在	织	布	机	前	可	那	上	面	什	么	也	没	有	。

100

并且，他们还向皇帝要了许多金子。过了些日子，皇帝让最诚实的老大臣到那儿去看看布怎样了，那人去了以后因为不想让别人知道自己什么也没看见，所以回来以后，对皇帝说那布非常好看。又过了几天，皇帝又叫了一个官员去看，那个人也说好看。后来皇帝决定亲自去看。但皇帝什么也没看到。他不想让别人认为他是个愚蠢的人，于是他说很漂亮。所有的人都跟着附和，其中有人叫皇帝换上新衣服去游街，皇帝高兴地答应了。

到了街上，人们虽然都看不见却都违心地说好看，只有一个小孩说出了实话后，大家才纷纷说出真相。这时，皇帝心里也明白了自己上当，什么都没有穿，但为了形象，他还只能假装继续向前走着。

해석 예전에 한 임금이 있었는데 그는 특히 아름다운 새 옷을 좋아했다. 아름다움은 그가 유일하게 추구하는 것이었다. 그는 그를 뽐낼 새 옷만을 좋아했고, 매일 매 시간마다 새 옷으로 갈아입었다.

하루는, 두 사기꾼이 찾아와서 자신들이 아름다운 옷을 만들 수 있다고 말했다. 하지만 멍청하거나 직분에 어울리지 않는 자는 볼 수가 없다고 했다. 새 옷 입기를 좋아하는 임금은 당연히 속아 넘어갔다. 두 사기꾼은 아침부터 밤까지 항상 베틀 앞에 있었지만 그 위에는 아무것도 없었다. 게다가, 그들은 임금에게 많은 금을 요구했다. 시간이 흘러, 임금은 제일 성실한 늙은 대신을 그곳으로 보내 천이 어떻게 되고 있는지 보고 오라고 시켰다. 그는 갔다 온 후 자신이 아무것도 보지 못한 것을 남들에게 알리고 싶지 않아서, 임금에게 그 천이 매우 아름답다고 말했다. 또 며칠이 지나, 임금은 또 관리에게 다녀오도록 했고, 그 사람 역시 아름답다고 말했다. 그후 임금은 직접 가보기로 했다. 하지만 임금도 아무것도 보지 못했다. 임금은 다른 사람들이 자신을 어리석은 사람이라고 생각하는 것이 싫어서 매우 아름답다고 말했다. 모든 사람이 그 말을 따라 했고, 그중 어떤 사람이 임금에게 새 옷을 입고 행진을 하라고 했다. 임금은 기꺼이 승낙했다.

길에 나서자, 사람들은 보이지 않았지만 본심과는 다르게 아름답다고 말했고, 단지 한 아이가 진실을 말한 후에야, 모두 연이어 진실을 말했다. 이때, 임금도 속으로는 자신이 속아서 아무것도 입고 있지 않았음을 알았지만, 이미지를 위해 임금은 계속 앞을 향해 걷는척할 수밖에 없었다.

심사평

참새가 작아도 오장육부를 모두 갖추고 있듯, 요약 후의 문장도 원문보다 길이는 줄어들지만 이야기의 발단, 전개, 절정, 결말은 그대로 갖추고 있어야 한다. 80점 요약문은 전체 내용의 전개가 자연스럽고 문장도 매끄러우며 지문에 대한 단서의 키워드가 기본적으로 맞아떨어진다. 또한 지문의 내용을 훼손하지 않고 자신의 언어로 잘 표현하였다.

예제 2 다음 지문을 10분 동안 읽어보세요. 기출

　　一天早上，我叫了一辆出租车，要去上海郊区一企业做培训。因为是上下班的高峰时间，车子堵在路上，缓慢地前进。此时前座的司机先生开始不耐烦地叹了一口气。我也没什么事情，就和他聊了起来："最近生意好吗？""有什么好？做什么都不好干，你想想我们出租车的生意能好吗？每天开车十几个小时，也赚不到什么钱，真是让人生气！"

　　看来这不是个好话题，还是说点儿别的吧，我心里想。于是我说："不过你的车很大很宽敞，就算是塞车，也让人觉得很舒服……"他打断了我的话，声音激动了起来："舒服什么呀！不信你来每天坐12个小时看看，看你还会不会再说舒服!？"接着他的话匣子开了，抱怨政府的公共设施建设不好、油价不断上涨、老百姓看病难。我只能安静地听，一点儿插嘴的机会都没有。

　　第二天同一时间，我再次坐了一部出租车，还是去郊区的那个企业。然而这一次，却让我感受到不同于前一天的舒服。刚一上车，一张笑容可掬的脸庞转了过来，伴随的是轻快愉悦的声音问："早上好，请问要去哪里？"真是难得的亲切，我心中有些惊讶，随即告诉了他目的地。他笑着说："好，没问题！"然而刚过了一个路口，车子又开始在堵车的车阵中缓慢前进。前座的司机先生手握方向盘，开始轻松地吹起口哨哼起歌来，显然心情不错。于是我问他："看来你今天心情很好嘛！"

　　他笑得露出了白白的牙齿说："我每天都如此，每天心情都很好。""为什么呢？"我问："大家不都说现在经济不景气，工作时间长，收入都不理想吗？"司机先生说："没错，我也上有老下有小，所以开车时间也常常要12个小时。但日子还是过得很开心，因为我有个秘密……"他停顿了一下："说出来先生你别笑我，好吗？"

　　他说："我觉得在生活中，换位思考很有用，只要换个角度来想事情，结果就不一样了。比如我觉得出来开车，其实是客人付钱请我出来玩。像今天我碰到你也是一样，你花钱请我到郊外，这不是很好吗？那里空气清新，我正好可以顺道赏赏美景，抽根烟再走啦！"他继续说："像前几天我载一对情侣去年南湖水库看夕阳，他们下车后，我也下来喝碗鱼丸汤，在他们旁边看看夕阳才走，反正来都来了嘛，更何况还有人付钱呢？"

我突然发现自己很幸运，一早就有这份荣幸，跟前座的智商高手同车出游，真是棒极了。又能坐车，心情也好，这样的服务有多难得，我决定问这位司机先生要电话，以便以后有机会再联系他。接过他名片的同时，他的手机铃声正好响起，有位老客人要去机场，原来喜欢他的不只我一位，相信凭他的工作态度，不仅心情愉快，还能比别人赚到更多的生意。

▶ **지문을 보지 말고 400자로 요약하세요.** (제한 시간 35분)

02 지문 요약 쓰기 공략

• 원문 분석 •

★ **이 글의 키워드는?**

택시기사(出租车司机)

★ **단서 찾기**

① 이 글의 요약에 필요한 요소를 찾아보자. (누가, 언제, 어디서)

나(我) - 아침(早上) - 택시에서(在出租车里)

② 그렇다면 이 글의 흐름은? (키워드를 포함해서 판단하라)

첫 번째 택시기사를 만나다(발단-碰到第一个出租车司机) - 그는 사람의 마음을 좋지 않게 했다(전개-他让人心情不好) - 두 번째 택시기사를 만나다(절정-碰到第二个出租车司机) - 그는 사람의 마음을 즐겁게 했다(결말-他让人心情愉悦)

③ 이제 요약문의 스토리를 구상해보자.

교외에 양성교육을 가려고 택시를 탔다. 어느 날 아침 첫 번째 택시기사를 만났고, 그의 말은 사람의 마음을 좋지 않게 했다. 이튿날 두 번째 택시기사를 만났지만, 사람의 기분을 즐겁게 했다. 다음에도 두 번째 택시를 다시 타고 싶었다.(我去郊外培训，坐出租车。一天早上碰到第一个出租车司机，他的言谈让人心情不好。第二天碰到第二个出租车司机，然而让人心情愉快。下次还想再坐第二个的车。)

• 필수 어휘 •

高峰 gāofēng	몡 절정, 절정기, 최고점 몐 如果公司能错开上下班高峰时间，我就不会再迟到了。 만약 회사에서 출퇴근 혼잡 시간을 피해준다면, 나는 다시는 지각하지 않을 것이다.
缓慢 huǎnmàn	혱 느리다, 완만하다 몐 美国经济呈现缓慢的复苏。 미국 경제는 느린 회복을 나타내고 있다.
不耐烦 búnàifán	혱 조급하다, 질리다, 귀찮다 몐 我什么时候能拿到优惠券？实在等得不耐烦了。 나는 언제쯤 우대권을 받을 수 있을까? 정말 기다리기도 질린다.
话题 huàtí	몡 화제 몐 我和你谈论你的婚姻大事呢，不要转移话题。 나는 너와 네 결혼 문제를 얘기하려고 하니, 화제를 돌리지 말아라.
宽敞 kuānchang	혱 넓다, 널찍하다, 훤히 트이다 몐 今年以来，宽敞型轿车成为流行趋势。 올해 이후로, 널찍한 스타일의 자동차가 유행의 대세가 되었다.

话匣子 huàxiázi	명 수다쟁이 예 直到老师进来了，他才知趣地关上话匣子。 선생님이 들어와서야, 그는 눈치껏 입을 닫았다.
抱怨 bàoyuàn	동 불평하다, 투덜거리다, 탓하다 예 他们抱怨学校的伙食不好。 그들은 학교 단체 급식이 안 좋다며 불평했다.
设施 shèshī	명 시설(어떤 필요에 의해 세운 기구·건축물 등을 말함) 예 政府决定加快旅游设施的建设。 정부는 관광시설의 건축을 서두르기로 결정했다.
插嘴 chāzuǐ	동 말참견하다, (말 중간에) 끼어들다 예 我还没说完，你不要插嘴。 아직 내 말이 끝나지 않았으니, 끼어들지 마세요.
感受 gǎnshòu	동 (영향을) 받다, 느끼다 예 我这次见到他，感受很深。 나는 이번에 그를 만나서 느낀 바가 크다.
笑容可掬 xiàoróng kějū	성 만면에 웃음을 띠다 예 她接受采访时，笑容可掬。 그녀는 인터뷰에 응할 때, 만면에 웃음을 띠었다.
愉悦 yúyuè	형 (마음이) 기쁘다, 즐겁다, 유쾌하다 예 如何才能保持愉悦的心情呢？ 어떻게 해야 즐거운 마음을 유지할 수 있을까?
随即 suíjí	부 즉시, 곧 예 地震发生后，他随即捐款200万元。 지진 발생 후, 그는 바로 200만 위안을 기부했다.
吹口哨 chuīkǒushào	동 휘파람을 불다 예 他吹着口哨儿走路。 그는 휘파람을 불며 걸었다.
露出 lùchū	동 드러내다, 노출시키다 예 眉梢间露出忧郁的神色。 눈썹꼬리에 우울한 안색이 드러났다.
景气 jǐngqì	형 경기가 좋다 예 现在经济不景气，工作很难找。 요즘 경제가 불경기라 일자리 찾기가 어렵다.
换位思考 huànwèi sīkǎo	입장 바꿔 생각하다 예 如果你换位思考，你就能理解我的一片苦心。 만약 입장 바꿔 생각한다면, 당신은 내 고충을 이해할 수 있을 것이다.
顺道 shùndào	부 오는 길에, 가는 길에 예 如果你能顺道过来，我就把所有文件当面交给你。 만약 당신이 지나는 길에 들린다면, 나는 모든 서류를 직접 주겠습니다.
荣幸 róngxìng	형 영광스럽다 예 我很荣幸能在美国见到你。 내가 미국에서 당신을 만나다니 매우 영광입니다.
智商 zhìshāng	명 지능지수, 아이큐(IQ) 예 很多人都觉得犹太人的智商很高。 많은 사람들이 유대인의 IQ가 매우 높다고 생각한다.
难得 nándé	형 (귀한 것, 기회 등을) 얻기 어렵다, ~하기 어렵다 예 我难得碰到一个自己喜欢的项链。 나는 내가 좋아하는 목걸이를 어렵사리 보게 되었다.

• 모범 요약문

1 60점 문장

(총374자)

	一	天	早	上	，	我	坐	出	租	车	准	备	去	郊	区	，	结	果
车	子	堵	在	路	上	。	为	了	打	发	无	聊	的	时	间	，	我	跟	他
聊	天	，	他	跟	我	抱	怨	现	在	生	意	不	好	做	，	而	且	每	天
都	很	辛	苦	。	政	府	的	公	共	设	施	也	不	好	，	老	百	姓	日

02 지문 요약 쓰기 공략

子	不	好	过	，	看	病	那	么	难	。	我	插	不	上	嘴	，	安	静	地
听	他	抱	怨	了	一	路	。												
		第	二	天	早	上	，	我	又	要	了	一	部	出	租	车	，	碰	到
了	一	个	好	人	。	这	位	司	机	很	有	礼	貌	，	跟	我	聊	天	也
很	愉	快	。	他	告	诉	我	他	每	天	都	心	情	很	好	。	虽	然	也
是	靠	开	车	挣	钱	，	而	且	常	常	一	天	工	作	12	个	小	时	，
他	仍	然	快	乐	。	为	什	么	？	他	觉	得	开	车	，	是	别	人	付
钱	请	他	玩	。	如	果	到	郊	区	那	种	很	远	的	地	方	，	他	会
认	为	自	己	也	去	郊	游	了	，	还	有	新	鲜	空	气	、	吃	农	家
饭	、	看	美	景	。	最	好	的	理	由	是	，	客	人	付	钱	啊	。	
		我	真	没	想	到	自	己	能	这	么	幸	运	碰	到	第	二	个	司
机	，	让	我	感	到	心	情	很	好	。	我	问	他	要	了	名	片	，	打
算	下	次	还	找	他	。	那	时	，	还	有	个	老	顾	客	打	电	话	找
他	接	一	下	。	我	想	，	这	个	司	机	太	狡	猾	了	，	就	凭	他
的	工	作	态	度	，	他	肯	定	能	赚	大	钱	。						

해석 어느 날 아침, 나는 택시를 타고 교외로 나가려다가 도로에서 차가 막혔다. 무료한 시간을 보내고자, 나는 그와 얘기를 했다. 그는 나에게 요즘 벌이가 시원찮고 매일 너무 힘들다고 불평을 했다. 정부의 공공시설도 엉망이고, 서민들이 살기 힘들고, 병원 가는 것도 너무 힘들다고 했다. 나는 끼어들지도 못하고 가는 내내 그가 불평하는 것을 조용히 들었다.

이튿날 아침, 나는 또 택시를 탔는데 좋은 사람을 만났다. 이 기사는 예의가 바르고 대화도 즐거웠다. 그는 매일 기분이 좋다고 내게 말했다. 비록 운전을 해서 돈을 벌고 늘 하루에 12시간을 운전하지만, 여전히 즐겁다고 했다. 왜일까? 그는 운전하는 것은 다른사람이 돈을 내고 그에게 놀아달라고 하는 것으로 여긴다는 것이었다. 만약 교외 같은 그런 먼 곳으로 간다면, 그 자신도 소풍을 나가고, 또 신선한 공기를 마시고, 시골 밥도 먹고, 아름다운 풍경도 볼 수 있다고 생각했다. 무엇보다 가장 좋은 이유는 손님이 돈을 지불한다는 것이다.

운 좋게도 내가 두 번째 기사를 만나 마음이 즐거워질 줄은 정말 생각지도 못했다. 나는 그에게 명함을 물어보며, 다음 번에도 그를 찾으려 했다. 그때, 다른 단골승객이 전화로 그를 찾아 데리러 오라고 했다. 나는 이 기사가 참 교활하며, 그의 근무 자세로 볼 때 분명 큰 돈을 벌 수 있을 거라고 생각했다.

심사평

60점 요약문에는 필자가 왜 교외로 나갔는지에 대한 설명이 없으며, 어휘 선택이 적당하지 않다. 두 번째 단락에 나오는 好人(좋은 사람)이라는 단어는 뜻이 너무 광범위해 요약 할때 쓰기에는 부적절하다. 이 단락에서 강조하고 있는 것은 두 번째 기사가 승객에게 기쁨을 준다는 것이다. 그러므로 두 번째 기사를 칭찬하고자 하면서 狡猾(교활하다)라는 단어로 표현한 것은 부적절하다. 문장에 쓰인 단서에는 전체적으로 오류가 없고 매끄러운 편이다. 하지만, 글자 수가 너무 적다.

2 80점 문장

(총436자)

　我去上海郊区一个企业做培训。第一天早上，我打了一辆出租车，因为当时正好是上班高峰期，没多长时间车子就堵在路上。为了打发时间，我跟司机聊天。他抱怨到处不景气，赚不到钱。于是，我换了个轻松的话题，夸赞他的车很舒服。可没想到，他又抱怨每天坐在车里12个小时会更不舒服。抱怨政府无能，抱怨社会的不公平。我只好安静地听着，什么也插不上嘴。

　第二天早上，我又打了一辆出租车。刚上车，司机亲切地问我要去哪里。得知目的地后，他轻松愉快地开着车！这让我感到很好奇。他告诉我，他也有家要养，而且每天开12个小时，非常辛苦。但他有个秘诀，那就是如果换个角度想事情，就不一样了。客人要到郊区的话，他可以当作客人付钱请他出去玩。既挣了钱，还能欣赏美景有个好心情。

　能碰到这样的司机是我的幸运，这种高智商的服务实在太难得了。我准备问他要电话，打算下次还找他时，他的一个老顾客打电话找他去送机。我相信他不仅可以有愉快的心情，他的态度也会为他带来更多的生意。

해석 나는 상하이 교외의 한 기업에 양성교육을 하러 갔다. 첫째 날 아침, 나는 택시를 탔는데 마침 출근 러시아워 때라 곧 차들로 도로가 막혔다. 시간을 보내려 나는 기사와 얘기를 했다. 그는 불경기이고, 돈을 벌 수가 없다고 불평했다. 그래서 나는 가벼운 화제로 바꿔서, 그의 차가 매우 편안하다고 칭찬했다. 그러나 뜻밖에도, 그는 매일 12시간씩 차에 있다 보면 더 불편하다고 또 불평했다. 정부가 무능하고, 사회가 불공평하다고도 불평했다. 나는 그저 조용히 들을 뿐, 전혀 끼어들 수가 없었다.

　이튿날 아침, 나는 또 택시를 탔다. 차를 타자 기사는 친절하게 나에게 어디로 가느냐고 물었다. 목적지를 들은 후, 그는 편안하고 기분 좋게 차를 몰았다! 이 점은 나에게 매우 호기심을 느끼게 했다. 그는 내게 자신도 가족을 부양해야 하고, 게다가 매일 12시간씩 운전을 해서 몹시 힘들다고 말했다. 하지만 그에게는 비결이 있는데, 그것은 바로 다른 각도로 일을 생각하면 다르다는 것이었다. 손님이 교외로 간다면, 그는 손님이 돈을 내고 그에게 놀러 가자는 것으로 생각한다는 것이다. 돈도 벌 수 있고 아름다운 풍경도 감상할 수 있어 기분이 좋아진다는 것이다.

02 지문 요약 쓰기 공략

이런 기사를 만나게 된 것은 나의 행운이었고, 이렇게 고차원적인 서비스는 실로 받기 어려운 것이었다. 나는 그에게 전화번호를 물어보며 다음번에 다시 찾으려고 할 때, 그의 한 단골승객이 전화를 걸어 그를 찾아 공항으로 가자고 했다. 나는 그가 유쾌한 사람일 뿐 아니라, 그의 태도는 그에게 더 많은 벌이를 가져올 것이라고 믿는다.

심사평

80점 요약문은 완벽하게 지문의 단서에 근거해 요약을 했으며, 문장이 매끄럽고 단락이 분명하며 어휘가 잘못 사용된 부분도 없다. 첫 번째 기사와 두 번째 기사가 작가에게 전해준 서로 다른 감정과 다른 서비스 태도를 비교하여 생동감 넘치게 묘사하고 있으며, 고객에게 줄 수 있는 즐거움이 무엇인지를 설명하여 지문의 핵심 내용을 잘 나타내고 있다. 글자 수도 기준치에 적합하다.

1 다음 지문을 3분 동안 읽어보세요.

　　动物园里有一只调皮的猴子，它常遭到妈妈的责备，还受到管理员的打骂。它常想：我要自由！有一天，它从动物园溜了出来。

　　这只小猴逃出来后，高兴极了，它觉得外面的一切新鲜而精彩！它心想要是所有的动物都能出来就好了。

　　晚上，小猴子回到了动物园，悄悄进到管理员的小屋，偷走了钥匙，打开了各个笼子锁，动物们准备奔向大森林。动物们逃跑的声音把人们吵醒了，人们大吃一惊。

　　警察企图抓捕动物们。但动物们想获得自由的决心胜过了一切，大象和狮子在前，老虎在后，保护着大批动物前进，一发发麻醉弹无情地射向它们……前面的倒下了，后面的又紧跟上来，继续前进……

　　最终，动物们的决心感动了人们，人们让出一条路让动物们回到森林。

▶ 지문을 토대로 다음 질문에 답하세요.

- 이 글의 키워드는? _____
- 6요소 찾기
  ① 언제? (시간) _____
  ② 어디서? (장소) _____
  ③ 이 글의 등장 인물은? (누가) _____
  ④ 사건의 원인은? (왜) _____
  ⑤ 사건의 경과는? (어떻게) _____
  ⑥ 사건의 결과는? (무엇을) _____

TEST

▶ 지문을 보지 말고 120자로 요약하세요. (제한 시간 10분)

																			100

2 다음 지문을 3분 동안 읽어보세요.

　　以前，有个青年在美国某石油公司工作，他每天巡视并确认石油罐盖有没有自动焊接好。石油罐在输送带上移动至旋转台上，焊接剂便自动滴下，沿着盖子回转一周。这个过程，枯燥无味。他想创业，又无其它本事。他发现罐子旋转一次，焊接剂滴落39滴，焊接工作便结束了。一天，他想到：如果能将焊接剂减少一两滴，可以节省多少成本？

　　经过努力，他终于研制出37滴型焊接机。可利用这种机器焊接出来的石油罐，偶尔会漏油。他没有灰心，继续研制出"38滴型"焊接机。公司对他评价很高，生产了这种机器，改用新的焊接方式。"一滴"焊接剂带给了公司每年5亿美元的新利润。

　　他就是后来掌握全美制油业95%实权的石油大王——洛克·菲勒。

▶ 지문을 토대로 다음 질문에 답하세요.

- 이 글의 키워드는? _____

- 6요소 찾기

　① 언제? (시간) _____

　② 어디서? (장소) _____

　③ 이 글의 등장 인물은? (누가) _____

④ 사건의 원인은? (왜) _____

⑤ 사건의 경과는? (어떻게) _____

⑥ 사건의 결과는? (무엇을) _____

▶ 지문을 보지 말고 120자로 요약하세요. (제한 시간 10분)

100

3 다음 지문을 3분 동안 읽어보세요.

古时候，一个理发师到宰相家里为他修剪眉毛时，因过分紧张，不小心把宰相的眉毛给刮掉了。他深知宰相必然会怪罪下来，急中生智，猛然醒悟！他连忙停下，故意两眼直愣愣地看着宰相的肚皮，仿佛要把宰相的五脏六腑看个透似的。

宰相见他这模样，迷惑地问道："你为什么光看我的肚皮？"

理发师说："都说宰相肚里能撑船，我不明白大人的肚皮怎么能装得下一艘船呢？"宰相说："那是说宰相的气量大，能容忍小事情。"

这时，理发师跪在地上说："小的该死，刚才将您的眉毛刮掉了！请您千万恕罪。不要把小的治罪啊！"

宰相不禁大怒，但冷静一想：自己怎能为这小事治他罪呢？于是，他温和地说："你拿笔把眉毛画上吧。"

TEST

▶ 지문을 토대로 다음 질문에 답하세요.

- **이 글의 키워드는?** _____
- **6요소 찾기**

  ① 언제? (시간) _____

  ② 어디서? (장소) _____

  ③ 이 글의 등장 인물은? (누가) _____

  ④ 사건의 원인은? (왜) _____

  ⑤ 사건의 경과는? (어떻게) _____

  ⑥ 사건의 결과는? (무엇을) _____
  _____

▶ 지문을 보지 말고 120자로 요약하세요. (제한 시간 10분)

4 다음 지문을 6분 동안 읽어보세요. 기출

　　在美国的一个小镇上，有一名厨师叫马克，他的烹饪水平一直不错，在一家叫好莱坞的餐厅做了两年的厨师。他最大的爱好就是买彩票，虽然他一直没有中过大奖。

　　2009年2月，幸运之神居然降临到他头上，他中了五百万美元的大奖。在经济危机的情况下，他成了小镇最幸运的人。中奖的那个晚上，他在自己工作的餐厅请客。他亲自下厨，和大家一起庆祝。

　　在那个狂欢的晚上，所有人都玩得很开心，只有饭店老板约翰有些难过，因为他得开始计划重新招聘一名厨师了，他想马克肯定不会继续干这份工作了。

　　第二天，就在约翰拟好招聘广告之后，一个熟悉的身影出现了。马克居然回来了。他不仅回来了，还风趣地说："我走到哪里都是厨师，你们休想把我丢进那些豪华会所。"

　　于是，马克又吹着口哨开始了他的工作。很快，饭店里的客人也多起来了，当人们发现马克依然在这里工作时，都很惊讶。有人问他，"你变得那么有钱，干吗不把这家餐厅买下来，然后自己做老板，这样不是很好吗？"马克笑着说："像购买这家餐厅成为老板这种事情，我是不会干的，因为这是约翰最喜欢干的事情，我如果买下这家餐厅，那不意味着约翰要失业并失去快乐了吗？既不能给我带来快乐，还有可能夺走别人快乐的事情，我为什么要这么做呢？"

TEST

▶ 지문을 토대로 다음 질문에 답하세요.

- 이 글의 키워드는? _____

- 단서 찾기

  ① 이 글의 요약에 필요한 요소를 찾아보자. (누가, 언제, 어디서)

  _____

  ② 그렇다면 이 글의 흐름은? (키워드를 포함해서 판단하라)

  _____

  ③ 이제 요약문의 스토리를 구상해보자.

  _____

  _____

▶ 지문을 보지 말고 200자로 요약하세요. (제한 시간 20분)

5 다음 지문을 6분 동안 읽어보세요.

  一艘货轮在一望无际的大西洋上航行。在船尾，有个黑人小男孩正干着杂活，突然他被绳索绊了一下，跌入海里。"救命啊！"没有人听见呼救声，而他的耳边只有汹涌的波涛声。货轮越行越远……

  他在冰冷的海水里拼命地游，用尽力气挥动着瘦小的双臂，努力使头伸出水面，睁大眼睛盯着轮船远去的方向。可是船越走越远，他什么都看不见了，陪伴他的只有海水。孩子实在游不动了，他觉得自己马上就要沉下去了。放弃吧，他对自己说。可这时，脑海里浮现出老船长慈祥的脸和友善的眼神。不，老船长一定会知道我掉进海里，一定会来救我的！想到这里，孩子鼓足勇气，用生命的最后力量又朝前游去……

  老船长终于发现黑人孩子失踪了，当他断定孩子是掉进海里后，下令返航，回去找他。这时，有人劝说："都已经这么长时间过了，就是没有被淹死，也让鲨鱼吃了……"船长犹豫了一下，但最后还是决定回去搜救。又有人说："为一个小黑奴，值得吗？"老船长生气道："他是一条生命！"

  终于，在黑人小孩就要沉下去的最后一刻，老船长赶到了，孩子得救了。

  孩子苏醒了，他跪在甲板上感谢船长的救命之恩。

  老船长扶起孩子问他："孩子，你怎么能坚持这么长时间？"

  孩子回答："我知道您会来救我的，一定会的！"

  "你怎么知道我一定会来救你？"

  "因为我知道您是这样的人！"

  听到这话，老船长"扑通"一声跪下，泪流满面地说："孩子，不是我救了你，是你救了我啊！我为在那一刻的犹豫感到羞耻……"

TEST

▶ 지문을 토대로 다음 질문에 답하세요.

- 이 글의 키워드는?

- 단서 찾기

  ① 이 글의 요약에 필요한 요소를 찾아보자. (누가, 언제, 어디서)

  ② 그렇다면 이 글의 흐름은? (키워드를 포함해서 판단하라)

  ③ 이제 요약문의 스토리를 구상해보자.

▶ 지문을 보지 말고 240자로 요약하세요. (제한 시간 20분)

6 다음 지문을 10분 동안 읽어보세요. 기출

女孩儿在5岁那年就已经很懂事了。有一天，她听见爸爸妈妈在说弟弟的事。

她听到弟弟的病很严重，只有靠接受手术才能保住性命，不过那需要很多钱，家里已经一点儿钱也没有了。她听见爸爸用绝望的口气，轻声地对妈妈叹道："恐怕现在只有奇迹才能救得了他。"

女孩儿好像突然有了办法，她马上回到自己的房间，找出一个玻璃瓶子，把里面所有的零钱都倒了出来，仔细地数了三遍以后，又把硬币放回瓶子里，盖上盖子，然后悄悄地溜出门，向药店走去。

到了药店，她希望能够有店员过来招呼她，可是那个店员一直在跟另一个人说话，没理会她。女孩儿扭动双脚，在地面上摩擦着，弄出很大的声响来，还是没人理她。她用最招人厌烦的声音使劲清了清嗓子，还是没有作用。

最后她从瓶子里取出一枚一元的硬币，猛地往玻璃柜台上一拍。这次终于奏效了。"噢，你想要什么？"店员问道，"我正跟我弟弟说话呢，我们已经有好几年没见面了。"他只是随口一问，并没有等女孩儿回答他。

"嗯，我想跟您讲讲我弟弟的事。"女孩儿说，"他病得非常……非常重……所以我想买一个奇迹。"

"你说什么？"店员好奇地问。

"我弟弟的脑子里长了一个坏东西。爸爸说现在只有奇迹才能救得了他。药店这里有奇迹吗？多少钱一个？"

"小姑娘，我们这儿没有奇迹，非常抱歉，我帮不了你。"店员说，声音稍微柔和了一些。

"您听我说，我付得起钱。要是不够的话，我再回家去拿。您只要告诉我一个奇迹要多少钱。"

TEST

　　那个店员的弟弟穿得非常体面。他弯下腰，亲切地问小姑娘："你弟弟需要一个什么样的奇迹呢？"

　　"我不知道。"女孩儿的眼泪涌了出来，"我只知道他病得很重，妈妈说他需要动手术，可是爸爸拿不出钱，所以我想用自己的钱。"

　　"你带了多少钱？"店员的弟弟问道。"12块5毛。"女孩儿回答，声音低得几乎听不见，"我现在只有这么多，如果不够我还可以再去拿。"

　　"哇，真是太巧了。"那人笑了起来，"12块5毛，给你弟弟用的奇迹正好是这个价格。"

　　他一手接过钱，用另一只手拉着女孩儿的手，说："带我去你家，我要看看你弟弟的情况，见见你的父母。看看我这儿是不是有你需要的奇迹。"

　　原来那个店员的弟弟是一位神经外科医生，他免费给女孩儿的弟弟做了手术，没过多久，女孩儿的弟弟就康复了。

　　事后，女孩儿的父母开心地谈起这件事，"那天的手术。"她母亲说，"的确是个奇迹，我真想知道那得花多少钱。"

　　女孩儿的脸上露出一丝微笑，她心里清楚奇迹的准确价格是12块5毛，可是她不知道的是，还要再加上一个孩子执着的信念。

▶ 지문을 토대로 다음 질문에 답하세요.

- **이 글의 키워드는?**

- **단서 찾기**

① 이 글의 요약에 필요한 요소를 찾아보자. (누가, 언제, 어디서)

② 그렇다면 이 글의 흐름은? (키워드를 포함해서 판단하라)

③ 이제 요약문의 스토리를 구상해보자.

▶ **지문을 보지 말고 400자로 요약하세요.** (제한 시간 35분)

03 제목 짓기 공략

6급 쓰기 시험은 자신이 요약한 요약문의 제목을 수험생 스스로 정하게 되어 있는데, 수험생 입장에서도 아주 어려운 일은 아니다. 왜냐하면 원문 내용에 근거해 제목을 결정하는 것이므로, 원문 전체의 중심 내용만 잘 이해하고 있다면 누구나 내용에 맞는 제목을 써낼 수 있기 때문이다. 문장의 제목을 짓는 것은 바로 화룡점정이다. 눈이 있어야 용이 날 수 있듯 제목이 있어야 문장이 더욱 빛날 수 있다. 내용에 딱 맞는 제목을 선택한 것만으로도 쓰기 시험은 이미 절반의 성공을 거둔 셈이다. 제목에 정답이란 있을 수 없지만 좀 더 적합하고 다채로울 수는 있다. 좋은 제목의 최고 조건은 간략하고 분명하며, 확실하면서도 생동적인 내용이어야 시선을 끌 수 있다. 따라서 세세하게 다듬고, 반복해서 비교하고, 어떤 제목이 더욱 시선을 끌 수 있을까, 더 새로울까를 생각해야 한다. 정확하고 훌륭한 제목은 채점관들에게 좋은 인상을 줄 수 있다.

비법 전수

1) 핵심 문장을 찾아라.
핵심 문장은 지문에서 매우 중요한 부분이므로, 지문의 중심 내용을 뚜렷하게 나타내준다. 핵심 문장을 잡으면, 작가의 관점을 이해하여 정확한 제목을 쓰는 데 도움이 된다.

> **Tip**
> ❶ **출연 횟수가 많으면 주인공이다.**
> 자주 보이는 어휘나 반복적으로 나오는 문장은 그만큼 지문에서 차지하는 비율이 크다는 것이다. 따라서 지문을 읽을 때 눈에 자꾸 띄는 어휘나 문장들은 바로바로 머릿속에 암기하자.
>
> ❷ **문장은 용두용미다.**
> 어느 이야기에서라도 시작과 끝을 모른다면 그 이야기의 내용을 안다고 할 수 없다. 그만큼 시작과 끝 부분에는 중요한 내용이 담겨 있기 마련이다. 따라서 지문에서의 핵심 문장 또한 지문의 시작과 끝 부분에서 찾아야 한다.

2) 키워드를 활용해라.
핵심 문장 속의 키워드를 선택한 뒤, 그 앞뒤를 수식해서 제목을 만드는 것이다. 이 방법은 특히 한 문장으로 제목을 정하고자 할때 적합하다. 예를 들어 '幸福(행복)'를 화제로 제목을 정한다면 앞뒤에 아래와 같은 단어들을 보충해서 제목을 정할 수 있다.

① 《追求幸福 (행복을 추구하다)》앞 첨가
② 《体味幸福 (행복을 느끼다)》앞 첨가
③ 《幸福是一种心情 (행복은 마음이다)》뒤 첨가
④ 《幸福在哪里 (행복은 어디에)》뒤 첨가
⑤ 《追求幸福没有错 (행복을 추구하는 것은 잘못이 아니다)》앞뒤 첨가
⑥ 《为了幸福努力 (행복을 위해 노력하다)》앞뒤 첨가

3) 구체화시켜라.

예를 들어 정말로 열심히 공부했다는 것을 주제로 제목을 짓는다면,《我爱读书(나는 공부가 좋다)》,《书伴我成长(책과 함께 한 나의 성장)》이라는 제목이《书是人类进步的阶梯(책은 인류 발전의 계단이다)》,《要爱书(책을 사랑하자)》라는 제목보다 더 적합하다. 전자는 구체적이고 후자는 내용이 너무 간단하기 때문이다.

4) 수사법을 응용해라.

수사적 표현들을 사용해 제목을 정하는 것이다. 이 방법으로 만든 제목은 이미지가 생동적이고, 재미를 함축하고 있으며, 독창적이고, 풍부한 아름다움을 갖추고 있어 읽어보고 싶다는 호기심을 불러일으킬 수 있다.

수사적 방법에는 비유, 환유, 과장, 댓구, 반문이 있다. 환유를 예를 들어보면, '假如我可以飞翔(만약 내가 날 수 있다면)'이라는 주제의 지문에, '翅膀(날개)'을 사용해《我有一双翅膀(나는 날개 한 쌍이 있다)》이라는 제목을 정하는 것은 정확하면서도 생생하다고 볼 수 있다. 부정문의 예를 들어보자. 지문에서 대부분 사람이 허난 사람들은 나쁘다고 생각하고, 사기꾼을 보호한다고 주로 이야기하고 있다. 이 지문의 제목을《河南人得罪了谁? (허난 사람들은 누구에게 죄를 지었는가?)》로 정한다면 지문에서 나타내고자 하는 주제와 적합하다.

5) 주제 문장과 일치시켜라.

지문의 중심내용에 적합해야 하며, 어긋나서는 안 된다. 예를 들어, 흥미진진한 축구 경기에 관한 내용을 서술하고, 제목을《小球迷(축구 팬)》라고 해버리면, 사건이 주가 되어야 하는데, 사람이 주가 되어버리고 만다. 이것이 바로 제목과 지문의 주제가 어긋나는 것으로, 지문의 의미를 나타내는 데 영향을 준다.

6) 글자를 금처럼 아껴라.

가능한 글자 수가 적게 제목을 쓰고, 짧고 정확하며 군더더기가 없어야 한다. 일부 수험생들은 제목이 너무 짧으면 이해가 되지 않을까 염려되어 일부러 제목을 늘리기도 한다. 하지만 길다고 무조건 좋은 것은 아니다. 예를 들어,《藏在我心灵深处的一件难忘的事(내 마음 깊은 곳에 숨겨둔 잊기 힘든 일)》라는 제목보다는《一件难忘的事(잊을 수 없는 일)》혹은《难忘一事(잊기 힘든 일)》라는 제목이 문장의 핵심을 훨씬 잘 표현할 수 있다.

> **NOTICE**
> ❶ 꼭 화려한 단어로 기발하고 창조적인 제목을 정해야 한다는 생각을 버리자.
> ❷ 주제에 일치해야 하며, 핵심 내용이나 키워드와 연관성이 있어야 동떨어지지 않는다.

03 제목 짓기 공략

> **예제 1** 다음 지문을 2분 동안 읽어보세요.

你知道动物的尾巴有什么用处吗？

鱼的尾巴就像船上的舵，鱼儿游动的时候，要靠尾巴掌握前进的方向。牛的尾巴好比是一条鞭子。夏天，它总不停地甩来甩去。牛就是用它赶去叮在背上的苍蝇和蚊子的。狗的尾巴还能表示感情呢。它一见主人，尾巴就摇个不停。见到陌生人，它马上就会把尾巴竖起来，还发出"汪汪"的叫声。

动物的尾巴，真是各有各的用处啊！

▶ 핵심 문장을 적어보자.

▶ 제목으로 가장 적합한 것을 골라보자.

　　A. 尾巴的样子　　　　　　　　（　）

　　B. 鱼、牛、狗的尾巴　　　　　（　）

　　C. 动物的尾巴　　　　　　　　（　）

　　D. 不同动物的尾巴有共同的用处（　）

• 원문 분석 •

아주 짧고 간단한 문장으로, 세 단락으로 이루어져 있다. 그리고 첫 번째 단락과 세 번째 단락은 한 문장으로 핵심 내용을 드러내고 있다. 두 번째 단락은 물고기, 소, 개의 꼬리 쓰임새를 묘사하고 있다. 즉, 지문은 주로 물고기, 소, 개의 꼬리 작용에 대한 묘사를 통해 동물의 꼬리에는 각각 쓰임이 있다는 것을 서술하고 있다.

또한, 전체적으로 '동물의 꼬리 - 물고기 꼬리 - 소 꼬리 - 개 꼬리 - 동물의 꼬리' 순서로 설명하고 있으므로, 4개의 보기 가운데 제목으로 가장 적합한 것은 C이다.

만약 보기가 없다 하더라도, 방금 했던 분석에 따라 제목을 《尾巴的用处(꼬리의 용도)》로 정할 수도 있다. 제목에 정답은 없으나 지문의 주제에 가장 적합해야 한다. 기본적으로 구체적일 것, 간결할 것, 주제에 적합할 것이라는 요구사항만 지키면 된다.

▶ 핵심 문장을 적어보자.
  동물의 꼬리는 실로 각각의 쓰임새를 지니고 있다!(动物的尾巴，真是各有各的用处啊!)

▶ 제목으로 가장 적합한 것을 골라보자.
  C. 动物的尾巴(동물의 꼬리)

필수 어휘 尾巴 wěiba 몡 (동물의) 꼬리 | 用处 yòngchu 몡 용도 | 舵 duò 몡 (배나 비행기 등의) 방향타, 핸들 | 游动 yóudòng 동 이리저리 옮겨 다니다, 유동하다 | 掌握 zhǎngwò 동 장악하다, 파악하다 | 好比 hǎobǐ 동 (마치) ~와 같다(이하의 내용과 같음을 표시함) | 鞭子 biānzi 몡 채찍, 회초리(주로 가축을 몰 때 쓰임) | 甩 shuǎi 동 흔들다, 휘두르다 | 叮 dīng 동 (모기 등이) 물다 | 苍蝇 cāngying 몡 파리 | 蚊子 wénzi 몡 모기 | 竖 shù 동 똑바로 세우다 | 汪汪 wāngwāng 의성 멍멍

예제 2 다음 글을 3분 동안 읽어보세요.

　　有一次，我陪同一位外籍教师去学校的图书馆参观，图书馆的同学们都安安静静地坐着看书。两人往里面走了几步，外籍教师却突然站住不走了。我奇怪地问他怎么了，并做出邀请他往里走的手势。要知道，这所大学的图书馆是以历史悠久、建筑宏伟，环境优雅而著称的，它正式建馆已经九十年了。于是来我们大学的学者们，几乎都要参观这间图书馆。

　　而那位外籍教师却仍然站在原地不动。他指指自己的脚，摆了摆手，又朝周围正在埋头学习的同学看了看。我还没明白过来，只见外籍教师蹲下身去，迅速地脱掉皮鞋！然后把皮鞋拎在手里，脸上浮现出心安理得的松驰神情，光着脚往里走。原来，他是担心自己的皮鞋走在木地板上发出的声音打扰了同学们的学习！

　　那位外籍教师赤脚行走在图书馆阅览室里的小细节打动了我。从这个有几分"狼狈"、不那么有"尊严"的举动中，我看到的是一种可爱的谦卑，更是一种发自内心的对他人的尊重。

03 제목 짓기 공략

▶ 핵심 문장을 적어보자.

_____

_____

▶ 제목으로 가장 적합한 것을 골라보자.

    A. 外籍教师　　　　　　　　　（　　）

    B. 学校图书馆　　　　　　　　（　　）

    C. 参观图书馆　　　　　　　　（　　）

    D. 光脚走进图书馆　　　　　　（　　）

원문 분석

지문에서 외국 국적의 교사가 학교 도서관을 참관하면서 학생들이 공부하는 데 방해가 되지 않기 위해 자신의 신발을 벗어버렸다. 그의 이러한 행동에 작가가 감동했다는 것이 주요 내용이다. 보기 D는 아주 적절하게 이 일을 설명하고 있으므로 제목으로 삼기에 적합하다. 다른 보기들은 문장의 핵심 내용을 나타내지 못하고 있다.

▶ 핵심 문장을 적어보자.
   외국인 선생님이 맨발로 도서관 열람실을 걷는 이 사소한 행동이 내 마음을 움직였다.(那位外籍教师赤脚行走在图书馆阅览室里的小细节打动了我。)

▶ 제목으로 가장 적합한 것을 골라보자.
   D. 光脚走进图书馆(맨발로 도서관을 걷다)

필수 어휘 手势 shǒushì 명 손짓, 몸짓 | 悠久 yōujiǔ 형 유구하다 | 宏伟 hóngwěi 형 (규모나 계획 등이) 웅장하다, 웅대하다 | 优雅 yōuyǎ 형 우아하다, 운치가 있다 | 著称 zhùchēng 형 유명하다, 이름이 알려지다 | 摆手 bǎishǒu 동 손을 흔들다 | 埋头 máitóu 동 몰두하다, 열중하다 | 蹲下 dūnxià 동 웅크리고 앉다, 허리를 구부리다 | 迅速 xùnsù 형 신속하다, 재빠르다 | 脱掉 tuōdiào 동 벗어버리다 | 拎 līn 동 (손으로) 들다, 쥐다 | 浮现 fúxiàn 동 드러나다, 나타나다 | 心安理得 xīn'ān lǐdé 성 일이 합리적으로 되어 마음이 편안하다 | 神情 shénqíng 명 얼굴빛, 표정 | 光脚 guāngjiǎo 동 맨발을 하다 | 赤脚 chìjiǎo 동 맨발 벗다(때에 따라 양말을 벗는 것만을 가리키기도 함) | 细节 xìjié 명 세부, 자세한 부분 | 狼狈 lángbèi 형 낭패스럽다 | 谦卑 qiānbēi 형 (아랫사람이 윗사람에게) 겸손하다

예제 3　다음 지문을 3분 동안 읽어보세요.

　　小和尚满怀疑惑地去见师傅："师傅！您说好人坏人都可以改变，问题是坏人已经失去了人的本质，如何算是人呢？既不是人，就不应该改变他。"师傅没有立刻作答，只是拿起笔在纸上写了个"我"，但字是反写的，如同印章上的文字，左右颠倒。
　　"这是什么？"师傅问。
　　"这是个字。"小和尚说："但是写反了！"
　　"什么字呢？"
　　"'我'字！"
　　"写反了的'我'字算不算字？"师傅追问。
　　"不算！"
　　"既然不算，你为什么说它是个'我'字？"
　　"算！"小和尚立刻改口。
　　"既算是个字，你为什么说它反了呢？"
　　小和尚怔住了，不知怎样作答。
　　"正字是字，反字也是字，你说它是'我'字，又认得出那是反字，主要是因为你心里认得真正的'我'字；相反的，如果你原不识字，就算我写反了，你也无法分辨，只怕当人告诉你那是个'我'字之后，遇到正写的'我'字，你倒要说是写反了！"师傅说："同样的道理，好人是人，坏人也是人，最重要在于你须识得人的本性，于是当你遇到恶人的时候，仍然一眼便能见到他的'天性'，并唤出他的'本质'，本质明白了，改变也就不难了！"

03 제목 짓기 공략

▶ 핵심 문장을 적어보자.

_____
_____
_____

▶ 제목으로 가장 적합한 것을 적어보자.

• 제목 1 _____
• 제목 2 _____
• 제목 3 _____

원문 분석

지문의 내용은 노스님이 제대로 쓴 글자와 거꾸로 쓴 글자를 예로 들어, 동자승에게 좋은 사람과 나쁜 사람은 구별될 수 있고 변할 수도 있음을 말해주고 있다. 그러므로 만약 제목을 《老和尚与小和尚(노스님과 동자승)》, 《好人与坏人(좋은 사람과 나쁜 사람)》이라고 한다면, 노스님이 글자를 예로 들어 동자승에게 이치를 설명하고 있음을 표현할 방법이 없다. 그러므로 가장 적합한 제목은 바로 《正字与反字(제대로 쓴 글자와 거꾸로 쓴 글자)》이다.

▶ 핵심 문장을 적어보자.
  제대로 쓴 글자도 글자이고, 거꾸로 쓴 글자도 글자다.(正字是字，反字也是字。)
  같은 이치로 좋은 사람도 사람이고, 나쁜 사람도 사람이다.(同样的道理，好人是人，坏人也是人。)

▶ 제목으로 가장 적합한 것을 적어보자.
  • 제목 1 : 제대로 쓴 글자와 거꾸로 쓴 글자(正字与反字)
  • 제목 2 : 좋은 사람 나쁜 사람 모두 변할 수 있다(好人坏人都可以改变)
  • 제목 3 : 나쁜 사람은 좋은 사람으로 변할 수 있다(坏人可以成为好人)

Tip 부적합한 제목
① 什么是真正的"我"(무엇이 진정한 '나'인가)
② 坏人无法变成好人(나쁜 사람은 좋은 사람으로 변할 방법이 없다)
③ 师傅与小和尚的不同(사부와 동자승의 다른점)

필수 어휘 和尚 héshang 명 승려 | 满怀 mǎnhuái 동 (마음속에) 가득하다, 꽉 차다 | 疑惑 yíhuò 동 의혹하다 | 作答 zuòdá 동 대답하다 | 如同 rútóng 동 마치 ~와 같다 | 印章 yìnzhāng 명 인장, 도장 | 颠倒 diāndǎo 동 뒤바꾸다, 전도하다 | 追问 zhuīwèn 동 캐묻다, 추궁하다 | 改口 gǎikǒu 동 (원래 했던) 말을 바꾸다 | 怔 zhèng 동 멍해지다 | 认出 rènchū 동 분별하다, 식별하다 | 分辨 fēnbiàn 동 판별하다, 구별하다 | 仍然 réngrán 부 여전히, 변함없이

예제 4 다음 지문을 6분 동안 읽어보세요.

　　香山公园位于北京西北郊，占地约有一百六十公顷，是一座着名的具有皇家园林特色的大型山林公园。园内地势险峻、峰峦叠嶂、林木繁茂、满目青翠、处处都是鸟语花香。

　　沿石阶蜿蜒而上，两边有很多参天的古树和怪石，因游客不多，所以上山速度较快。不多会儿我就满头大汗，气喘吁吁，正想找个地方歇歇脚，忽然眼前一晃，一个小黑影闪了过去，我忙顺着那个黑影闪过的方向看去，原来是一只小松鼠，人们都惊喜万分，迅速围靠过去，许多游人正向它投送食物，我连忙蹲下身去细看：只见那只松鼠的身体细长，体毛为深灰色，它那条又大又蓬松的尾巴竟然比它的身体还长很多，象一团松软的大羽毛，不时地飘摆。在那娇小玲珑的脸上嵌着两颗黑珍珠般的眼睛，煞是惹人怜爱。这些跳跃在山间的小精灵，为游人又增添了一道可爱的风景和几分快乐的情趣，让人留连忘返。

　　香山还有许多著名的名胜古迹。如：香炉峰，见心斋，玉华岫，双清别墅，西山晴雪等。其中西山晴雪位于香山公园的半山亭北，虽经岁月沧桑，但由乾隆提笔的碑文"西山晴雪"却仍完好无损。相传有一年，一冬无雪，入春无雨。乾隆和大臣全都忧心忡忡，无心应事，便一同去香山打猎散心。乾隆忽然望见香山的一处山凹里竟有一片雪白，酷似被积雪覆盖。他很惊喜，赶紧过去细看。原是十万余株杏树正开得生机勃勃，那漫山遍野的杏花沁人心脾，不禁令人心旷神怡。

　　乾隆触景生情，欣然提笔"西山晴雪"。

03 제목 짓기 공략

▶ 핵심 문장을 적어보자.

▶ 제목으로 가장 적합한 것을 적어보자.

• 제목 1 ----
• 제목 2 ----
• 제목 3 ----

원문 분석

지문은 경치를 묘사한 문장이다. 첫 번째 단락에서는 향산공원을 설명하고 있고, 두 번째 단락에서는 향산을 등산하는 과정을 통해 향산공원의 아름다운 풍경을 묘사하고 있으며, 세 번째 단락에서는 향산공원 내의 명승고적에 관해 얘기하고 있다. 그러므로 지문의 제목을 《香山公园(향산공원)》이라는 4글자로 정해버린다면 작가가 표현하고자 한 향산공원의 아름다운 풍경에 대한 애정과 찬미를 제대로 전달할 수 없다. 또한, 이 제목은 첫 번째, 세 번째 단락만 나타낼 수 있을 뿐, 두 번째 단락은 나타내지 않는 것이 된다. 만약 제목에 동사 游(여행)를 더해《游香山公园(향산공원을 여행하다)》이라고 한다면 지문의 뜻과 작가가 표현하고자 한 감정을 제대로 이해하고 파악할 수 있게 된다.

▶ 핵심 문장을 적어보자.
  향산공원은 베이징 서북쪽 교외에 있다.(香山公园位于北京西北郊。)
  관람객이 많지 않아, 산에 오르는 속도가 빠르다.(因游客不多, 所以上山速度较快。)
  향산에는 많은 유명한 명승고적이 있다.(香山还有许多著名的名胜古迹。)

▶ 제목으로 가장 적합한 것을 적어보자.
  • 제목 1 : 향산공원을 여행하다(游香山公园)
  • 제목 2 : 향산공원을 소개하다(介绍香山公园)
  • 제목 3 : 내가 좋아하는 향산공원(我喜欢的香山公园)

> **Tip** 부적합한 제목
> ① 香山在北京(향산은 베이징에 있다)
> ② 香山公园里的松鼠(향산공원의 다람쥐)
> ③ 香山的历史(향산의 역사)

필수 어휘 地势 dìshì 몡 지세 | 险峻 xiǎnjùn 톙 긴박하다, 급박하다 | 峰峦 fēngluán 몡 연봉(죽 이어져 있는 산봉우리) | 叠嶂 diézhàng 몡 첩봉(잇따라 겹쳐 있는 산봉우리) | 繁茂 fánmào 톙 (초목이) 우거지다, 무성하다 | 满目 mǎnmù 톙 눈에 가득 차다, 시야에 가득 차다 | 青翠 qīngcuì 톙 짙푸르다 | 鸟语花香 niǎoyǔ huāxiāng 솅 새가 지저귀고 꽃이 향기롭다 | 蜿蜒 wānyán 톙 뱀이 꿈틀꿈틀 기어가는 모양 | 参天 cāntiān 통 (나무 등이) 하늘을 찌를 듯 높이 솟다 | 气喘吁吁 qìchuǎn xūxu 톙 숨이 가빠서 헐떡이는 모양 | 歇脚 xiējiǎo 통 길을 걷다가 잠시 쉬다 | 忽然 hūrán 부 갑자기, 별안간 | 一晃 yìhuǎng 통 휙 지나가다, 얼씬거리다 | 松鼠 sōngshǔ 몡 다람쥐 | 蓬松 péngsōng 톙 (풀, 모직물의 털 등이) 흐트러지다, 텁수룩하다 | 松软 sōngruǎn 톙 부드럽다, 폭신폭신하다 | 不时 bùshí 부 때때로, 종종 | 飘摆 piāobǎi 통 바람에 가볍게 흔들거리다 | 玲珑 línglóng 톙 정교하다 | 嵌 qiàn 통 (비교적 큰 물건의 오목한 홈에) 끼워 넣다, 박아 넣다 | 怜爱 lián'ài 통 사랑하다, 매우 귀여워하다 | 留连忘返 liúlián wàngfǎn 돌아가는 것을 잊고 계속 머무르다 | 无损 wúsǔn 통 파손되지 않다, 훼손되지 않다, 손상되지 않다 | 忧心忡忡 yōuxīn chōngchōng 솅 걱정스럽고 불안한 모양 | 酷似 kùsì 통 매우 비슷하다 | 沁人心脾 qìnrén xīnpí 솅 (훌륭한 문학 작품이나 음악이) 마음속에 깊이 스며들어 신선한 감동을 주다 | 心旷神怡 xīnkuàng shényí 솅 마음이 후련하고 기분이 유쾌하다 | 触景生情 chùjǐng shēngqíng 솅 눈앞의 전경을 보고 (어떤) 느낌이 생기다

1 다음 지문을 6분 동안 읽어보세요.

　　一位著名的推销大师，他在城中最大的体育馆，做告别职业生涯的演说。

　　那天，会场座无虚席，人们在急切地等待着这位伟大推销员的精彩演讲。大幕徐徐拉开，舞台的正中央吊着一个巨大的铁球。主持人对观众说："请两位身体强壮的人到台上来。"转眼间已有两名动作快的年轻人跑到台上。推销大师这时开口了："请你们用这个大铁锤，去敲打那个吊着的铁球，直到把它荡起来。"一个年轻人先拿起铁锤，拉开架势，抡起大锤，全力向那吊着的铁球砸去。但一声震耳的响声后，那吊球却纹丝不动。他接着用大铁锤不断砸向吊球，铁球还是不动。很快他就气喘吁吁了。另一个人也不示弱，接过大铁锤把吊球打得叮当响，可是铁球仍旧一动不动。

　　这时，推销大师从上衣口袋里掏出一个小锤，对着铁球"咚"敲了一下，停顿一下，再用小锤"咚"敲了一下。人们奇怪地看着，推销大师就这样自顾自地不断敲下去。10分钟过去了，20分钟过去了，会场早已开始骚动，有的人干脆叫骂起来，人们用各种声音和动作发泄着不满。他却不闻不问，只管一小锤一停地工作着，大概在他进行到40分钟的时候，坐在前面的一个妇女突然尖叫一声："球动了！"接着，吊球在推销大师一锤一锤的敲打中越荡越高，它拉动着那个铁架子"哐哐"作响，它的巨大威力强烈地震撼着在场的每一个人。

　　推销大师开口讲话了。他的告别演讲只有一句话："在人生的道路上，很多简单的事情要重复做，如果你没有耐心去等待成功的到来，那么，你只好用一生的耐心去面对失败。"

▶ 핵심 문장을 적어보자.

_____

_____

_____

▶ 제목으로 가장 적합한 것을 적어보자.

• 제목 1 _____

• 제목 2 _____

2 다음 지문을 6분 동안 읽어보세요.

　　小芳从护士学校毕业后，到一家私立医院干临时工，可她的手艺实在太差了，上班快一个月了，连一个点滴都没扎上过。这天，院长把小芳叫到办公室，训斥道："今天给你最后一次机会，如果还不能给患者扎上液，你就卷铺盖走人！"

　　小芳被院长这么一训，羞得满脸通红。走出院长室，她深吸了一口气，攥紧拳头给自己打气："小芳，加油！"接着便斗志昂扬地给患者扎针输液去了。患者们都领教过小芳的手艺，看到她来，实在怕得要命，纷纷不留情面地让小芳出去，嚷嚷着换人。

　　就在小芳倍感绝望的时候，突然，她发现需要扎液的病人名单上有一个新名字，这病人是新转进医院的，小芳到病房一看，他也许夜间没休息好，现在正睡得香甜。小芳蹑手蹑脚地走到那人跟前，绑上止血带，消毒，小心翼翼地一扎……天啊！失败了。

　　小芳见那人没醒，迅速地换了一条血管，扎！又没成功，小芳的汗珠子下来了，这可是自己最后的机会啊！

TEST

于是，小芳扎完左手扎右手，扎完左脚扎右脚……她越扎越紧张，越紧张越扎不上。半小时过去了，他手脚上的血管都被小芳"破坏"掉了，幸运的是，那人睡得很沉，还没醒来。无奈，小芳一边祈祷，一边在那人的脑袋上扎头皮针，这一针下去，那人"哎呀"一声疼醒了，怒骂道："啥破水平啊！你往哪儿扎呢！"

见病人发火了，小芳再也忍不住，一边哭一边跑回了宿舍。就在小芳蒙着被子"呜呜"大哭时，忽听有人敲门，小芳抹了抹泪，打开门，只见院长领着一个男人站在门口。

那男人一见小芳，"扑通"一声跪在地上，感激地说："姑娘啊，谢谢啦！没想到我哥这躺了十年的植物人，让你给扎醒啦！"

▶ 핵심 문장을 적어보자.

▶ 제목으로 가장 적합한 것을 적어보자.

- 제목 1
- 제목 2

GRADE 2

단계별 요약 쓰기 연습

01 중편 요약 쓰기 연습

연습 1 다음 지문을 6분 동안 읽어보세요.

　　我毕业后在农村中学教语文。每天晚上我都去教室看学生们学习。一天，我发现圆圆在座位上哭泣，原来她放在课本里的100块钱不见了。对于农村的孩子来说，100块就是个天文数字。圆圆的爸爸在城里工作，所以，她的书包里常放些零食，难道是谁偷吃零食时顺手摸走了她的钱？

　　我看了看全班同学说："100块啊，对任何一个人来说都是很大的数目，那钱不是咱的，咱不能拿。我们可以原谅同学因一时贪念犯的错误。现在，我把灯关掉，每个同学都要从讲台那里摸索着走过去，希望拿了钱的同学把钱留下。没有人知道你是谁。灯亮之后，我们还是好孩子。"

　　我关上了灯。十分钟后，我打开了灯：桌上什么也没有！

　　再十分钟后，我第二次打开了灯：还是什么也没有！

　　"请同学珍惜最后一次机会，我不希望我的学生中会出现执迷不悟犯错误的人。"我的声音有些严厉，也有些无奈。

　　我第三次打开了灯：桌上放着一张崭新的百元大钞！

　　可我的泪怎么也控制不住流了下来。学校表扬我并写了一篇《教导有方》的评论发表在当地日报上。只有我知道，桌子上那100元钱是我刚领到手的一个月工资。

필수 어휘　哭泣 kūqì 동 흐느끼다, 훌쩍이다 | 零食 língshí 명 군것질, 간식 | 顺手 shùnshǒu 부 ~하는 김에, 겸사겸사 | 摸索 mōsuǒ 동 (길이나 방향 등을) 더듬어 찾다 | 执迷不悟 zhímí búwù 성 잘못을 고집하며 깨닫지 못하다 | 严厉 yánlì 형 엄하다, 매섭다 | 无奈 wúnài 형 어쩔 수 없다, 방법이 없다, 부득이하다 | 崭新 zhǎnxīn 형 참신한, 새로운 | 大钞 dàchāo 명 고액권

▶ 지문을 토대로 다음 질문에 답하세요.

　• 이 글의 키워드는? _____

• 단서 찾기

① 이 글의 요약에 필요한 요소를 찾아보자. (누가, 언제, 어디서)

② 그렇다면 이 글의 흐름은? (키워드를 포함해서 판단하라)

③ 이제 요약문의 스토리를 구상해보자.

• 독해 후, 키워드와 사건의 전개에 따라 지문에 적합한 제목을 붙여라.

▶ 지문을 보지 말고 200자로 요약하세요. (제한 시간 15분)

연습 2 다음 지문을 6분 동안 읽어보세요.

　　这是美国东部一所大学期终考试的最后一天。一群工程学高年级的学生聚集在一起，讨论马上要开始的考试，他们充满了自信。因为这是他们参加毕业典礼和工作之前的最后一次测验了。

　　有些同学在谈论他们现在已经找到的工作；另一些同学则谈论他们可能会得到的工作。他们感觉自己已经准备好了，可以走出校门，走入社会去征服整个世界。

　　他们知道，测验将会很快结束，因为教授允许他们带着任何他们想带的课本或者笔记。只是要求他们在测验的时候不能交头接耳。

　　教授把试卷分发给同学们。当大家注意到只有五道评论类型的问题时，更有自信了。

　　三个小时过去了，教授开始收试卷。学生们看起来不再自信了，他们的表情很不自然，有点害怕。

　　教授看着同学们问道："请告诉我，你们完成五道题目的有多少人？"没有一只手举起来。

　　"完成四道题的有多少？"仍然没有人举手。

　　"三道题？两道题？"学生们开始有些不安，在座位上扭来扭去。

　　"那一道题呢？肯定有人完成一道题吧？"

　　但教室静得掉根针都能听见。大家默不作声。教授放下试卷，"这正是我期望得到的结果。"他说。

　　"我只想要给你们留下一个深刻的印象，即使你们已经完成了四年的工程学习，可还有很多你们都不知道。这些你们不能回答的问题是与每天的普通生活实践密切相关的。我只是希望你们记住——即使你们已经毕业了，你们的教育仍然是刚刚开始。"

　　随着时间的流逝，教授的名字已经被遗忘了，但是他教的这堂课却没有被遗忘。

필수 어휘 聚集 jùjí 동 모으다, 집합하다 | 交头接耳 jiāotóu jiē'ěr 성 (서로) 귀엣말하다, 귓속말하다 | 评论 pínglùn 명 평론, 논평 | 默不作声 mòbú zuòshēng 성 침묵하며 소리를 내지 않다 | 实践 shíjiàn 명 실천, 실행 | 流逝 liúshì 동 유수처럼 빨리 지나가다 | 遗忘 yíwàng 동 잊다, 잊어버리다, 기억하지 못하다

▶ **지문을 토대로 다음 질문에 답하세요.**

• **이 글의 키워드는?**

• **단서 찾기**

① 이 글의 요약에 필요한 요소를 찾아보자. (누가, 언제, 어디서)

② 그렇다면 이 글의 흐름은? (키워드를 포함해서 판단하라)

③ 이제 요약문의 스토리를 구상해보자.

• **독해 후, 키워드와 사건의 전개에 따라 지문에 적합한 제목을 붙여라.**

01 중편 요약 쓰기 연습

▶ 지문을 보지 말고 260자로 요약하세요. (제한 시간 20분)

연습 3 다음 지문을 6분 동안 읽어보세요.

我家住在一楼，前不久，我看楼上的张婆婆晚上下楼不太方便，就在楼道里安了一个声控电灯。

刚安灯的那天晚上，我从外面回家时，见张婆婆正慢悠悠地摸着黑上楼。看她小心翼翼的样子，我生怕她有啥闪失，赶忙上前用脚一蹬，灯就亮了。整个楼道一下就亮堂了起来。

面对突如其来的亮光，张婆婆吓了一跳，抬头看了看说："这电灯是啥时安的？我咋不知道呢？咦，这电灯怎么不用手开关呢？"

我知道张婆婆说的是按钮开关，就说："这灯是声控的，不用开关，用脚在楼梯上一蹬就行。"

从那以后，我常听到张婆婆上下楼时蹬脚的声音。

一天晚上，我到家时，又见张婆婆小心翼翼地、慢慢地摸黑上楼，我感到十分奇怪，不知张婆婆葫芦里卖的啥药，就上前问："张婆婆，你怎么不开灯呢？"张婆婆说："我今晚有事，上下好几次楼，结果把脚给蹬痛了。"

听她说完，我一下就笑了起来，想一想，这些老年人真不容易，年纪大了，腿脚也不方便，长期蹬脚也不是办法，不如把家里的那面破锣放在楼梯口，让他们上楼时只要敲一下锣就可以了。

我急忙回家拿出破锣绑在了楼梯口的栏杆上。

但哪知道，前天，张婆婆上楼时，忘了手中提着鸡蛋，用手一敲，"咣"的一声，灯是亮了，但手中装鸡蛋的袋子却全掉了。张婆婆忙用手去抓，鸡蛋没抓住，人却"哎哟"一声，一屁股坐在了地上。

随着张婆婆的那一声"哎哟"，我和妻子拉开门冲了出去。

我们忙扶起张婆婆。妻子看着满地的蛋黄、蛋清，埋怨我说：你看你出的馊主意！

01 중편 요약 쓰기 연습

필수 어휘 声控电灯 shēngkòng diàndēng 몡 음성센서 등 | 慢悠悠 mànyōuyōu 몡 느릿하다, 느릿느릿하다 | 小心翼翼 xiǎoxīn yìyì 몡 (행동이) 매우 조심스럽다, 매우 주의 깊다 | 生怕 shēngpà 동 ~할까 매우 걱정하다 | 啥 shá 떼 무슨, 무엇 | 闪失 shǎnshī 몡 뜻하지 않은 피해 | 蹬 dēng 동 디디다, 밟다 | 亮堂 liàngtang 몡 트이다, 밝다, 환하다 | 突如其来 tūrú qílái 몡 (어떤 일이) 갑자기 발생하다 | 按钮 ànniǔ 몡 버튼, 누름 스위치 | 葫芦 húlu 몡 호리병박, 꿍꿍이 속셈(葫芦里卖的啥药) | 屁股 pìgu 몡 엉덩이 | 埋怨 mányuàn 동 (일이 여의치 못해) 불평하다, 원망하다 | 馊主意 sōuzhǔyì 몡 시시한 생각

▶ 지문을 토대로 다음 질문에 답하세요.

- **이 글의 키워드는?**

- **단서 찾기**

① 이 글의 요약에 필요한 요소를 찾아보자. (누가, 언제, 어디서)

② 그렇다면 이 글의 흐름은? (키워드를 포함해서 판단하라)

③ 이제 요약문의 스토리를 구상해보자.

- **독해 후, 키워드와 사건의 전개에 따라 지문에 적합한 제목을 붙여라.**

▶ **지문을 보지 말고 280자로 요약하세요.** (제한 시간 25분)

02 장편 요약 쓰기 연습

연습 1 다음 지문을 10분 동안 읽어보세요.

　　一天，一个贫穷的小男孩为了攒够学费正挨家挨户地推销商品，却没几个人购买他的东西，劳累了一整天的他此时感到十分饥饿，可是摸遍全身，也只有两毛钱。怎么办呢？他决定向下一户人家讨口饭吃。当一位美丽的女子打开房门的时候，这个小男孩却有点不知所措了，他没有要饭，只乞求给她一口水喝。这位女子看到他很饥饿的样子，就拿了一大杯牛奶给他。男孩慢慢地喝完牛奶，问道："我应该付多少钱？"年轻女子回答道："你一分钱也不用付。妈妈教导我们，施以爱心，不图回报。"男孩说："那么，就请接受我由衷的感谢吧！"说完，男孩向那个女子鞠了个躬，离开了这户人家。

　　其实，男孩的妈妈一个人上班还要照顾三个孩子，他家里的经济状况太困难了，他靠推销商品根本没办法凑够学费，在敲开女子家的门时，男孩本来是打算退学的。可年轻女子让他感觉到了力量，让他重燃了上学的希望。他不仅感到自己浑身是劲儿，而且还看到上帝正朝他点头微笑，那种男子汉的豪气像山洪一样迸发出来。从那以后，他一边打工，一边学习。他非常努力勤奋，学习成绩一直都很突出，大学毕业后他成了大名鼎鼎的霍华德·凯利医生。他对每个病人都充满了爱心和责任，病人们都十分尊敬这个年轻的名医。

　　数年之后，那位年轻女子得了一种罕见的重病，由于当地的医疗水平有限，医生们对她的病情束手无策。最后，她被转到大城市医治，由专家会诊治疗。已经是专家的男孩也正好参与了她的医治方案的制定。当看到病历上所写的病人的来历时，一个奇怪的念头霎时间闪过他的脑际。会不会是那个曾经帮助过自己的人呢？他马上起身直奔病房。

　　来到病房，凯利医生一眼就认出床上躺着的病人就是那位恩人。他的心里充满了激动，这么多年来，一直鼓励自己的人就在眼前，可现在她却需要帮助。他立刻回到自己的办公室，决心一定要竭尽所能来治好恩人的病。他花费了好几天的时间研究恩人的病情，和其他医生一起做出了详细的治疗方案。经过长达十个小时的艰辛努力，手术终于成功了。每天查房，他都特别地关照这个病人。凯利医生要求护士把医药费通知单送到他那里，在通知单的旁边，他签下了自己的名字。

恩人恢复地很好，当医药费通知单送到这位特殊的病人的手中时，她心里有点儿害怕，不太敢看，因为她确信，治病的费用有可能会花掉她的全部家当，甚至还要欠债。等了几分钟，她还是鼓起勇气，翻开了医药费通知单，旁边的那行小字引起了她的注意，她不禁轻声地读了出来："谢谢您曾经给我的帮助。医药费等于一杯牛奶。"

필수 어휘 攒 zǎn 동 모으다, 저축하다 | 挨家挨户 āijiā āihù 성 가가호호, 집집마다 | 推销 tuīxiāo 동 판로를 확장하다, 널리 팔다 | 劳累 láolèi 형 (무리한 노동으로 인해) 지치다, 피곤하다 | 饥饿 jī'è 형 배고프다 | 讨口 tǎokǒu 동 걸식하다, 빌어먹다 | 不知所措 bùzhī suǒcuò 성 어쩔 줄을 모르다, 어떻게 해야 할지 모르다 | 不图 bùtú 동 하지 않다, 바라지 않다 | 由衷 yóuzhōng 동 진심에서 우러나오다 | 鞠躬 jūgōng 동 조심하고 삼가는 모양 | 凑 còu 동 한곳에 모으다, 모이다 | 浑身 húnshēn 명 온몸, 전신 | 豪气 háoqì 명 영웅적인 기개 | 大名鼎鼎 dàmíng dǐngdǐng 성 명성이 높다, 이름이 세상에 널리 알려지다 | 罕见 hǎnjiàn 형 보기 드물다, 보기 힘들다 | 束手无策 shùshǒu wúcè 성 속수무책이다, 아무런 방법도 없다 | 念头 niàntóu 명 생각 | 霎时间 shàshíjiān 명 순간, 순식간 | 脑际 nǎojì 명 뇌리, 머리(기억, 인상에 대해서 말할 때 쓰임) | 竭尽 jiéjìn 동 다하다, 모두 소모하다 | 确信 quèxìn 동 굳게 믿다, 확신하다 | 欠债 qiànzhài 동 빚을 지다(해야 하거나 하기로 약속한 일을 하지 않음을 비유하기도 함)

▶ 지문을 토대로 다음 질문에 답하세요.

- 이 글의 키워드는?

- 단서 찾기

① 이 글의 요약에 필요한 요소를 찾아보자. (누가, 언제, 어디서)

② 그렇다면 이 글의 흐름은? (키워드를 포함해서 판단하라)

③ 이제 요약문의 스토리를 구상해보자.

02 장편 요약 쓰기 연습

• 독해 후, 키워드와 사건의 전개에 따라 지문에 적합한 제목을 붙여라.

▶ 지문을 보지 말고 400자로 요약하세요. (제한 시간 35분)

> **연습 2** 다음 지문을 10분 동안 읽어보세요.

　　周末朋友打来电话，让我今晚去建国路的老地方。我如约而至，几年来，我们许多个周末都扔在这里了。大部分时间是在这里疯，很放松，缓解压力的那种。唱歌唱够了才回家睡觉。也有很正经的时候，朋友中，谁遇到棘手的事在做出决定之前，我们聚在这里认真地探讨，帮他拿主意。虽然朋友什么也没说，可我知道，今晚就是最后一种。

　　一进门，看见朋友坐在沙发上抽烟。我向四周看了看，他说："没别人，就咱俩。"我们点好菜，一边吃，一边聊，用张三、李四做序，然后话锋一转切入正题。"上个月我去上海接触了一家公司的部门主管，他有意让我到他的部门做事。他们是我们这个行业里很有名气的大公司，怎么跟你说呢，相当于IBM吧。"

　　我看看朋友，我们是从小学到中学的同学，到了大学就分开了，我学化学，但不喜欢做实验，他学机械，却动不动跑到我们的实验室。我怀疑我们都入错了行。果然，毕业不到3年，我们都各自离开了本行当。"你知道，以前也有过这样的体会，但都没动心。我从机械总公司出来，就是想办一个自己的公司，为此，吃尽了苦头，但我不是一个轻易认输的人，我相信所有的付出终有回报。可是已经五年了，我还是在生存线上挣扎，整天为房租、电话、人员、开支这些琐事操心，为合同、定单绞尽脑汁，可辛辛苦苦赚的钱转眼又支出去了。就这么整天忙忙碌碌、四处奔波，不知道离成功还有多远。"我们慢慢地喝着酒，外面电视里又在播"下岗"的节目。在越来越多的人下岗、人们为能谋到一份能养家糊口的工作而倍感知足的时候，我们却在为该不该接受一个月薪700美元的岗位而犯愁。我们这是怎么了？我拿起酒杯，晃动了几下，说："你知道，付出不一定有结果，但不付出就一定没有结果。"停了一会儿，我看着他，问："如果坚持自己做，可能会有什么结果？"他想都没想："两种结果，成功或失败。"我说："成功和失败的可能性各占多少？""我不知道。""那就是各占50%。"我又问:"去哪家公司,可能会有什么结果?"朋友想了想,说:"过一种稳定而平常的生活。"我说:"你甘心为了100%的平庸而放弃那50%的成功机会吗?"朋友沉默不语。

　　我从包里拿出笔记本,从本上撕下两张纸,说:"别急着做决定,你回去以后一个人好好想想,把两种选择可能带来的好处和坏处列个清单。"半夜,我接到了他的电话,他告诉我,在写下好处坏处的时候,他突然明白了为什么我们大多数人总是与成功失之交臂:当我们两只眼睛都盯住成功的招牌时,我们无法保留一只眼睛注视自己,反省自己。他会继续坚持自己的最初选择。

필수 어휘 如约而至 rúyuē érzhì 약속대로 도착하다 | 缓解 huǎnjiě 동 완화되다, 풀어지다 | 棘手 jíshǒu 형 (일을 처리하기가) 어렵다, 곤란하다, 난감하다 | 探讨 tàntǎo 동 연구 토론하다 | 话锋 huàfēng 명 화제 | 接触 jiēchù 동 접하다, 접촉하다 | 相当于 xiāngdāngyú ~에 맞먹다 | 体会 tǐhuì 동 체득, 이해 | 机械 jīxiè 명 기계 | 认输 rènshū 동 실패를 인정하다, 패배를 시인하다 | 回报 huíbào 동 보답하다 | 挣扎 zhēngzhá 동 발버둥 치다, 힘써 버티다 | 开支 kāizhī 명 지출 | 琐事 suǒshì 명 자질구레한 일, 사소한 일 | 操心 cāoxīn 동 신경 쓰다, 마음을 쓰다 | 忙碌 mánglù 형 바쁘다 | 奔波 bēnbō 동 (생활을 위해) 바쁘게 뛰어다니다 | 下岗 xiàgǎng 동 실직하다 | 糊口 húkǒu 입에 풀칠하다, 어렵게 생계를 유지하다 | 晃动 huàngdòng 동 흔들다 | 稳定 wěndìng 형 안정되다, 흔들리지 않다 | 甘心 gānxīn 동 (기꺼이) 바라다, 원하다, 희망하다 | 平庸 píngyōng 형 보통이다, 평범하다 | 沉默 chénmò 형 과묵하다, 말수가 적다 | 撕 sī 동 찢다, 뜯다 | 清单 qīngdān 명 명세서 | 失之交臂 shīzhī jiāobì 동 눈앞에서 호기를 놓치다 | 注视 zhùshì 동 (어떤 대상이나 일을) 주시하다, 주의하여 보다

▶ 지문을 토대로 다음 질문에 답하세요.

• 이 글의 키워드는?

• 단서 찾기

① 이 글의 요약에 필요한 요소를 찾아보자. (누가, 언제, 어디서)

② 그렇다면 이 글의 흐름은? (키워드를 포함해서 판단하라)

③ 이제 요약문의 스토리를 구상해보자.

• 독해 후, 키워드와 사건의 전개에 따라 지문에 적합한 제목을 붙여라.

▶ 지문을 보지 말고 400자로 요약하세요. (제한 시간 35분)

一天，女儿委屈地向父亲抱怨起生活的艰难。她的父亲是一位著名的厨师。他平静地听完女儿的抱怨后，什么也没说，他把女儿带进厨房。父亲往三个一样大小的锅里倒进了同样多的水，然后把一根大大的胡萝卜放进了第一个锅里，将一个鸡蛋放进了第二个锅里，又将一把咖啡豆放进了第三个锅里，最后他用同样的火力把三个锅放在三个炉子上烧。

女儿站在旁边，充满疑惑地望着父亲，弄不清他的用意。

20分钟后，父亲把火关掉，吩咐女儿拿来两个盘子和一个杯子。父亲把煮好的胡萝卜和鸡蛋分别放进了两个盘子里，然后将咖啡豆煮出的咖啡倒进了杯子。他指着盘子和杯子问女儿："孩子，你能告诉我，你见到了什么？"

女儿回答说："这么简单的问题，当然是胡萝卜，鸡蛋和咖啡了。"

父亲说："你不妨碰碰它们，看看发生了什么变化。"

女儿拿起一把叉子碰了碰胡萝卜，发现胡萝卜已经变得很软。她又拿起鸡蛋，感觉到了蛋壳的坚硬。她在桌子上把蛋壳敲破，仔细地用手摸了摸里面的蛋白。然后她又端起杯子，喝了一口里面的咖啡。做完这些以后，女儿开始回答父亲的问题："这个盘子里是一根已经变得很软的胡萝卜；那个盘子里是一个壳很硬、蛋白也已经凝固了的鸡蛋；杯子里则是香味浓郁、口感很好的咖啡。"说完，她不解地问父亲，"亲爱的爸爸，您为什么要问我这么容易的问题呢？"

父亲严肃地看着女儿说："你看见的这三样东西是在一样大的锅里、一样多的水里、一样大的火上和用一样多的时间煮过的。但是它们的反应却迥然不同。胡萝卜生的时候是硬的，煮完后却变得那么软，甚至都快烂了；生鸡蛋是那样的脆弱，蛋壳一碰就会碎，可是煮过后连蛋白都变硬了；咖啡豆没煮之前也是很硬的，虽然煮了一会儿就变软了，但它的香气和味道却溶进水里变成了可口的咖啡。"

父亲说完之后接着问女儿:"你希望自己是它们之中的哪一个?"

现在,女儿更是有些摸不着头脑了,只是呆呆地看着父亲,不知如何回答。

父亲接着说:"我想问你的是,现在你面对生活的煎熬,你是希望像胡萝卜那样变得软弱无力还是希望像鸡蛋那样变硬变强,还是希望像一把咖啡豆,身受损而不堕其志,就算环境非常恶劣,都能向四周散发出香气、用美好的感情感染周围所有的人?简而言之,在生活的压力下,爸爸认为你能够像鸡蛋那样变得坚强起来,或者是像咖啡豆那样,融入环境,改变环境。既然我们无法逃避生活的压力,那我们就应该勇敢地去面对,虽然目前生活很艰难,但我们不应该一味地抱怨,要靠自己的努力,使自己变得坚强,去改变现状并获得幸福。"

필수 어휘 抱怨 bàoyuàn 图 불평하다, 투덜거리다 | 胡萝卜 húluóbo 图 당근, 홍당무 | 疑惑 yíhuò 图 의혹하다, 수상하게 여기다 | 不妨 bùfáng 图 무방하다, 괜찮다 | 蛋壳 dànké 图 알 껍데기 | 坚硬 jiānyìng 图 굳다, 단단하다 | 凝固 nínggù 图 응고하다, 굳다 | 浓郁 nóngyù 图 짙다, 그윽하다 | 口感 kǒugǎn 图 맛, 식미 | 严肃 yánsù 图 근엄하다, 엄숙하다 | 迥然不同 jiǒngrán bùtóng 현저히 다르다 | 脆弱 cuìruò 图 취약하다, 나약하다 | 摸不着 mōbuzháo 종잡을 수 없다, 찾아낼 수 없다 | 煎熬 jiān'áo 图 (육체, 정신에 가해지는) 고통, 시련 | 散发 sànfā 图 배포하다, 뿌리다 | 简而言之 jiǎnér yánzhī 총괄적으로 말하면, 간단히 말하면 | 逃避 táobì 图 도피하다

▶ 지문을 토대로 다음 질문에 답하세요.

- 이 글의 키워드는? _____

- 단서 찾기

① 이 글의 요약에 필요한 요소를 찾아보자. (누가, 언제, 어디서)

② 그렇다면 이 글의 흐름은? (키워드를 포함해서 판단하라)

③ 이제 요약문의 스토리를 구상해보자.

02 장편 요약 쓰기 연습

- 독해 후, 키워드와 사건의 전개에 따라 지문에 적합한 제목을 붙여라.

▶ 지문을 보지 말고 **400자**로 요약하세요. (제한 시간 35분)

연습 **4**　다음 지문을 10분 동안 읽어보세요.

　　金融危机爆发以后，美国华尔街银行的生意也不如以前。有时候一天也看不到几个有钱的顾客上门。一天，贷款部来了一位提着豪华公文包的犹太老人，来到柜台前面，他大模大样地坐了下来。

　　"请问先生，您有什么事情需要我们效劳吗？"贷款部经理看到好不容易进来一位客人，他一边小心地询问，一边打量着来者的穿着：名贵的西服，高档的皮鞋，昂贵的手表，还有镶着宝石的领带夹子。一看就知道是个有钱的人，估计能有几百万美元的身家。

　　"你好，我准备借点钱。"

　　"当然可以，这是我们的服务之一，请问您想借多少呢？"

　　"1美元。"

　　"只借1美元吗？"贷款部的经理感到非常吃惊，第一次碰到这么奇怪的顾客。

　　"是的，我只需要1美元。请问可以吗？"犹太老人很有礼貌地再次问道。

　　"当然，只要有担保，借多少我们都可以照办。"

　　"好的，我把能担保的东西带来了。"犹太人从自己的豪华公文包里取出一大堆股票、国债、债券等放在了桌子上。他好像是有备而来。

　　贷款部经理清点了一下，"这位先生，您带来的财产总共是50万美元，做担保足够了，不过，先生，您真的只打算借1美元吗？"

　　"是的，我就借1美元，如果可以的话，请帮我办理手续吧。"犹太老人面无表情地说。

　　"好吧，到那边填表办理吧，1美元贷款的年息为6%，一年后归还时，只要您付6%的利息，我们就把这些作担保的股票和证券全部还给您。"

　　"谢谢！"不到半个小时，犹太富豪就办完了手续，他转身准备离开。一直在一边冷眼旁观的银行行长怎么也弄不明白，为什么一个拥有50万美元的富豪，反而会跑到银行来借1美元呢？

02 장편 요약 쓰기 연습

> 他从后面追了上去，有些窘迫地说："对不起，先生，冒昧打扰您，我能不能问您一个私人问题吗？"
>
> "你想问什么？如果我知道的，我可以告诉你。"
>
> "我是这家银行的行长，我真的有点弄不懂，您已经这么有钱了，拥有超过50万美元以上的财产，为什么您还要到我们银行里借1美元呢？要是您想借40万美元或者更多的话，我们都会很乐意为您服务啊。"
>
> "好吧，既然你如此热情，有很好的服务态度，我也不妨把实情告诉你。我是到这儿来办事情，需要在美国住一段时间，可是随身携带的这些股票和证券有点不方便，我咨询过几家金库，如果要租他们的保险箱，租金都很昂贵，我考虑到银行的保安很好，所以嘛，我就将这些东西以担保的形式暂时寄存在贵行了，由你们替我保管，还有那么好的服务，我还有什么不放心呢！更何况利息很便宜，存一年才不过6美分。"

필수 어휘 危机 wēijī 명 위기 | 贷款 dàikuǎn 명 동 대출(하다) | 豪华 háohuá 형 (생활이) 호화롭다, 사치스럽다 | 犹太 yóutài 명 유대인 | 大模大样 dàmú dàyàng 성 오만하고 전혀 개의치 않는 듯한 모습 | 效劳 xiàoláo 동 (직무나 임무에) 힘쓰다, 힘을 다하다 | 打量 dǎliang 동 (사람의 복장, 외모 등을) 관찰하다, 훑어보다 | 高档 gāodàng 형 (상품이) 고급의, 고급스러운 | 昂贵 ángguì 형 (가격이) 높다, 비싸다 | 镶 xiāng 동 (어떤 물체를 다른 물체 안에) 박아 넣다, 끼워 넣다 | 领带夹子 lǐngdài jiāzi 명 넥타이핀 | 身家 shēnjiā 명 출신, 가문 | 担保 dānbǎo 동 보증하다 | 照办 zhàobàn 동 (앞에서 말한) 그대로 처리하다 | 国债 guózhài 명 국채 | 债券 zhàiquàn 명 채권 | 有备而来 yǒubèi érlái 준비하다 | 清点 qīngdiǎn 동 하나하나 조사하다, 철저하게 점검하다 | 手续 shǒuxù 명 수속, 절차 | 年息 niánxī 명 연리 | 归还 guīhuán 동 돌려주다 | 旁观 pángguān 동 (직접 나서서 관여하지 않고) 곁에서 보기만 하다, 옆에서 지켜보다 | 拥有 yōngyǒu 동 보유하다, 소유하다 | 窘迫 jiǒngpò 형 난감하다, 난처하다 | 冒昧 màomèi 형 주제넘다, 외람되다 | 乐意 lèyì 동 기꺼이 ~하려고 하다, ~하고 싶다 | 携带 xiédài 동 (어떤 물건을) 몸에 지니다, 휴대하다 | 证券 zhèngquàn 명 유가증권 | 保管 bǎoguǎn 동 보관하다

▶ 지문을 토대로 다음 질문에 답하세요.

- 이 글의 키워드는?

- 단서 찾기

① 이 글의 요약에 필요한 요소를 찾아보자. (누가, 언제, 어디서)

② 그렇다면 이 글의 흐름은? (키워드를 포함해서 판단하라)

③ 이제 요약문의 스토리를 구상해보자.

• 독해 후, 키워드와 사건의 전개에 따라 지문에 적합한 제목을 붙여라.

▶ 지문을 보지 말고 400자로 요약하세요. (제한 시간 35분)

有一个富翁，他的父母都是农民，他们家在一个很小的村庄里，小时候家里非常穷，他从小就生存在一种饥饿和窘迫之中。节日里崭新的衣服，过年的压岁钱，喜庆的鞭炮。这些本来应该属于孩子的东西，他都没有。父母忙于农活，对他的照顾也很少。

最使他难忘并终生感恩的是小伙伴们对他无私，真诚的帮助和呵护。只要小伙伴手里面有两块糖果，他肯定会得到其中的一块；伙伴手里有一个馍馍，那肯定也有他的一半。他的童年就在贫穷和饥饿之中度过，但和小伙伴们的感情却让他感受到了快乐，体会到了珍贵。

一眨眼30年就过去了。在这一段时间里，世界上有许多事情发生了变化。现在，富翁已经步入中年。不过今天的他早已不是当年穷得叮当响的小孩，他通过30年的奔波劳碌成就了今天辉煌的事业。这些年，他摸爬滚打，算计别人，也被别人算计，富翁一路风尘地走过来了，最终成为一个稳健，精明，魅力非凡的企业家。可是，对家乡的思念也随着年龄的增长越来越深。于是在一个艳阳高照的日子，富翁回到了家乡。当天，他走遍了全村，感谢叔叔伯伯和大爷们，还有兄弟姐妹这些年对父母的照顾，还给每家都送了一份礼物。晚上，富翁在自家的房子里摆桌请客，邀请的人全是从小光着屁股一块长大的玩伴，他们自然也是四十几岁的中年人了。

按当地农村的风俗，来吃饭的人都要带点礼物表示谢意。童年的伙伴们来的时候，都带着礼物，有的礼物还很贵重。富翁一一谢过先收下了，但是准备宴席之后，让大家带回。当然，还有再带走自己馈赠的礼物。

就在大家热热闹闹准备上菜吃饭的时候，门开了，一个小时候的旧友走进来。他的手上提着一瓶酒，连声说："对不起，我来晚了。"

大伙儿都知道这个朋友日子过得非常艰难，现在的情况，一点儿也不亚于富翁小的时候。富翁赶紧站起来接过朋友提来的酒，并把他拉到自己身边的座位上坐下，朋友的眼里闪过几丝不易察觉的慌乱。

富翁举着手里的酒瓶，说："今天，我们就先喝这一瓶，如何？"一边说，一边给把酒打开给每个人倒满。然后，他们一饮而尽。

"味道怎么样？富翁问，所有来吃饭的伙伴们面露尴尬，默不作声。那个旧友更是面红耳赤，低下了头。

富翁看了一眼全场，沉吟片刻，慢慢地说："这些年我走了很多地方，喝过各种各样的酒，但是，没有一种酒比今天的酒更好喝，更有味道，更让我感动……"说着，站起来，拿起酒瓶，又一次一一给大家斟酒，"来，再干一杯。"喝完之后，富翁的眼睛湿润了，朋友们也感动地流泪了。

他们喝的哪里是酒，分明是一瓶水啊！

필수 어휘 饥饿 jī'è 형 배고프다 | 崭新 zhǎnxīn 형 새로운, 산뜻한 | 压岁钱 yāsuìqián 명 세뱃돈 | 喜庆 xǐqìng 형 경사스럽다 | 终生 zhōngshēng 명 일생 | 感恩 gǎn'ēn 동 (다른 사람이 베풀어 준) 은혜에 감사하다 | 呵护 hēhù 동 애호하다, 보호하다 | 馍馍 mómo 명 찐빵 | 珍贵 zhēnguì 형 진귀하다, 귀중하다 | 穷得叮当响 qióng dé dīngdāngxiǎng 가랑이가 찢어지게 가난하다 | 奔波 bēnbō 동 바쁘게 뛰어다니다, 분주하다 | 劳碌 láolù 동 고생하다, 바쁘게 일하다 | 辉煌 huīhuáng 형 (빛, 성적 등이) 휘황찬란하다, 눈부시다 | 摸爬滚打 mōpá gǔndǎ 힘들게 일하다 | 算计 suànji 동 남을 몰래 모함하다, 음해하다 | 稳健 wěnjiàn 형 안정되고 힘이 있다, 믿음직하다 | 艳阳高照 yànyáng gāozhào 밝은 태양이 높은 곳에서 비치다 | 摆桌 bǎizhuō 동 상을 차리다 | 玩伴 wánbàn 명 놀이 동무, 장난감 | 贵重 guìzhòng 형 귀중하다 | 馈赠 kuìzèng 동 주다, 증정하다 | 艰难 jiānnán 형 어렵다, 힘들다 | 不亚于 búyàyú 동 ~에 못지 않다, ~에 뒤처지지 않다 | 察觉 chájué 동 알아차리다, 깨닫게 되다 | 慌乱 huāngluàn 형 당황스럽고 혼란하다 | 一饮而尽 yìyǐn érjìn (술이나 물을) 한 번에 다 마시다 | 尴尬 gāngà (입장이) 난처하다, 곤란하다 | 面红耳赤 miànhóng ěrchì 성 얼굴이 빨개지다 | 沉吟 chényín 동 (중얼거리며) 망설이다, 주저하다 | 斟酒 zhēnjiǔ 동 술을 따르다 | 湿润 shīrùn 형 습윤하다, 축축하다

▶ 지문을 토대로 다음 질문에 답하세요.

- 이 글의 키워드는?

- 단서 찾기

① 이 글의 요약에 필요한 요소를 찾아보자. (누가, 언제, 어디서)

② 그렇다면 이 글의 흐름은? (키워드를 포함해서 판단하라)

③ 이제 요약문의 스토리를 구상해보자.

02 장편 요약 쓰기 연습

• 독해 후, 키워드와 사건의 전개에 따라 지문에 적합한 제목을 붙여라.

▶ 지문을 보지 말고 400자로 요약하세요. (제한 시간 35분)

연습 6 다음 지문을 10분 동안 읽어보세요.

　　星期六的下午，有一位40多岁的中年女人领着一个小男孩走进了美国著名企业"巨象集团"总部大厦楼下的花园，他们在一张长椅上坐下来。她不停地跟男孩在说着什么，好像非常生气，男孩乖乖地听着什么也没说。在他们旁边的不远处，有一位头发花白、穿着朴素的老人正在修剪树枝。

　　忽然，中年女人从随身携带的包包里揪出了一团白花花的卫生纸，一甩手把它抛到老人刚剪过的树下。老人诧异地转过头朝中年女人看了一眼。中年女人反而满不在乎地看着老人。老人什么也没有说，走过去，弯下腰捡起那团纸，把它扔进一旁装垃圾的垃圾桶里。过了几分钟，中年女人又揪出一团卫生纸扔了过来。老人再次走过去把那团纸拾起来扔到垃圾桶里，然后回原处继续工作。可是，老人刚拿起剪刀，第三团卫生纸又落在了他眼前的树木旁……就这样，老人一连捡了那中年女人扔的六七团纸，可是他始终没有因此露出不满和厌烦的神色。

　　"你看见了吧！"中年女人指了指修剪树枝的老人对男孩说："我希望你能明白，你如果现在不好好上学，将来就会跟他一样没出息，只能做这些卑微低贱的工作！薪水不够养活自己的家人，而且还会永远被别人看不起。"

　　老人放下剪刀走过来，对中年女人说："夫人，这里是集团的私家花园，按规定只有集团员工才能进来。你为什么能够进来？"

　　"我当然能进来！我是'巨象集团'所属一家公司的部门经理，都在这座大厦里工作两年了！"中年女人炫耀地说着，同时还拿出一张证件在老人眼前晃了晃。

　　"我能借你的手机用一下吗？"老人压低了声音说道。

　　中年女人非常不情愿地把手机递给老人，同时又不失时机地开导儿子："你看这些穷人因为没知识，这么大年纪了没钱连手机都买不起。多可怜啊，你今后一定要努力啊！"

02 장편 요약 쓰기 연습

　　老人在一旁打完电话后把手机还给了妇人。过了不到五分钟，有一名男子匆匆地走过来，恭恭敬敬地站在老人面前。老人对来人说："我现在提议免去这位女士在'巨象集团'的职务！""是，我立刻按您的指示去办！"那人连声应道。

　　老人吩咐完后径直朝小男孩走去，他用手抚了抚男孩的头，意味深长地说："我希望你明白，在这世界上最重要的是要学会尊重每一个人……"说完，老人撇下3人缓缓而去。

　　中年女人被眼前骤然发生的事情惊呆了。她认识那个男子，他是巨象集团主管任免各级员工的一个高级职员。"你……你怎么会对这个老园丁那么尊敬呢？他到底是个什么人物？"她大惑不解地问。

　　"你说什么？他是老园丁？难道你不知道他是我们集团的总裁詹姆斯先生吗？"中年女人一下子瘫坐在长椅上，什么话也说不出来了。

필수 어휘 总部 zǒngbù 명 총본부, 총사령부 | 大厦 dàshà 명 빌딩, 고층 건물 | 朴素 pǔsù 형 소박하다, 화려하지 않다, 수수하다 | 修剪 xiūjiǎn 동 가위로 다듬다 | 揪 jiū 동 잡아당기다, 꽉 붙잡다 | 诧异 chàyì 형 이상하다, 의아하다 | 满不在乎 mǎnbú zàihu 성 전혀 개의치 않다, 마음에 두지 않다 | 弯腰 wānyāo 동 허리를 굽히다 | 厌烦 yànfán 동 싫어하다, 짜증나다 | 卑微 bēiwēi 형 (지위가) 낮다, 보잘것없다 | 低贱 dījiàn 형 (지위, 신분 등이) 낮다, 비천하다 | 薪水 xīnshui 명 임금, 급여 | 所属 suǒshǔ 명 소속의 | 炫耀 xuànyào 동 (능력, 공로, 지위 등을) 자랑하다, 과시하다 | 晃 huàng 동 흔들다 | 不失时机 bùshī shíjī 성 기회를 놓치지 않다 | 开导 kāidǎo 동 일깨우다, 지도하다 | 免去 miǎnqù 동 해임하다, 면직하다 | 指示 zhǐshì 동 지시하다, 가리켜 보이다 | 吩咐 fēnfù 동 분부하다, 시키다 | 意味深长 yìwèi shēncháng 의미심장하다 | 撇下 piēxia 동 내버려 두다 | 缓缓 huǎnhuǎn 부 느릿느릿, 천천히 | 骤然 zhòurán 부 갑자기, 별안간 | 惊呆 jīngdāi 동 놀라 어리둥절하다, 놀라서 멍해지다 | 大惑不解 dàhuò bùjiě 성 큰 의혹이 풀리지 않다 | 瘫 tān 동 마비되다, 움직이지 못하다

▶ 지문을 토대로 다음 질문에 답하세요.

• 이 글의 키워드는?

• 단서 찾기

① 이 글의 요약에 필요한 요소를 찾아보자. (누가, 언제, 어디서)

② 그렇다면 이 글의 흐름은? (키워드를 포함해서 판단하라)

③ 이제 요약문의 스토리를 구상해보자.

• 독해 후, 키워드와 사건의 전개에 따라 지문에 적합한 제목을 붙여라.

▶ 지문을 보지 말고 **400자로 요약하세요.** (제한 시간 35분)

〈新HSK 합격쓰기 6급〉과
함께라면
당신의 6급 쓰기 고득점 취득이 쉬워집니다!
加油!

GRADE 3

요약 쓰기 실전

요약 쓰기 실전

1 다음 지문을 읽고 400자로 요약하세요.

　　上小学时，我一直是个非常自卑的女孩子。因为丑，因为笨，因为脾气倔强，因为不会讨老师欢心。每次调座位，老师都把我安排到最后两排，但我个子其实很矮。前面的位子都是给好学生准备的。后来，我干脆赌气主动要求老师把我和最后一排的一位男同学调换一下位置，固定地坐在最后一排去。

　　"为什么？"老师平淡地问。

　　"因为我眼睛好，他近视。"

　　我没告诉老师，其实我是全班同学中视力最差的一个。

　　坐在最后一排的几乎都是调皮的男同学，我和他们无话可说。想要听课却又看不清讲台上的板书。所以每次上课，只是用眼睛盯着黑板，做一些毫无意义的联想——我从小就是个脑袋里充满怪念头的人。比如说：梅花为什么叫梅花？我能不能变成一朵梅花？我若是梅花会是白梅还是红梅？……

　　这样混了半个学期。学校给我们换了个新班主任。她年轻漂亮，不像个老师，倒很像我的表姐。

　　"我叫白明，倒着读就是'明白'，也就是说对每个同学的情况我都能知道得明明白白。"她微笑着自我介绍。我心想，她真有那么大神通？她会知道我不想坐最后一排吗？她会知道……

　　没想到一天语文自习课上，我像往常一样摊开练习册假装做起来。其实我除了做些造句，看图作文之类适合我发挥的题目外，其他的根本懒得做。可她偏偏抽走了我的练习册，翻阅起来。

　　这几分钟是世界上最漫长也最短暂的几分钟。我害怕地等待着习惯性的发怒，却惊奇地听见她轻柔的笑声。

　　"这些句子非常好，很有想象力。'花朵儿们在树枝上聚精会神地倾听春天'，多有灵性啊。"

她轻轻地拍了拍我的头，走上了讲台，以我的练习册为范本讲起了造句。那半个小时的时光是我上学以来第一次感觉快乐和幸福的时刻。我想我当时肯定有些晕眩和迷醉了。直到下课后同学们纷纷向我借练习册时，我才如梦初醒，惊慌失措地把练习册塞进书包里。要是让同学们看见那上面大片大片的空白区，我该多丢人哪。

　　以后的日子里，白老师特别注意查阅我的练习册和作业本，关切地询问我其他课的成绩。在我的努力下，我的各科成绩竟然很快进步起来。可由于眼睛近视看不清板书，便也给学习造成了一些不大不小的障碍。但我没有告诉白老师。我问自己：你有什么资格向老师提要求？

　　一天她来到班里旁听数学课，因为没有课本，便和我坐在一起合看。做练习时，"这是7，不是1。……这是8，不是3……"她轻声纠正着："怎么抄错这么多？你近视？"我没有说话，眼泪竟大滴大滴落下来。

　　日子慢慢过去，终于有一天，在一次语文测试中，我得了第一名，白老师给了我一份特别的奖励。我被换到了第一排。我的热泪夺眶而出。

요약 쓰기 실전

2 다음 지문을 읽고 400자로 요약하세요.

好朋友把她在乡下的妈妈接到城里，老人家60多了，当我让孩子叫她奶奶的时候，她笑着说："我年轻的时候，因为皮肤黑，别人叫我黑嫂，现在年纪大了都叫我黑婆，你也这么叫吧。"

周末的时候，我跟朋友带着黑婆到了附近的广场。这里老人多，有的扭秧歌，有的打太极拳，有的跳健身舞，有的唱京剧，非常热闹。黑婆好奇地看着周围的一切，就像刘姥姥进了大观园。她迷惑地问："这些人是什么组织的？"一句话把我们都逗乐了。我们告诉她这些人都退休了，早上到广场锻炼身体，也是自娱自乐，自发组织在一起。朋友告诉黑婆，可以到广场锻炼身体，然后听听京剧。黑婆说："这样我就成了城里人了吗？"一句话，又把大家逗乐了。

之后的几天，朋友说黑婆每天早早就去了广场，因为她的性格开朗，很快就和许多老人成了熟人,她迷上的秧歌,健身舞,唱京剧……有时候在家也会扭扭,唱上几句。说农村人早上醒来就是喂鸡,喂猪,喂羊……然后就是在地里种粮食,再回到家里忙做饭。整天忙忙碌碌,就算是老人也没有时间这样娱乐,在农村也还要做力所能及的家务和劳动。看看城里人的生活,这才叫生活,农村人的生活真的叫白活了。朋友说没有想到老人来到这儿会这样的开心,开始害怕老人不习惯城市的高楼林立,家人上班后的寂寞。老人有这样的感觉她就放心了。

没有想到的是黑婆来到城里不到半个月,她就闹着要回老家。朋友说无论她和老公如何劝说,老人都不改变。朋友说,我妈挺喜欢你的,你到广场找她,就说是路过,和她聊聊,她为什么要回老家?

到广场的时候,老远就看见黑婆一个人呆呆的坐在石椅,我和她打招呼她才看到我。我就和她聊广场上的老人,这儿的生活,是想让她喜欢的秧歌,健身舞,唱秦腔……留住她。老人说:"一开始我觉得这里的生活就象是电视里的生活。是我做梦都梦不到的幸福生活。现在新鲜感没了,城里的生活,电视里的生活也都一样,无论孩子对我如何的好,我就是想我的家了。那儿空气新鲜,早上喂喂鸡,喂猪,喂羊……看着它们吃饱的样子,不知心里有多么开心。在家帮孩子们在地里干活,看着绿油油的田地,别提有多高兴了。空闲的时候,和周围邻居说说生活中发生的哪怕是芝麻小事,也觉得新鲜。城里的老人是没有事做了才到广场来,回到家里是紧闭的房门,寂寞啊。这里走到那儿都是人,很吵啊。我要回老家,孩子不让,你给她说说让我回去吧。"

听了老人的话,我明白老人为什么要回老家了。我告诉朋友,还是让黑婆回家吧,因为无论老人生活在什么地方,只要老人快乐、开心、健康,就是儿女最大的快乐。

3 다음 지문을 읽고 400자로 요약하세요.

　　那还是我童年时候的事。小学四年级时，我们的班主任姓孙，他长得很普通，年纪有五十多岁了，心肠比较好，有很多好的教学方法，不过唯一的问题就是他的脾气怪怪的。

　　这天下午有节劳动课。孙老师带着我们来到学校的后山上，四个人一组，让我们把地上的枯树枝都捡起来。

　　我和三名同学跑向后山顶，边跑边捡。在一棵大树旁边，我发现了一堆枯干的小树枝，急忙奔了过去。跑着跑着，我的脚一滑，跌进了一个深深的坑里。那个坑太深了，我爬不上去，三名同学吓得大呼小叫，想了很多法也没能把我拉上来。

　　他们喊来了孙老师。孙老师站在坑边上，看了看我，看了看坑，然后才沉着脸坚决地说："跌进坑里，别急着向上看！你不要指望我们把你拉上来，你最好还是自己想办法吧！"全班同学面面相觑，也没人敢吱声。"老师，老师，我上不去！请救救我！"我在坑里急得大叫。"在里面呆着吧，我们走！"孙老师像陌生人一样大声扔给我一句话，带着同学们走了。

　　孙老师真的走了，而且不管我的死活。我一屁股瘫坐在坑里，嘴一张，"哇哇"地大哭起来，"老师！老师！我出不去！你们快回来啊！"一边哭一边生气地在坑里打滚，突然我2无意间看见了一道亮光。那是什么？于是我擦干眼泪，我坐起来向亮光处爬去。透出亮光的地方有一个洞，我钻了进去，越钻越亮，不一会儿到了山坡上，一挺身我居然跳了出来。

　　这时，孙老师和同学们都站在山坡上，好像是专门来接我似的，大家看到我都很高兴，山坡上响起了真诚而热烈的掌声。老师猛地抱起我原地转了两圈。我所有的不快，一扫而光，不解地问："孙老师，你怎么知道坑里有洞能爬出来呢？""老师看你没摔坏。""老师在上面就看见有光了。""老师想让你学会自己出来。"没等老师开口，阳光下同学们晃动着聪明的小脑袋争着抢着告诉我。

요약 쓰기 실전

　　孙老师蹲在我面前伸出宽大的手掌拍掉我身上的尘土,亲切地抚摸着我的脑袋,慈祥地点着头。同学们探着身子,咧开小嘴上下打量我。这时,老师慢慢地站起来,环视一下四周,将一只手指竖到嘴边,示意我们安静。然后,他走到高处一字一句地说:"孩子们,记住,跌进坑里,别急着向上看,一心寻求别人的帮助,常常会使人看不见自己脚下最方便的路。"

　　三十多年过去了,我仍然无法忘记儿时跌进坑里自己爬出来的经历,老师的话一直印在我的脑海里。直到今天,每当生活中遇到失败和意想不到的打击时,我总是这样提醒和勉励自己:跌进坑里,别急着向上看,一心寻求别人的帮助,常常会使人看不见自己脚下最方便的路。

4 다음 지문을 읽고 400자로 요약하세요. 기출

　　他和她相识在一个宴会上。那时的她年轻美丽，身边有很多追求者，而他却是一个很普通的人。因此，当宴会结束，他邀请她一块去喝咖啡的时候，她很吃惊，然而，出于礼貌，她还是答应了。

　　坐在咖啡馆里，两个人之间的气氛很尴尬，没有什么话题，她只想尽快结束。但是当小姐把咖啡端上来的时候，他却突然说："麻烦你拿点盐过来，我喝咖啡习惯放点盐。"当时，她愣了，小姐也愣了，她们的目光都集中到了他身上，以至于他的脸都红了。

　　小姐把盐拿过来了，他放了点进去，慢慢地喝着。她好奇地问："你为什么要加盐呢？"他沉默了一下，说："小时候，我家住在海边，我老是在海里泡着，海浪打过来，海水涌进嘴里，又苦又咸。现在，很久没回家了，咖啡里加盐，就算是想家的一种表现吧，可以把距离拉近一点。"

　　她突然被打动了，因为这是她第一次听到男人在她面前说想家。她认为，想家的男人必定是顾家的男人，而顾家的男人必定是爱家的男人。她忽然有一种倾诉的欲望，跟他说起了自己远在千里之外的故乡。冷冰冰

요약 쓰기 실전

的气氛渐渐变得融洽起来，两个人聊了很久，并且，她没有拒绝他送她回家。

再以后，两个人频繁地约会，她发现他实际上是一个很好的男人，大度、细心、体贴，符合她所欣赏的优秀男人应该具有的所有特性。她暗自庆幸，幸亏当时的礼貌，才没有和他擦肩而过。她带他去遍了城里的每家咖啡馆，每次都是她说："请拿些盐来好吗？我的朋友喜欢咖啡里加盐。"再后来，就像童话书里所写的一样，王子和公主结婚了，从此过着幸福的生活。他们确实过得很幸福，而且一过就是40多年，直到前不久他得病去世。

故事似乎要结束了，如果没有那封信的话。那封信是他临终前写给她的："原谅我一直都欺骗了你，还记得第一次请你喝咖啡吗？当时气氛差极了，我很难受，也很紧张，不知怎么想的，竟然对小姐说拿些盐来。其实我不加盐的，当时既然说出来了，只好将错就错了。没想到竟然引起了你的好奇心，这一下，让我喝了大半辈子加盐的咖啡。有好多次，我都想告诉你，可我怕你会生气，更怕你会因此离开我。现在我终于不怕了，因为我就要死了，死人总是很容易被原谅的，对不对？今生得到你是我最大的幸福，如果有来生，我还希望能娶到你，只是，我可不想再喝加盐的咖啡了，咖啡里加盐，你不知道那味道有多难喝。咖啡里加盐，我真的不知道自己那时是怎么想的！"

信的内容让她吃惊，同时有一种被骗的感觉。然而，他不知道，她多想告诉他，她是多么高兴，有人为了她，能够做出这样一生一世的欺骗……

요약 쓰기 실전

5 다음 지문을 읽고 400자로 요약하세요.

　　一个炎热的夏天中午，我跟几个同事一边喝茶，一边谈论最近闷热干燥的天气。

　　门口一瘸一拐地走进一个老人，看上去是农村进城来买东西或者是办什么事的。老人穿着一身破烂的衣服，背着一个麻布做的大包。这个大包看上去有些重，显得本来就驼背的老人更为单薄。他把身体的重心大部份都压到手上的拐杖上，所以走起路来很不协调。

　　"请问老人家，您有什么事吗？"我疑惑地问他。以前有这类似的人走进我们保险公司，都是来城里办社保手续走错地方的。我暗想可能他也是吧。

　　"小伙子，我想问你一下，这往东镇的路要往哪边走呀？"老人停下来说。

　　"东镇？"我对面的同事接过话，更加疑惑地说。"老人家，您知道东镇离这市里还有多远吗？您要去那里吗？"

　　"是呀，我知道，我家就是那里的，老伴去世几个月了，我是到这边来找亲戚，可是没有找到，所以我得回家去。可是我找不到路了。"

　　"原来是这样呀，我告诉您吧，您从这到马路对面，坐2路车到汽车站就可以找到去东镇的车了。"对面的同事是个比我还热心的家伙。听他这样给老人一说，我也就没说什么了。

　　"小伙子呀，你就是告诉我怎么走也没有用了，我到了车站也找不到回去的路呀。我来这个城里快一个星期了，身上就剩两块五毛钱了，我知道去东镇要二十五块才够呀。"老人说这话的时候，眼睛里闪出几丝凄凉与无奈。

　　我们不忍心多看老人，多看一眼心里就猛地触动一下。想想这样一个老人要是走路到东镇该是多么困难的事。也可能半路有个什么事情，身边都没个人照顾。几个同事相互看了一眼，很有默契地想到了一块。

"老人家，这样吧，我们给您凑点钱，您还是去坐车吧？"说完我们每个人从口袋里拿出五块。六个人正好三十块，多出的几块他可以去买点东西路上吃。

"不行不行，年轻人呀，我怎么能要你们的钱呢？你们上班也不容易呀。你们告诉我怎么走就可以了。我还走得动。"

"老人家，您还是拿着吧，别客气了。"我把钱硬塞到老人手里。

"你们都是好心人，好人一定都有好报的。"说完，老人一瘸一拐地出去了。

"哎，你们说，现在的老人，如果没有亲人，没有钱也够可怜的。"同事发表着感叹。

"是呀，那老人可真可怜。也不知道他能找到在哪坐车不？"

"对呀，小王，你快出去看看他找到车站没？不过，说不定他继续到隔壁公司'问路'呢？"对面的家伙突然说。

"呵呵，怎么可能？我可不相信，我出去看看，他找到车站没。"

我急忙跑出去，害怕他走错了方向。可是刚跑到门口我就掉头回公司了。

"恭喜你们！他真的去隔壁公司'问路'了。"

大家顿时一片寂静。

6 다음 지문을 읽고 400자로 요약하세요.

　　那年我的一位同学刚从大学毕业，分配在一个离家较远的公司上班。每天清晨7点，公司的班车会准时等候在一个地方接送她和她的同事们。

　　一个骤然寒冷的清晨，她关闭了闹钟尖锐的铃声后，又稍微懒了一会儿暖被窝像在学校的时候一样。她尽可能最大限度地拖延一些时光，用来怀念以往不必为生活奔波的寒假日子。那一个清晨，她比平时迟了五分钟起床。

　　可当她匆忙中奔到班车等候的地点时，到达时间已是7点5分。班车已经开走了。站在空荡荡的马路边，一种无助和受挫的感觉第一次向她袭来。

　　就在她懊悔沮丧的时候，突然看到了公司的那辆蓝色轿车停在不远处的一幢大楼前。她想起了曾有同事指给她看过那是上司的车，她想真是天无绝人之路。她向那车走去，在稍稍犹豫后打开车门悄悄地坐了进去，并为自己的聪明而得意。

　　为上司开车的是一位慈祥温和的老司机。他从反光镜里已看她多时了。这时，他转过头来对她说："你不应该坐这车。"

　　"可是我的运气真好。"她如释重负地说。

　　这时，她的上司拿着公文包飞快地走来。待他在前面习惯的位置上坐定后，她才告诉她的上司说："班车开走了，想搭您的车子。"她以为这一切合情合理，因此说话的语气充满了轻松随意。

　　上司愣了一下。但很快明白了一切后，他坚决地说："不行，你没有资格坐这车。"然后用无可辩驳的语气命令"请你下去！"

　　她愣住了，这不仅是因从小到大还没有谁对她这样严厉过，还因在这之前她没有想过坐这车是需要一种身份的。当时就凭这两条，以她过去的个性肯定会重重地关上车门以显示她的自尊。可是那一刻，她知道迟到在公司的制度里将对她意味着什么，而且她非常看中这份工作。于是，一向

요약 쓰기 실전

聪明伶俐但缺乏生活经验的她变得从来没有过的软弱。她近乎用乞求的语气对上司说："我会迟到的。"

"迟到是你自己的事。"上司冷淡的语气没有一丝一毫的回旋余地。

她把求助的目光投想司机。可是老司机看着前方一言不发。委屈的泪水终于在她的眼眶里打转。然后，她在绝望之余为他们的不近人情而固执地陷入了沉默的对抗。他们在车上僵持了一会儿。她没有想到的是，她的上司打开车门走了出去。

坐在车后坐的她，目瞪口呆地看者有些年迈的上司拿着公文包向前走去。他在凛冽的寒风中拦下了一辆出租车。泪水终于顺着她的脸腮流淌下来。

老司机轻轻地叹了一口气："他就是这样一个严格的人。以后你就会了解他了。他其实也是为你好。"

老司机告诉她自己也迟到过，那还是在公司创业阶段，"那天上司一分钟也没有等我而且不听我的解释。从那以后，我再也没有迟到过。"他说。时间对任何人来说都很重要。

她记下了老司机的话，悄悄地拭去泪水，下了车。那天她走出出租车踏进公司大门的时候，上班的钟点正好敲响。

요약 쓰기 실전

7 다음 지문을 읽고 400자로 요약하세요.

　　从一开始，她压根儿没有正眼瞧过他。在她的心目中，早已给未来的爱人勾画了严格的标准。而他，不管从什么方面来说，都是在标准线之外的：没有高学历，看不到前途，而且出生在贫穷的农村。

　　但他并不因此气馁和自卑，总是在她需要的时候，乐颠颠地出现在她面前。她的电饭锅坏了，灯坏了，下水道不通了，他不声不响地替她一一修理好……最终，她还是被他打动了。他们结了婚。

　　婚后的生活平淡真实，他每天按时下班，做饭，干家务，从不让她伸一把手。吃完他做的可口的饭菜，她去看电视，他去收拾家务。她喜欢买各式各样的纯棉袜子，喜欢那种软软的，暖暖的，很贴心的感觉。好多双袜子只破了点洞，扔在衣柜里积了一大堆。收拾好家务后，他就坐在她身边，一边陪她看着电视，一边飞针走线，缝补袜子。她欣喜地发现，那些破了洞的袜子，经了他的手，竟变得完好如新。她笑问，会补袜子的男人几乎就没有，你是怎么学的？他笑笑，什么也不说。

　　在许多个温馨的夜晚，袜子就这么一双一双补好了，他折叠好，一层层码在抽屉里，她欢喜地看着，心里充满了甜蜜和温暖。日子一天天悄然滑过，她安然地享受着他的爱，有时偶然的，她也会有一瞬间的失落。但她想想，这样的日子也挺好的，如纯棉袜子，朴素却让人感到温暖。

　　一天，她的一个多年没联系的大学好友和她丈夫突然来他们的小屋造访。女友现在是功成名就，衣锦还乡。闲聊中，他们流露出的富贵和骄傲，让她深深受了刺激，她觉得自己不比这个女友差，相貌、学历、家庭都比她好，可现在自己却是如此的失败。

　　同学夫妇走后，她的心开始暗流涌动。她看着他做饭，洗碗，补袜子，突然觉得，眼前的这个男人真是平庸无能。她陡然升起一股莫名的火，一把夺过他手中的袜子，大声说，补补，你除了会补袜子，还有什么本事呢？她和他大吵了一架。两个人的战争就此拉开序幕。

他们终于离婚了。分开的那天，他平静地说，让我再最后为你缝一次袜子吧。他穿针，走线，依旧是那样一丝不苟，她忍不住哭了。看着他的背影消失在街角的尽头，她的泪，滴在留有他手的温暖的袜子上。

过了几年，她又结婚了，她终于得到了想要的生活，别墅、车子、金钱、地位。可是她却感觉不到快乐。许多个夜晚，她独自一人守着偌大的房子，等她的丈夫回家，等得心空落落的，就像那空荡荡的房子。这时，她想起了他，想起了那些个温馨的夜晚，他们相守的日子。

她终于明白，只有他是最在乎她的。他对她默默的付出，为她一针一线、细细密密缝补袜子的耐心，全是因为深爱着她啊！她在心里叹息，袜子破了，还可以补好，可她的爱情破了，却是再也回不去了。

요약 쓰기 실전

8 다음 지문을 읽고 400자로 요약하세요.

在从纽约到波士顿的火车上，我发现坐在我旁边的老先生是位盲人。为了打发枯燥的旅途时间，我和他聊起了天。而且我的博士论文指导教授就是位盲人，所以我和他谈起话来，一点困难也没有。我还为他倒了一杯热腾腾的咖啡让他喝。

当时正好是洛杉矶种族暴乱的时期，我们很自然就谈论到了种族偏见的问题。

老先生告诉我，他是美国的南方人，从小受到的教育就是，黑人低人一等。他家的佣人是黑人，他从来都不和黑人一起吃饭，也从未和黑人一起上过学。如果和黑人有了接触，在他们看来是非常耻辱的事情。到了北方念大学的时候，有一次他被班上同学指定举办一次郊外野餐会，年轻的他居然在请帖上注明了"我们保留拒绝任何人的权利。"在南方，这句话其实就是"我们不欢迎黑人。"的意思，当时引起了全班的骚动，他还被系主任抓去狠狠地骂了一顿。有时候碰到黑人营业员，在付钱的时候，他总将钱放在柜台上，让黑人自己去拿，避免和黑人的手有任何接触。

听了这些，我笑着问他："那你当然不会和黑人结婚了。"

他大笑起来："我从小排斥，都不和他们来往，怎么会和黑人结婚？说实话，我当时认为任何白人和黑人结婚，都会使父母、使家族蒙羞。"

可是，事情总是出乎意料，就他在念研究生的时候，发生了一场车祸。虽然他大难不死，可是不幸的是，他的眼睛完全失明，什么也看不见了。

他进入到一家盲人训练院，在那里学习如何使用盲文的技巧，如何靠手杖走路等等，慢慢地他终于能够独立生活了。他说："最让我苦恼的事情是，从那以后，我弄不清楚对方是白人还是黑人。我跟我的心理辅导员谈论这个问题，他也尽量开导我。在长期的接触中，我非常信赖我的辅导员，什么都告诉他，把他看成了我的良师益友。终于有一天，那位辅导员告诉我，其实他本人就是黑人。我发现自己完全能够接受这个事实，黑人和白人，对我而言，已经没有任何意义。从那以后，我的偏见就完全消失了。在我的眼里，没有了肤色之分，我只知道这个人是好人，不是坏人，这就足够了。"

经过几个小时的旅途，我们聊得很愉快，车快到波士顿了，老先生说："我虽然失去了视力，不过也失去了偏见，这真是一件非常幸福的事。"

在月台上，老先生的太太早已在等着他，当他们两人亲切地拥抱时，我猛然发现他的太太竟是一位满头银发的黑人。眼睛在很多时候误导甚至欺骗了我们，看不见的人其实是幸运的，因为他能够用心去打量观察这个世界，并且"看"得更为真切。

我这才发现，我视力良好，但我的偏见还在，是多么不幸的事。还好，我知道了这些。

9 다음 지문을 읽고 400자로 요약하세요. 기출

　　她记得幼儿园的老师在第一次家长会时就对她说："你的儿子在座位上连三分钟都坐不了，是不是有多动症？你最好带他去医院看一看。"回家的路上，儿子问妈妈，老师跟她说了些什么，她有点儿难过，差点流下泪来。因为全班有30个小朋友，只有她的儿子表现最不好，老师只找她一个家长谈了话。可是，她还是告诉自己的儿子："老师表扬你了，说宝宝原来在座位上坐不了一分钟，现在能坐三分钟。其他的妈妈都非常羡慕你的妈妈，因为全班只有宝宝进步了。"儿子的眼睛顿时亮了起来。那天晚上，她儿子破天荒地吃了两碗米饭。

　　转眼，儿子上小学了。家长会上，老师说："全班有50名同学，这次数学考试，你儿子排第40名，在课上的反应也比较慢，跟不上大家的进度。课下你们家长要多帮帮他啊，不然他就要掉队了。"走出教室，她流下了眼泪。然而，当她回到家里，却对坐在桌前写作业的儿子平静地说："老师对你充满了信心。他说了，你并不是个笨孩子，只要能再细心些，就会超过你的同桌，这次你的同桌排在第21名。"说这话时，她发现儿子黯淡的眼神一下子充满了光亮，沮丧的脸也一下子舒展开来。她甚至发现，儿子温顺得让她吃惊，好像长大了许多。第二天早上，儿子早早从床上爬起来，自己喊着要去上学。这事以前从没发生过。

　　接着，孩子上了初中，又一次家长会。她坐在儿子的座位上，等着老师点儿子的名字。可这次却出乎她的预料，直到家长会结束，都没听到儿子的名字。她有些不习惯，临走时去问老师儿子最近的学习情况。老师告诉她："按您儿子现在的成绩，考普通中学应该没问题了。但要上特别好的高中可能很不容易。"听了这话，她高兴极了，心里暖洋洋的。当走出校门的时候，她发现儿子在等她，皱着眉头，似乎有些忧心忡忡。在回家的路上，她搂着儿子，心里有一种说不出的甜蜜，她告诉儿子："班主任对你非常满意，他说了，只要你再努力一点儿，很有希望考上好的高中。"儿子咬

요약 쓰기 실전

了咬嘴唇，用力地点了点头。

　　很快，高中毕业了。第一批大学录取通知书寄来时，学校叫儿子去学校一趟。她有一种预感，儿子被重点大学录取了。因为在儿子填写报名志愿时，她跟儿子说过，相信他能考上重点大学。儿子从学校回来，把一封印有"清华大学招生办公室"字样的特快专递递到她手上，突然，他转身跑到自己的房间里大哭起来，儿子边哭边说："妈妈，我知道我不是个聪明的孩子，可是，这个世界上只有您能欣赏我……"

　　听了这话，她悲喜交加，再也控制不住十几年来累积在心中的泪水，任它流下，打在手中沉甸甸的信封上……

10 다음 지문을 읽고 400자로 요약하세요.

飞往上海的飞机马上就要起飞了。有一位乘客按响服务铃，要求空姐给他倒一杯水吃药。空姐非常有礼貌地说："先生，飞机正在起飞过程中，为了您的安全，请稍等片刻，等飞机进入平稳飞行后，我会立刻把水给您送过来，可以吗？"

15分钟后，飞机早已进入了平稳飞行状态。突然，乘客服务铃急促地响了起来，空姐马上意识到：坏了，刚才因为有太多事情，她忘记给那位乘客倒水了！当空姐来到客舱，看见按响服务铃的人果然是刚才那位乘客。她小心翼翼地把水送到那位乘客跟前，面带微笑地说："先生，实在对不起，由于我的疏忽，延误了您吃药的时间，我感到非常抱歉。"这位乘客抬起左手，指着手表非常生气地说道："怎么回事，有你这样服务的吗？我都等了一刻钟了，难道飞机还在起飞吗？没有水，我怎么吃药啊！"空姐手里端着一杯温水，心里感到一点点委屈，可是，毕竟是她自己疏忽了。她仍然微笑着对客人抱歉，但不管她怎么解释，这位挑剔的乘客都没办法原谅她的疏忽。

在接下来的飞行旅途中，为了弥补自己刚才的过失，每次去客舱给乘

요약 쓰기 실전

客们服务的时候，空姐都会特意走到那位乘客面前，面带微笑地询问他是否需要水，或者他需要其他的什么帮助。然而，那位乘客余怒未消，摆出一副很不合作的样子，对她说话依然很不客气。

在飞机快到达上海以前，那位乘客再次按响了服务铃，他要求空姐把乘客留言本拿给他。谁都看得出来，他明显地就是要留言投诉这名空姐。这个时候，虽然空姐心里感到很委屈，但她仍然没有丢掉自己的职业道德，她非常有礼貌而且面带微笑地跟那位乘客说道："先生，请允许我再次向您表示真诚的歉意，无论你提出什么意见，我都会欣然接受您的批评！"那位乘客皱了一下眉毛，嘴巴张开准备说什么，可是却又停住，什么也没说。他接过留言本，开始在本子上写了起来。

飞机终于安全降落到了上海虹桥机场，当所有的乘客陆续离开后。空姐本以为这下完了，她怀着忐忑不安的心情慢慢打开了留言本，不料却惊奇地发现，那位乘客最后在本子上写下的并不是一封投诉信，相反地，这是一封热情洋溢的表扬信。

是什么使得这位挑剔的乘客最终没有投诉空姐呢？在信中，空姐读到这样一句话："虽然在起飞后，您出现了失误，但是您表现出了真诚的歉意，特别是你的十二次微笑，深深地打动了我，使我最终决定将这封投诉信写成表扬信！你的服务质量很高，微笑也很美丽。很幸运你们能提供这么好的服务，如果下次有机会的话，我还是会选择乘坐你们的这趟航班！"

〈新HSK 합격쓰기 6급〉과

함께라면

당신의 6급 쓰기 고득점 취득이 쉬워집니다!

加油!

부록

이 어법만은 꼭 짚고 넘어가기!

旧HSK 시험에서는 어법을 중시하여 '语法部分'이라는 부분으로 학생들의 실력을 테스트했다. 그러나 新HSK 시험에서는 어법을 집중적으로 테스트하는 방법을 버리고, '듣기·독해·쓰기' 부분에서 어법적인 부분까지 테스트하는 방법으로 바뀌었다. 그중 쓰기는 학생들이 자신만의 중국어 실력으로 문장을 써 내려가야 하므로 많은 어법적 오류가 나타나게 된다. 제아무리 내용을 정확히 요약했다 할지라도 어법 오류가 많다면, 고득점을 얻기 어렵다. 그래서 수험생들이 꼭 알아야 할 기본적인 어법을 정리해 보았다. 어법의 기초만 확실히 다져도 문제 풀이에 자신감이 생기고, 높은 점수를 얻을 수 있다.

1 了 용법

중국어에서 了는 완성과 변화를 나타내며, 문장에서 2가지 형식과 의미를 가지고 있다.

1. 了₁

동작의 완성을 나타내고, 동사 뒤에서 쓰인다.

기본구조
① 주어 + 동사 + 了₁ + 목적어
예) 他买了一本汉语词典。 그는 중국어 사전 한 권을 샀다.

② 주어 + 동사 + 보어 + 了₁ + (목적어)
예) 他放下了小说，又打开了录音机。 그는 소설책을 놓고, 라디오를 다시 켰다

> **Tip** 동사 뒤에 결과 혹은 방향보어가 있으면, 了₁은 그 뒤에 와야 한다.
> 예) 他放了下小说，又打了开录音机。(X)
> → 他放下了小说，又打开了录音机。(O)

짚고 넘어가면 득이 되는 지식

1 동사 뒤에 반드시 了₁을 써야 하는 경우

① 어느 한 시점에서 동작이 완성, 실현됨을 나타내고 문장에 구체적인 시간이 있을 경우 동사 뒤에 了₁을 쓴다.

예) 三年前，她成了一名中学老师。 3년 전, 그녀는 중학교 선생님이 되었다.

② 어떤 동작이 완성된 후, 또 다른 새로운 동작 혹은 상황이 나타날 경우 동사 뒤에 了₁을 쓴다.

예) 看了他的信，我伤心得流下眼泪来。 그의 편지를 보고, 나는 슬프게 눈물을 흘렸다.

③ 어느 조건·방식·원인으로부터 결과를 얻으면, 결과를 나타내는 동사 뒤에 了₁을 쓴다.

예 在他的帮助下，问题很快就解决了。 그의 도움으로, 문제가 매우 빨리 해결되었다.

2 了₁을 생략할 수 있는 경우

① 동작의 연속과 치밀함을 나타내기 위해, 첫 번째 동사에는 了₁을 쓰지 않아도 된다.

예 老张赶忙迎上去，握住她的手说：“谢谢你，谢谢你！”
라오장은 급하게 앞으로 나가더니, 그녀의 손을 잡고 "고맙습니다, 고맙습니다!"라고 말했다.

② 3인칭 화자가 문장 중 상황을 강조하려 할 때, 동사에 了₁을 쓰지 않아도 된다.

예 上次她照顾我，这次我照顾她，我们俩互相照顾。
지난번엔 그녀가 나를 보살피고, 이번엔 내가 그녀를 보살펴서, 우리는 서로 돌보았다.

③ 동사 뒤에 결과·방향보어 등이 있고 보어를 강조할 경우, 了₁을 쓰지 않아도 된다.

예 看着窗外的大雨，我的思绪又回到二十年前的今天。
창문 밖 큰비를 보면서, 나의 생각은 또 다시 20여 년 전의 오늘로 돌아갔다.

3 동사 뒤에 절대로 了₁을 쓸 수 없는 경우

① 빈도적인 활동을 나타낼 때, 동사 뒤에 了₁을 쓸 수 없다.

예 她妈妈身体不好，常常生病了。(×)
→ 她妈妈身体不好，常常生病。(○) 그녀의 엄마는 몸이 좋지 않아, 자주 아프시다.

② 부정문에서 동사 앞에 没가 있을 경우, 了₁을 쓸 수 없다.

예 他没去了北京。(×)
→ 他没去北京。(○) 그는 베이징에 가지 않았다.

③ 지속적인 동작을 나타낼 경우, 동사 뒤에 了₁을 쓸 수 없다.

예 这几天始终下了雨。(×)
→ 这几天始终下雨。(○) 요 며칠 줄곧 비가 왔다.

④ 심리활동을 나타내는 동사 뒤에 了₁을 쓸 수 없다.

예 我打算了去北京留学。(×)
→ 我打算去北京留学。(○) 나는 베이징으로 유학을 가려고 한다.

⑤ 연동문에서, 동사1이 동사2의 행위·방식을 나타낼 경우, 동사1 뒤에 了₁을 쓸 수 없다.

예 她骑了车来上课。(×)

→ 她骑车来上课。(○) 그녀는 자전거를 타고 수업에 왔다.

2. 了₂

사건의 발생, 시간 혹은 상태의 변화와 정확한 어기를 나타내며 문장 끝에 쓰인다.

> **기본구조**
> ① 주어 + 동사(구) + 了₂
> ② 주어 + 형용사(구) / 명사(구) + 了₂
>
> 예
> • 下雨了，回屋去吧。[사건의 변화] 비가 오니, 방으로 돌아가자.
> • 饭已经熟了，可以吃。[성질, 상태 변화] 밥은 이미 다 되었으니, 먹어도 된다.
> • 我去图书馆看书了。[진술, 설명 어기] 나는 도서관에 책 보러 갔다.
> • 这年头不是从前了。[확정 어기] 이번 연초는 과거가 아니다.
> • 王兰今年十六岁了。[어떤 수량에 도달] 왕란은 올해 16살이다.

짚고 넘어가면 득이 되는 지식

1 문장 끝에 반드시 了₂를 써야 하는 경우

① 곧 발생할 동작 혹은 상태의 변화를 나타낼 경우 동사 뒤에 了₂를 쓴다. ['(就)要……了']

예 当你看到蚂蚁搬家时，就要下雨的。(×)

→ 当你看到蚂蚁搬家时，就要下雨了。(○)
당신이 개미가 집을 옮기는 것을 봤을 때에는, 비가 오려는 것이다.

② 동작의 발생과 변화를 나타낼 경우 동사 뒤에 了₂를 쓴다. ['已经……了']

예 他已经吃完饭。(×)

→ 他已经吃完饭了。(○) 그는 이미 밥을 다 먹었다.

2 '了₂'의 부정형식

① '没' 혹은 '没……'를 사용하여 이미 부정을 나타냄

예 A: 你参加上次的活动了吗？ 당신은 지난 모임에 참여 했습니까?
 B: 没参加。 참가하지 않았습니다.

② 부정으로 곧 나타날 새로운 상황 혹은 바램, 소속, 성질 등의 변화를 나타냄

예 我身体有点儿不舒服，不想去了。 나는 몸이 좀 좋지 않아서, 가고 싶지 않아.

2 이합사

중국어에는 단음절의 동사와 목적어가 이루어져 하나의 어휘가 되는데, 이러한 구조를 이합사라 한다.

짚고 넘어가면 득이 되는 지식

1 이합사에서 동사와 목적어는 분리될 수 있다.

① 见面
   예 我们终于见面了。 우리는 결국에 만났다.
   昨天我跟他见了一面。 어제 나는 그를 만났다.

② 看书
   예 我正在看书。 나는 책을 보고 있다.
   我看了一本书。 나는 책 한 권을 보았다.

③ 睡觉
   예 我正在睡觉。 나는 자고 있다.
   我睡了一会儿觉。 나는 잠깐 잠을 잤다.

2 이합사는 본래 목적어를 가지고 있기 때문에, 다른 목적어를 가질 수 없다.

예 我要见面他。(×)
→ 我要跟他见面。(○) 나는 그를 만나려 한다.

3 이합사의 중첩형식 AAB

见见面、　聊聊天、　看看书、　散散步、
理理发、　摆摆手、　帮帮忙、　睡睡觉

4 시험에 자주 나오는 이합사

碍事	安心	办公	报名	办学	帮忙	闭幕	编号	贬值	拨款
播音	操心	超产	吵架	称心	吃惊	亏空	出差	出境	出口
出面	出院	出丑	创业	辞职	存款	打假	打针	怠工	贷款
担保	担心	道歉	登记	点火	订婚	定性	丢人	懂事	动身
对话	发病	发愁	发火	发言	罚款	放心	分工	付款	
鼓掌	害羞	回信	灰心	汇款	会客	集邮	加班	减产	见面
见效	结婚	结业	尽力						
看病	考试	旷课	旷工	劳驾	离婚	聊天	留学	露面	录音	冒险
纳闷	拼命	签名	请客	缺席	让步	散步	上当	上班	扫兴	生气
生效	失学	失业	睡觉						
算数	叹气	探亲	听话	投资	洗澡	下班	像样	泄气	用力	用心
游泳									
照相	值班	住院	着急	坐班	有用	请假			

3 '把'와 '被'의 용법 및 비교

1. '把'자구

把자문은 기본문장에서 술어 뒤에 있는 목적어를 술어 앞으로 도치시켜 목적어를 처치한 결과를 강조하는 것으로 '把 + 목적어(처치대상)' 형식의 전치사구로 부사어 자리에 위치한다. 把의 앞에 있는 주어는 술어의 주체자이다.

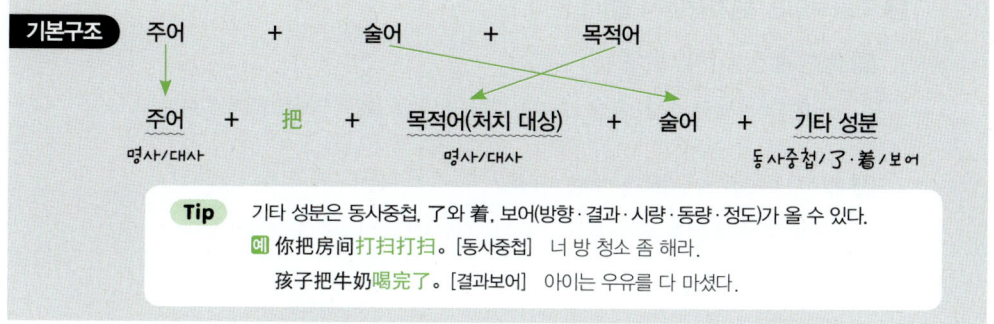

짚고 넘어가면 득이 되는 지식

1 把자구에서 술어 뒤에는 반드시 기타 성분이 있어야 한다.

예 你把房间打扫。(×)
→ 你把房间打扫一下。(○) 방을 좀 청소 하세요.

2 把뒤에는 반드시 명사 혹은 대사로 목적어를 지녀야 하며, 동사가 바로 올 수는 없다.

예 你把打扫一下房间。(×)
→ 你把房间打扫一下。(○) 방을 좀 청소 하세요.

3 술어 뒤에는 '在/到/给/成/作 + 사람 혹은 사물'의 형식이 올 수 있다.

주어 + 把 + 목적어 + 술어 + 在(到/给/成/作) + 목적어
                                    보어

예 他放书在桌子上。(×)
→ 他把书放在桌子上。(○) 그는 책을 책상 위에 놓았다.

4 목적어는 특정해야 한다.

예 他把一个杯子打碎了。(×)
→ 他把那个杯子打碎了。(○) 그는 그 의자를 부쉈다.

5 조동사, 부정사 혹은 시간사는 전치사 把 앞에 와야 한다.

예 你把真相应该告诉她。(×)
→ 你应该把真相告诉她。(○) 너는 당연히 진상을 그녀에게 알려야 한다.

6 가능보어는 把자구에서 쓸 수 없다.

예 他把这么多作业做不完。(×)
→ 他做不完这么多作业。(○) 그는 이렇게 많은 숙제를 하지 못한다.

예 我把这些客人照顾得过来。(×)
→ 我照顾得过来这些客人。(○) 나는 이 손님들을 보살펴 왔다.

2. '被'자구

피동을 나타내는 전치사구로 부사어 자리에 위치한다. 被자구의 주어는 동작의 대상(행동을 받는 사람)이며, 被 뒤의 목적어는 동작이나 변화를 일으키는 주체(행동하는 사람)이다.

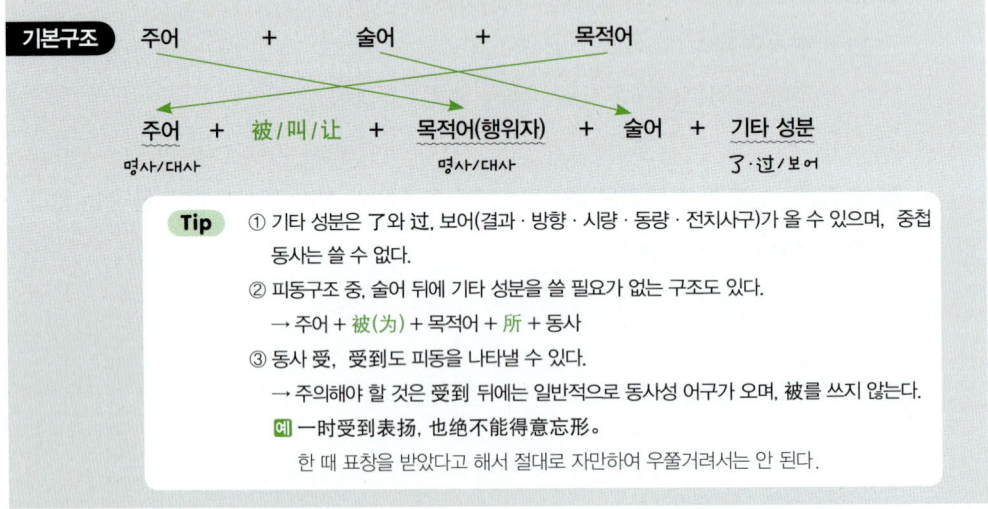

Tip
① 기타 성분은 了와 过, 보어(결과·방향·시량·동량·전치사구)가 올 수 있으며, 중첩 동사는 쓸 수 없다.
② 피동구조 중, 술어 뒤에 기타 성분을 쓸 필요가 없는 구조도 있다.
→ 주어 + 被(为) + 목적어 + 所 + 동사
③ 동사 受, 受到도 피동을 나타낼 수 있다.
→ 주의해야 할 것은 受到 뒤에는 일반적으로 동사성 어구가 오며, 被를 쓰지 않는다.
예 一时受到表扬, 也绝不能得意忘形。
한 때 표창을 받았다고 해서 절대로 자만하여 우쭐거려서는 안 된다.

짚고 넘어가면 득이 되는 지식

1 문장에 반드시 被를 써야 하는 경우

주어와 술어가 피동관계이며 술어 앞의 명사/대사가 행위자일 때, 일반적으로 주어와 술어 사이에 被를 쓴다.

예 衣服雨淋湿了。(×)
→ 衣服被雨淋湿了。(○) 옷이 비에 다 젖었다.

2 被자문의 술어 뒤에는 반드시 기타 성분이 와야 한다.(동사 앞에 所가 있을 시에는 제외)

  예 房间被他打扫。(×)
   → 房间被他打扫干净了。(○) 그가 방을 청소해서 깨끗해졌다.

3 被의 주어는 반드시 이미 알고 있는 것, 명확하게 가리킬 수 있는 것이어야 한다.

  예 一个杯子被他打碎了。(×)
   → 那个杯子被他打碎了。(○) 그는 그 컵을 깨트렸다.

4 조동사, 부정부사 혹은 시간명사는 반드시 被 앞에 써야 한다.

  자주 쓰이는 조동사 能　会　想　要　应该 / 부정부사 不　没(有)

  예 我把作业没做完。(×)
   → 我没把作业做完。(○) 나는 숙제를 다하지 못했다.

5 가능보어는 被자문에 쓸 수 없다.

  예 这么多作业被他做不完。(×)
   → 他做不完这么多作业。(○) 그는 이렇게 많은 숙제를 다하지 못한다.

6 판단, 존재, 동일함을 나타내는 동사는 被자문의 술어가 될 수 없다.

  有、　在、　是、　叫、　像、　等于、　不如

  예 那本词典被他有了。(×)
   → 他有了那本词典。(○) 그는 그 사전이 있다.

7 방향동사는 被자문에 쓸 수 없다.

  上、　下、　进、　去、　出、　回、　到、　来、　过去、　起来

  예 决心被下了。(×)
   → 下了决心。(○) 결심했다.

★ 把자문과 被자문의 비교

把자문	被자문
把의 목적어는 동작을 받는 사람(것)이어야 하고, 생략할 수 없다. 예 热水把烫伤了。(×) 　　热水把我的手烫伤了。(○) 　　我冲咖啡时，不小心把手烫伤了。(○)	被의 목적어는 동작을 일으킨 사람(것)이어야 하며, 생략이 가능하다. 예 我冲咖啡时，不小心被手烫伤了。(×) 　　手被热水烫伤了。(○) 　　手被(热水)烫伤了。(○)
감지나 인지를 나타내는 동사 혹은 심리활동 동사는 把의 술어가 될 수 없다. 예 观众把他喜爱了。(×)	감지나 인지를 나타내는 동사 혹은 심리활동을 나타내는 동사는 被의 술어가 될 수 있다. 예 他被观众所喜爱。(○)

4 다항 한정어

한정어는 명사를 꾸며주는 성분이다.

기본구조 한정어 + (的) + 명사

1. 한정어의 분류

① 제한성 한정어

수량, 시간, 장소, 귀속, 범위 등의 방면에서 설명되는 한정어이다. 주로 수량사, 시간사, 명사, 대사, 전치사구 등을 쓴다.

② 묘사성 한정어

성질, 상태, 특징, 용도, 재료, 직업 등의 방면에서 묘사되는 한정어이다. 주로 명사, 형용사, 동사구 등을 쓴다.

2. 다항 한정어의 순서

다항 제한성 한정어와 다항 묘사성 한정어의 일반적인 배열 순서는 다음과 같다.

> ❶ 귀속의 명사, 대사 혹은 절 또는 구
> ❷ 시간, 장소를 나타내는 단어
> ❸ 대사 혹은 수량사를 지시하는 단어 (뒤에 묘사성 한정어가 옴)
> ❹ 동사, 동사구, 주술구, 전치사구
> ❺ 대사 혹은 수량사를 지시하는 단어 (앞에 제한성 한정어가 옴)
> ❻ 이음절 형용사, 형용사구
> ❼ 형용사와 성질을 나타내는 명사에는 的를 쓰지 않는다.

- 她是　　我　　大学时代　　一位　　最要好的　　朋友。
　　　　①　　②　　　　　③　　　　⑥

- 她穿了　　一件　　薄而透的　　真丝上衣。
　　　　　③　　　　⑥　　　　　⑦

- 我看到了　　那位　　站在门口流泪的　　小姑娘。
　　　　　　③　　　　④ (묘사성)　　　　⑦

- 我看到了　　站在门口流泪的　　那位　　小姑娘。
　　　　　　④ (제한성)　　　　⑤　　　⑦

6급 쓰기 원고지 작성법

1 **제목은 첫 행 중간에 쓴다.** ❶
보통 자신이 쓰려고 하는 제목의 글자 수를 센 뒤, 그 제목을 첫 행 중간에 쓰면 되는데 제목이 긴 경우 네 칸을 띄어서 제목을 쓰면 이것 또한 올바른 방법이다.

2 **단락의 첫 번째 문장은 두 칸을 띄고 시작한다.** ❷
본문이 여러 단락일 경우, 단락마다 첫 번째 문장은 모두 두 칸을 띄고 시작해야 한다.

3 **중국어 글자와 문장부호는 원칙적으로 한 칸에 하나씩 쓴다.**
① 마침표(。), 물음표(?), 느낌표(!), 쉼표(,), 모점(、), 쌍반점(;), 쌍점(:)
　- 한 칸에 하나씩 쓰며, 칸의 왼쪽 가장자리에 치우치게 쓴다. ❸
　- 한 행의 첫 칸에 쓸 수 없고, 마지막 칸을 글자가 차지했을 경우, 그 글자와 같은 칸에 함께 쓴다. ❹

② 따옴표(" "), 책 이름표(《 》)
　- 앞쪽 부호와 뒤쪽 부호를 한 칸에 하나씩 쓴다.
　- 앞쪽 부호는 행의 첫 칸에 쓸 수 있고, 마지막 칸에는 쓸 수 없다. 반대로 뒤쪽 부호는 행의 첫 칸에는 쓸 수 없고, 마지막 칸에는 쓸 수 있다.
　- 따옴표(" ")는 다른 문장 부호와 함께 쓰일 때에는 원고지 한 칸에 같이 쓰이며, 앞쪽 부호가 마지막 칸에 쓰일 경우에는 다음 행에 쓴다. ❺

③ 줄표(——)와 줄임표(……)
　- 두 칸에 나눠 쓰며, 행의 첫머리와 마지막에 모두 쓸 수 있다. ❻
　- 하나의 줄표나 줄임표를 두 행에 나눠 쓸 수는 없다.

4 **숫자 쓰는 방법**
① 요일 등 특정한 단어(구)나 성어, 관용어, 축약어 등에 포함된 숫자는 한자로 써야 한다.
　예　星期三 수요일　　一本书 책 한 권　　三番五次 여러 차례

② 인접한 두 숫자를 병렬하여 대략적인 수를 나타낼 때는 한자로 쓴다.
　예　十之八九 십중팔구　　十五六岁 열 대여섯 살　　七八十种 7~80종

③ 일반적인 수, 특히 수치가 매우 정확할 경우에는 아라비아 숫자로 쓴다.
　　(세기, 연대, 연·월·일, 시간 등)

예 21世纪90年代 21세기 90년대
公元前221年 기원전 221년
1949年10月1日10时30分 1949년 10월 1일 10시 30분

④ 정수, 분수, 소수, 백분율, 약수 등은 아라비아 숫자를 쓴다.
예 100分 100점   50% 50 퍼센트

⑤ 아라비아 숫자는 한 칸에 하나씩 쓰고, 여러 자릿수일 경우 한 칸에 두 개씩 쓴다. ❼

❶ 제목은 첫 행 중간에
❷ 단락의 첫 번째 문장은 두 칸 띄고 시작
❸ 문장부호는 한 칸에 하나씩
❹ 문장부호는 행의 첫 칸에 쓸 수 없고, 마지막 칸에 글자와 같이 한 칸에
❺ 따옴표는 다른 문장 부호와 함께 쓰일 경우에는 한 칸에 같이
❻ 줄임표는 두 칸에
❼ 아라비아 숫자는 여러 자릿수일 경우에는 한 칸에 두 개씩

						母	亲	的	爱										
	儿	子	上	幼	儿	园	时	,	老	师	建	议	她	带	儿	子	去	公	
院	看	看	,	因	为	儿	子	在	座	位	上	5	分	钟	都	坐	不	了	。
这	让	她	感	到	难	过	,	但	她	看	到	儿	子	。	而	是	告		
	老	师	表	扬	他	进	步	了	,	现	在	能	在	座	位	上			
	了	。	儿	子	听	了	很	高	兴	。									
	儿	子	的	小	学	老	师	在	家	长	会	上	告	诉	她	,	儿	子	
数	学	考	试	排	名	40	,	需	要	她	帮	助	才	能	跟	上	大	家	的
进	度	。	她	回	家	后	,	说	,	老	师	说	了	儿	子	再	细		
心	些	,	就	会	超	过	,	桌	。	儿	子	听	了	后	,	变	得		
很	懂	事	,	第	二	天	就	主	动	喊	着	去	上	学	。				
(	生	략	)																
		很	快	,	儿	子	高	中	毕	业	了	,	当	儿	子	拿	到	感	儿	子	能
考	上	重	点	大	学	,	终	于	,	当	儿	子	用	手	大	学	的	通	
知	书	递	给	了	她	。	儿	子	哭	着	说	,	"	妈	妈	,	我	并	不	聪
明	,	可	只	有	您	一	直	鼓	励	我	、	欣	赏	我	…	…	。	"	听	了
这	话	,	她	也	留	下	了	在	心	里	积	累	了	十	几				

5. 글자 수 계산 방법

6급 쓰기 답안지의 원고지 규격은 세로 25행, 가로 20칸으로 500자 원고지이다. 원고지 다섯 행이 100자이며 제시된 글자 수 400자는 제시된 원고지에서 다섯 행을 제외하면 된다.

자주 쓰는 문장부호

。	句号 마침표	서술문의 끝에서 문장의 마침을 나타낸다. 예 北京是中国的首都。 베이징은 중국의 수도다.
?	问号 물음표	의문문·반어문의 끝에서 문장의 마침을 나타낸다. 예 去好呢，还是不去好? 가는 게 좋을까, 안 가는 게 좋을까? 难道你还不了解我吗? 설마 나를 아직도 이해하지 못하는 거니?
!	叹号 느낌표	감탄문·반어문의 끝에서 문장의 마침을 나타낸다. 예 我多么想看看他呀! 내가 얼마나 그를 보고 싶어하는지! 我哪里比得上他呀! 내가 어찌 그를 따라잡을 수 있겠소! 명령문의 끝에서 강한 어기를 나타내기도 한다. 예 你给我出去! 나가버려!
，	逗号 쉼표	문장 내에서 쉼을 표시한다. (주어와 술어 사이, 동사와 목적어 사이, 부사어 뒤) 예 这里的故事，大多是虚构的。 여기의 이야기들은 거의 지어낸 것이다. 应该看到，成功需要付出代价。 성공에는 대가를 지불해야 함을 알아야 한다. 对于这个城市，他并不陌生。 이 도시에 대해, 그는 결코 낯설지 않다. 복문에서 절을 구분한다. 예 据说苏州园林有一百多处，我到过的不过十多处。 듣자 하니 쑤저우에는 백여 곳의 정원이 있다는데, 내가 가본 곳은 십여 곳에 불과하다.
、	顿号 모점	문장 내에서 병렬관계의 단어(구)를 열거할 때 사용한다. 예 亚马逊河、尼罗河、密西西比河和长江是世界四大河流。 아마존강, 나일강, 미시시피강 그리고 양쯔강은 세계 4대 강이다.

부호	이름	설명 및 예시
；	分号 쌍반점	복문에서 병렬관계 또는 대비되는 절을 구분할 때 사용한다. **예** **语言，人们用来抒情达意；文字，人们用来记言记事。** 언어는 사람들이 감정과 생각을 표현하는 데 쓰이고, 문자는 사람들이 말과 사건을 기록하는 데 쓰인다. **我国年满十八周岁的公民都有选举权和被选举权；但是依照法律被剥夺政治权力的人除外。** 우리나라는 만 18세의 국민이라면 모두 선거권과 피선거권을 갖지만, 법적으로 정치권을 박탈당한 사람은 예외다.
：	冒号 쌍점	진술·지시·질문 등의 내용을 제시 또는 인용할 때 사용한다. **예** **他十分惊讶地说：“啊，原来是你！”** 그는 매우 놀라며 말했다. "아, 너였구나!" 개괄적인 서술 뒤에 쓰여 앞 문장에 대한 부연설명을 이끌어낸다. **예** **北京紫禁城有四座城门：午门、神武门、东华门和西华门。** 베이징의 자금성에는 오문, 신무문, 동화문과 서화문 4개의 성문이 있다.
" " ' '	引号 따옴표	문장에서 속담·격언이나 다른 사람의 말 등을 인용할 때 쓴다. **예** **"满招损，谦受益。"这句格言，流传到今天至少有两千年了。** "교만은 손해를 부르고, 겸손하면 이익을 얻는다."는 격언은 지금까지 적어도 2,000년은 전해 내려오는 말이다. 강조하려는 부분 또는 특수한 의미를 가진 단어에 사용한다. **예** **古代人们写文章讲究"有物有序"，"有物"就是要有内容。** 고대 사람들은 글을 쓸 때 '유물유서'를 중시했는데, '유물'은 내용이 있어야 한다는 뜻이다. **这样的"聪明人"还是少一点好。** 이런 '똑똑한 사람'은 적을수록 좋다. 인용부호 안에서 다시 인용하거나 강조할 때는 작은 따옴표를 쓴다. **예** **他站起来问："老师，'有条不紊'的'紊'是什么意思？"** 그는 일어나서 물었다. "선생님, '有条不紊'의 '紊'이 무슨 뜻이죠?"
《　》	书名号 책 이름표	책, 글, 영화 제목 등 저작물의 명칭에 쓴다. **예** **《红楼梦》的作者是曹雪芹。** 《홍루몽》의 저자는 조설근이다.

자주 쓰는 문장부호

기호	명칭	설명 및 예시
——	破折号 줄표	화제를 전환하거나 부연설명을 할 때 사용한다. 예 今天好热啊！——你什么时候去上海？ 오늘 정말 덥다! 너는 언제 상하이에 가니? 进入大门，穿过几个大厅，就到了大会堂建筑的枢纽部分——中央大厅。 정문으로 들어와 몇 개의 홀을 지나자, 바로 대회당 건축의 중추부분——중앙대강당에 도착했다. 소리를 길게 끌 때, 의성어 뒤에 사용한다. 예 "呜——"火车开动了。 '빵——' 기차가 출발했다.
……	省略号 줄임표	열거되는 단어나 문장의 생략을 나타낸다. 예 在广州的花市上，牡丹、水仙、梅花、菊花……什么鲜花都有！ 광저우의 꽃시장에는, 모란, 수선화, 매화, 국화…, 무슨 꽃이든 다 있다! 띄엄띄엄 말을 끊었다 이을 때 쓴다. 예 我……对不起……大家。 저는…, 죄송합니다…, 여러분.
·	间隔号 가운뎃점	외국인, 일부 소수민족의 인명에서 성과 이름을 구별할 때 사용한다. 예 哈利·波特 해리 포터 서명과 편·장·권 등을 구분할 때, 월과 날짜를 구분할 때 사용한다. 예 《中国大百科全书·物理学》《중국대백과사전 물리학》
—	连接号 붙임표	시간·장소 등의 시작과 끝을 나타낸다. 예 鲁迅(1881—1936)是中国现代伟大的文学家、思想家和革命家。 노신(1881-1936)은 중국 현대의 위대한 문학가이며, 사상가와 혁명가다. "北京—广州"直达快车 '베이징-광저우' 간 직행열차

新HSK 6급
고득점 공략 비법서!!

新
HSK
합격
쓰기

王乐 지음

해설서
6급

★ 최신 출제경향 집중 분석 & 고득점 트레이닝 비법 수록!
★ 新HSK 6급 쓰기 영역 강화 필독서!

新HSK 6급
고득점 공략 비법서!!

新
HSK
합격
쓰기

王乐 지음

6급
해설서

동양books

차례

GRADE 1	단계별 요약 쓰기 공략 모범답안 및 풀이	3
	01 문장 다시 쓰기 공략	4
	02 지문 요약 쓰기 공략	7
	03 제목 짓기 공략	26

GRADE 2	단계별 요약 쓰기 연습 모범답안 및 풀이	33
	01 중편 요약 쓰기 연습	34
	02 장편 요약 쓰기 연습	40

GRADE 3	요약 쓰기 실전 모범답안 및 풀이	57
	요약 쓰기 실전	58
	원고지	83

GRADE 1

단계별 요약 쓰기 공략
모범답안 및 풀이

01 문장 다시 쓰기 공략

 비법 트레이닝 p. 14 ~ 16

예제 1 红通通的太阳热辣辣地照着整个村庄。

새빨간 태양이 온 마을을 따갑게 내리쬐고 있다.

예제 2 我在屋里没有找到那个装书的包。

나는 방에서 책이 담긴 가방을 찾지 못했다.

예제 3 伤心的小女孩似乎看见她的奶奶在快乐和希望中飞走了。

상심하고 있던 소녀는 그녀의 할머니가 기쁨과 희망 속에서 날아가는 것을 본 듯했다.

예제 4 数不清的星星在漆黑的夜空中神秘地眨着眼睛。

수 많은 별이 칠흑 같은 밤하늘에서 신비롭게 눈을 깜빡이고 있다.

예제 5 星期天，我们乘船游览了景色如画的西湖。

일요일, 우리는 배를 타고 경치가 그림 같은 서호를 유람했다.

 **TEST** p. 17 ~ 18

1 红扑扑的小脸上嵌着一双大眼睛。
붉고 작은 얼굴 위에 큰 눈이 한 쌍 박혀 있다.

| 핵심 단어 | 小脸、嵌、眼睛
| 기본 문장 | 小脸嵌着大眼睛。 작은 얼굴에 큰 눈이 박혀 있다.
| 다시 쓰기 | 红红的小脸上长着一双大大的眼睛。 발그레한 얼굴 위로 커다란 눈망울이 피어 있다.
| 필수 어휘 | 红扑扑 hóngpūpū 혱 (얼굴색이) 붉다, 벌겋다 | 嵌 qiàn 통 (비교적 큰 물건의 오목한 홈에) 끼워 넣다, 박아 넣다

2 采桑叶的担子落在父亲身上。
뽕잎을 따는 책임은 아버지에게 달려 있다.

| 핵심 단어 | 担子、落、身上
| 기본 문장 | 担子落在父亲身上。 책임은 아버지에게 달려 있다.
| 다시 쓰기 | 摘桑叶的任务落在爸爸身上。 뽕잎을 따는 임무는 아버지에게 달려 있다.
| 필수 어휘 | 采 cǎi 통 (꽃·잎·열매 등을) 따다 | 桑叶 sāngyè 명 뽕잎 | 担子 dànzi 명 책임, 부담 | 落 luò 통 귀속되다 | 摘 zhāi 통 따다, 떼다

3 装满货物的卡车在高低不平的公路上奔驰。
화물을 가득 실은 트럭이 울퉁불퉁한 도로 위를 질주한다.

| 핵심 단어 | 卡车、奔驰
| 기본 문장 | 卡车奔驰。 트럭이 질주한다.
| 다시 쓰기 | 装了货物的卡车在坑坑洼洼的公路上行驶。 화물을 가득 실은 트럭이 울퉁불퉁한 도로 위를 달린다.
| 필수 어휘 | 卡车 kǎchē 명 트럭 | 奔驰 bēnchí 통 (수레·말 등이) 내달리다, 질주하다 | 坑坑洼洼 kēngkeng wāwā 혱 (지면·기물의 표면 등이) 울퉁불퉁 평평하지 않다 | 行驶 xíngshǐ 통 (차·배 등이) 다니다

4 清脆悦耳的鸟叫声从远处的山林里传来。
낭랑하고 듣기 좋은 새소리가 먼 곳의 산림에서 전해져 왔다.

| 핵심 단어 | 鸟叫声、传来
| 기본 문장 | 鸟叫声传来。 새소리가 전해져 왔다.
| 다시 쓰기 | 动听的鸟叫声从很远的树林那边传来。 듣기 좋은 새 울음소리가 먼 곳의 숲에서 전해져 왔다.
| 필수 어휘 | 清脆 qīngcuì 혱 (소리가) 맑고 듣기 좋다, 낭랑하다 | 悦耳 yuè'ěr 혱 (소리가) 듣기 좋다 | 动听 dòngtīng 혱 듣기 좋다

5 身处于青松和垂柳之中的小桥突然出现在我的眼前。

푸른 소나무와 버드나무 사이에 있는 작은 아치형 다리가 갑자기 내 눈앞에 나타났다.

| 핵심 단어 | 小桥、出现、眼前
| 기본 문장 | 小桥出现眼前。 작은 아치형 다리가 눈앞에 나타났다.
| 다시 쓰기 | 我忽然看见了位于青松和柳树之间的小桥。
나는 갑자기 푸른 소나무와 버드나무 사이에 있는 작은 아치형 다리를 보았다.
| 필수 어휘 | 青松 qīngsōng 명 청송 | 垂柳 chuíliǔ 명 수양버들 | 忽然 hūrán 분 갑자기, 문득 | 柳树 liǔshù 명 버드나무

6 他想尽了各种办法去够葡萄，但是白费劲。

그는 가능한 여러 가지 방법을 생각하여 포도나무에 닿으려고 갔지만, 헛수고였다.

| 핵심 단어 | 他、想、办法、够、葡萄、白费劲
| 기본 문장 | 他想办法去够葡萄，但是白费劲。그는 방법을 생각하여 포도나무에 닿으려고 갔지만, 헛수고였다.
| 다시 쓰기 | 他绞尽脑汁想办法去够葡萄，但是还是失败了。
그는 온갖 지혜를 짜내어 방법을 생각해 포도나무에 닿으려고 갔지만, 여전히 실패했다.
| 필수 어휘 | 白费劲 báifèijìn 헛수고 하다, 헛물켜다 | 绞尽 jiǎojìn 동 완전히 죄어 짜다 | 脑汁 nǎozhī 명 머리, 생각, 지혜

7 跌进兔子洞后，爱丽丝又一次遇见了童年的朋友们。

토끼 동굴에 떨어진 후, 앨리스는 또 한 번 어릴 적 친구들을 만났다.

| 핵심 단어 | 爱丽丝、遇见、朋友们
| 기본 문장 | 爱丽丝遇见了朋友们。앨리스는 친구들을 만났다.
| 다시 쓰기 | 爱丽丝摔到兔子洞以后，再一次遇到了小时候的朋友们。
앨리스는 토끼 동굴에 떨어지고 나서, 다시 한 번 어렸을 적 친구들을 만났다.
| 필수 어휘 | 跌 diē 동 떨어지다, 넘어지다 | 遇见 yùjiàn 동 만나다 | 摔 shuāi 동 넘어지다 | 遇到 yùdào 동 만나다, 마주치다

8 天气很热，学生们一个个昏昏欲睡，强打精神等待老师宣布下课。

날씨가 몹시 더워서, 학생들은 한 명 한 명씩 몽롱하고 졸렸지만, 정신을 차리고 선생님께서 수업을 끝낸다고 말씀하시기만을 기다렸다.

| 핵심 단어 | 学生们、等待、下课
| 기본 문장 | 学生们等待下课。학생들은 수업이 끝나기만을 기다렸다.
| 다시 쓰기 | 因为天气很热，学生们都有点困，坚持着等老师说下课。
날씨가 몹시 더워서, 학생들은 조금 졸렸지만, 선생님께서 수업을 끝낸다고 말씀하시기만을 계속 기다렸다.
| 필수 어휘 | 昏昏欲睡 hūnhūn yùshuì 성 (정신이나 의식이) 몽롱하고 졸리다 | 强打精神 qiángdǎ jīngshen 정신을 고무하다, 분발하다 | 宣布 xuānbù 동 선언하다, 공포하다

02 지문 요약 쓰기 공략

 **비법 트레이닝** **01** 단편 요약 쓰기 공략 p. 20 ~ 26

예제 1

　　东郭先生牵了一只驴走在路上，驴的身上驮着一个装了书的袋子。忽然，有一只狼从后面跑了过来，惊慌地对他说："先生，救救我吧。猎人在后面追赶我，马上就接近了，让我躲在你的袋子里吧。如果能逃过这一次灾难，我永远都不会忘记你的恩情。"东郭先生迟疑不决地停了下来，但看着狼可怜的样子，心还是软了，于是就答应了狼的请求。他把袋子里的书倒了出来，然后把狼装进袋子里。

　　동곽 선생은 당나귀 한 마리를 끌고 걷고 있었고, 당나귀의 몸에는 책을 담은 봇짐 하나를 싣고 있었다. 갑자기 늑대 한 마리가 뒤에서 달려오더니, 다급하게 그에게 "선생님, 저 좀 살려주십시오. 사냥꾼이 뒤에서 저를 쫓아와, 곧 잡힐 것입니다. 제가 봇짐 속에 숨게 해주세요. 만약 이번 재난에서 살려주신다면, 그 은혜는 평생 잊지 않겠습니다."라고 말했다. 동곽 선생은 망설이며 멈춰 섰지만, 늑대의 불쌍한 모습에 마음이 약해져서 늑대의 청을 받아주었다. 그는 봇짐 속의 책을 쏟아낸 후, 늑대를 봇짐에 넣어 주었다.

예제 2

　　这个悲剧发生在两个星期之后。猎人是在毫无防备的时候遭遇豹子的。那天，他感到很疲倦，就靠在一棵大树旁睡着了。当他被一阵轻微的簌簌声弄醒时，睁开眼看到的是一只豹子！猎人立刻毛孔喷张，脑袋里"轰"的一声。枪就在他手边，子弹早已上膛，但是那时，他完全呆住了。更不可思议的是，豹子竟挨着蹲了下来。豹子望着他，那个样子充满天真，仿佛是一个想听故事的孩子。猎人以为自己在做梦，他悄悄使劲咬嘴唇，感到了疼痛。恐惧中，他本能地抓住了枪，并且把枪管移向豹子的头部。豹子没有反应，它懒洋洋地伸了个懒腰，之后就用嘴去叼枪管。突然，一声惊天动地的爆响。豹子的身子一下子飞了起来，同时，一朵血花在它的头部灿烂地开放……

　　이 비극이 발생한 것은 2주 후였다. 사냥꾼이 아무런 대비도 없이 표범과 맞닥뜨린 것이었다. 그날, 그는 매우 피곤함을 느껴 큰 나무에 기대 잠이 들어 버렸다. 그가 아주 작은 바스락거리는 소리에 깼을 때, 눈을 뜨고 본 것은 표범 한 마리였다! 사냥꾼은 즉시 모공이 송연해졌고, 머릿속에서는 '쿵'하는 소리가 났다. 총은 그의 손 주변에 있었고, 총알도 이미 장전이 되어 있었으나, 그때 그는 완전히 멍해져 버렸다. 더욱 불가사의한 것은, 표범이 뜻밖에 바짝 붙어서 앉은 것이었다. 표범은 그를 바라봤고, 그 모습은 천진함으로 가득차 마치 이야기를 듣고 싶어하는 아이와 같았다. 사냥꾼은 자신이 꿈을 꾸는 줄 알고 살며시 입술을 꽉 깨물었고, 바로 아픔이 느껴졌다. 공포 속에서, 그는 본능적으로 총을 잡았고, 총부리를 표범의 머리에 갖다 댔다. 표범은 아무런 반응이 없었고, 나른하게 기지개를 켜는 입으로 총부리를 물었다. 갑자기 엄청나게 놀랄 폭음이 울렸다. 표범의 몸이 순간 날아올랐고, 표범 머리에서 피가 사방으로 번졌다…

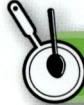

비법 트레이닝 02 중편 요약 쓰기 공략   p. 27 ~ 35

예제 1

　一个干旱炎热的夏天。一只口渴的乌鸦到处找水喝。乌鸦飞来飞去，已经累得筋疲力尽了。乌鸦突然发现地面上有一口井，兴奋地朝井边飞去。乌鸦心想：终于有水喝了。可是，井里一滴水也没有。

　突然，乌鸦发现井边有一个水瓶。乌鸦高兴极了，心想：我可以从瓶里弄到水喝了！可是，瓶里的水很少，瓶口又很小。乌鸦把嘴伸进瓶口试了试，根本喝不到水。乌鸦想把水瓶撞倒，它撞了几下，水瓶动也没动。眼看着瓶里清凉的水喝不到嘴，乌鸦又气又急。乌鸦搂住水瓶，用力地摇晃水瓶，可水瓶仍然没动。乌鸦用头使劲儿顶，水瓶还是不动。唉！乌鸦觉得自己太笨了。又渴又累得乌鸦失望地坐在了地上。

　这时，乌鸦看到地上有许多石子儿，它想起了一个好主意。乌鸦用嘴叼起石子儿，投进水瓶里。乌鸦投了一些石子儿，瓶子里的水位开始上升了。乌鸦不停地往瓶子里投石子儿，瓶子里的水位越升越高。乌鸦越投越起劲儿，眼看就要喝到水了。瓶里的水已经升到了瓶口，乌鸦终于喝到水了！

　喝足了水的乌鸦，快乐地飞走了。

　가물고 무더운 여름날이었다. 목마른 까마귀 한 마리가 사방으로 마실 물을 찾고 있었다. 까마귀는 이리저리 날아다니느라 이미 기진맥진해 있었다. 까마귀는 갑자기 땅 위의 우물 하나를 발견하고는 흥분해서 우물로 날아갔다. 까마귀는 마음속으로 드디어 마실 물이 있구나라고 생각했다. 하지만 우물에는 물이 한 방울도 없었다.

　갑자기, 까마귀는 우물 옆에 있던 물병 하나를 발견했다. 까마귀는 몹시 기뻐하며, 병 속의 물을 마실 수 있게 됐다고 생각했다! 하지만 병 속의 물은 매우 적었고, 병 입구 또한 매우 좁았다. 까마귀는 부리를 병 입구로 집어넣어 봤지만, 물을 아예 마실 수가 없었다. 까마귀는 물병을 넘어뜨리고자 몇 번을 부딪혔으나 물병은 전혀 움직이지 않았다. 눈으로는 병 속의 시원한 물을 보고 있으면서 입으로는 마실 수 없게 되자, 까마귀는 화가 나고 다급해졌다. 까마귀가 물병을 감싸 안고 힘껏 물병을 흔들어 보았으나, 물병은 여전히 움직이지 않았다. 머리로도 힘껏 밀어봤지만, 물병은 여전히 움직이지 않았다. 에잇! 까마귀는 자신이 너무 어리석게 느껴졌다. 목도 마르고 몸도 피곤한 까마귀는 실망하며 땅에 앉았다.

　이때, 까마귀는 땅 위의 많은 돌멩이를 보았고, 좋은 아이디어가 떠올랐다. 까마귀는 부리로 돌멩이를 물어 올려 물병 속으로 집어넣었다. 까마귀가 돌멩이들을 넣자 병 속의 수위가 올라오기 시작했다. 까마귀는 계속해서 병 속에 돌멩이를 집어넣었고, 병 속의 수위가 점차 올라왔다. 까마귀는 집어넣을수록 힘이 솟았고, 곧 물을 마실 수 있게 되었다. 병 속의 물은 이미 병 입구까지 차올랐고, 까마귀는 마침내 물을 마셨다!

　충분히 물을 마신 까마귀는 즐겁게 날아갔다.

예제 2

　有两个和尚分别住在相邻的两座山上的庙里。这两座山之间有一条溪，他们每天都会在同一时间下山去溪边挑水，久而久之他们成为了好朋友。

　就这样时间在每天挑水中不知不觉已经过了五年。突然有一天左边这座山的和尚没有下山挑水，右边那座山的和尚心想："他大概睡过头了。"便不以为然。

　哪知道第二天左边这座山的和尚还是没有下山挑水，第三天也一样。过了一个星期还是一样，直到过了一个月右边那座山的和尚终于受不了，他心想："我的朋友可能生病了，我要过去拜访他，看看能帮上什么忙。"

　于是他便爬上了左边这座山，去探望他的老朋友。

　두 스님이 각각 인접한 두 산의 절에 살고 있었다. 두 산 사이에는 개천이 하나 있었고, 그들은 매일 같은 시간에 산을 내려가 개천에서 물을 길었다. 오랜 시간이 흘러 그들은 좋은 친구가 되었다.

　이렇게 매일 물을 긷는 가운데 벌써 5년이 흘렀다. 뜻밖에도 하루는 왼편 산의 스님이 물을 길러 오지 않자, 오른편 산의 스님은 마음속으로 '아마 늦잠을 잤을 거야.'라고 생각하며 대수롭지 않게 여겼다.

　이튿날에도 왼편 산의 스님은 물을 길러 내려오지 않았고, 삼일째도 오지 않을 줄 어찌 알았겠는가. 일주일이 지나도 오지 않았고, 한 달이 지나자 오른편 산의 스님은 더 이상 참을 수가 없었다. 그는 '친구가 아마 병이 난 모양이니, 문안 가서 뭐 도울 것 없나 봐야겠군.'이라고 생각했다.

　그래서 그는 바로 왼편 산을 올라 친구를 문안갔다.

　오른편 산의 스님은 왼편 산의 절에 도착해서, 친구를 보고는 매우 놀랐다. 왜냐하면 친구는 마침 절 앞에서 태극권을 연마하고 있었고, 조금도 한 달간 물을 마시지 않은 사람같지

等他到了左边这座山的庙，看到他的老友之后大吃一惊，因为他的老友正在庙前打太极拳，一点也不像一个月没喝水的人。他很好奇地问："你已经一个月没有下山挑水了，难道你可以不用喝水吗？"

左边这座山的和尚说："来来来，我带你去看。"于是他带着右边那座山的和尚走到庙的后院，指着一口井说："这五年来，我每天做完功课后都会抽空挖这口井，即使有时很忙，能挖多少就算多少。如今终于让我挖出井水，我就不用再下山挑水，我可以有更多时间练我喜欢的太极拳。"

我们在公司领的薪水再多，那都是挑水。而把握下班后的时间挖一口属于自己的井，等将来当年纪大了，体力拼不过年轻人时，还能有水喝，而且喝得很悠闲。

않았기 때문이었다. 그는 매우 궁금해하며 "자넨 한 달 동안 물을 길러 내려오지 않았는데, 설마 물을 마실 필요가 없는 건가?"라고 물었다.

왼편 산의 스님은 "자자자, 내 자네에게 보여줄 것이 있네."라고 말했다. 그리고는 오른편 산의 스님을 데리고 절 뒤 후원으로 가서 우물 하나를 가리키며 "요 5년 동안, 나는 매일 공부를 마친 후에 시간을 내서 이 우물을 팠고, 바쁠지라도 팔 수 있을 만큼 팠다네. 지금은 드디어 우물물을 파내서 더는 내려가서 물을 긷지 않아도 되고, 내가 좋아하는 태극권 연마에 더 많은 시간을 가질 수 있게 되었네."라고 말했다.

우리가 회사에서 받는 월급이 아무리 많다 하더라도, 그것은 물을 긷는 것이다. 퇴근 후 시간을 활용해 자신만의 우물을 판다면, 미래에 나이가 들어 체력이 젊은이들을 당해내지 못하게 될 때에도 마실 물이 있을 뿐만 아니라, 매우 여유롭게 마실 수 있다.

비법 트레이닝 03 장편 요약 쓰기 공략

p. 35 ~ 48

예제 1

从前有一位皇帝，他非常喜欢穿好看的新衣服。他为了要穿得漂亮，把所有的钱都花到衣服上去了，他一点也不关心他的军队，也不喜欢去看戏。他也不喜欢乘着马车逛公园，除非是为了炫耀一下新衣服。他每天每个钟头要换一套新衣服。有一天来了两个骗子。他们说他们是织工。他们能织出谁也想象不到的最美丽的布。这种布的色彩和图案不仅是非常好看，而且用它缝出来的衣服还有一种奇异的作用，那就是凡是不称职的人或者愚蠢的人，都看不见这衣服。皇帝听后非常高兴，给了他们很多金子，传令让两个骗子开工。

他们摆出两架织布机，假装开始工作，可是他们的织布机上连一点东西的影子也没有。皇帝非常想看看布料究竟织得怎样了，派了最诚实的老大臣到织工那儿去，这位善良的老大臣就来到那两个骗子的屋子里，看到他们正在空空的织机上忙碌地工作。他什么东西也没有看见！但是他没敢把这句话说出口来，依然说

옛날 한 임금이 있었는데, 그는 아름다운 새 옷 입기를 아주 좋아했다. 임금은 아름답게 입기 위해, 모든 돈을 옷에 쏟아 부었고 그는 군대에는 전혀 신경 쓰지 않았으며, 연극을 보는 것도 좋아하지 않았다. 또 마차를 타고 공원을 구경하는 것도 싫어했지만, 새 옷을 뽐내기 위해서는 예외였다. 그는 매일 매시간 새 옷으로 갈아입었다. 하루는 두 사기꾼이 찾아왔다. 그들은 자신들이 방직공이라고 했다. 그들은 그 누구도 상상하지 못하는 가장 아름다운 천을 짤 수 있다고 했다. 이 천은 색상과 도안이 아름다울 뿐만 아니라, 그 천으로 만든 옷은 특별한 기능이 있는데, 그것은 직분에 어울리지 않는 자나 어리석은 자는 이 옷을 볼 수 없다는 것이었다. 임금은 얘기를 듣고 매우 기뻐하며 그들에게 많은 금을 하사했고, 두 사기꾼에게 일을 시작하도록 명을 내렸다.

그들은 베틀 두 대를 놓고 일을 시작하는 척했으나, 그들의 베틀 위에는 어떤 것의 그림자조차 없었다. 임금은 옷감이 도대체 어떻게 되고 있는지 몹시 보고 싶어, 가장 성실한 늙은 대신을 그곳으로 보냈는데, 이 착한 늙은 대신은 두 사기꾼의 집에 가서 그들이 텅 빈 베틀 위에서 바쁘게 일하고 있는 것을 보게 되었다. 그는 어떤 것도 보지 못했다! 하지만 감히 그 말은 할 수가 없어서 아주 아름답다고 말했다. 얼마 지나지 않아, 임금은 또 다른 성실한 관리를 보내 일의 진전을 보고 오게 했다. 이 관리도 같은 상황을 보았으나, 그는 다른 사람

着美极了。过了不久，皇帝又派了另一位诚实的官员去看工作的进展。这位官员看到了同样的情境，但他不想让别人觉得他愚蠢，也把他完全没有看见的布称赞了一番。最后皇帝打算亲自去看一下，可他也没看到任何东西，他更不想让百姓笑话他愚蠢，所以也说很漂亮。

当骗子假装把衣服织好时，他们把皇帝身上的衣服统统都脱光了。这两个骗子假装把他们刚才缝好的新衣服一件一件地交给他。皇帝在镜子面前转了转身子，扭了扭腰肢。"上帝哟，这衣服多么合身啊！式样裁得多么好看啊！"大家都说。"多么美的花纹！多么美的色彩！这真是一套贵重的衣服！" "大家已经在外面把华盖准备好了，只等陛下一出去，就可撑起来去游行！" 一位官员说。

接着，皇帝就在那个富丽的华盖下游行起来了。站在街上和窗子里的人都说："乖乖，皇上的新装真是漂亮！他上衣下面的后裙是多么美丽！衣服多么合身！" 谁也不愿意让人知道自己看不见什么东西，因为这样就会暴露自己不称职，或是太愚蠢。皇帝所有的衣服从来没有得到这样普遍的称赞。"可是他什么衣服也没有穿呀！" 一个小孩子最后叫出声来。"上帝哟，你听这个天真的声音！" 爸爸说。于是大家把这孩子讲的话私自低声地传播开来。"他并没有穿什么衣服！有一个小孩子说他并没有穿什么衣服呀！" "他实在是没有穿什么衣服呀！" 最后所有的老百姓都说。

皇帝有点儿发抖，因为他似乎觉得老百姓所讲的话是对的。不过他自己心里却这样想："无论如何，我都必须把这游行大典举行完毕。" 因此，他继续摆出一副更骄傲的神气，他的内臣们跟在他后面走，手中托着一个并不存在的后裙。

들이 자신을 어리석다고 생각하는 것이 싫어 전혀 보지도 못한 천을 두고 칭찬을 했다. 마지막으로 임금이 친히 보러 나섰으나, 그 역시 어떤 것도 보지 못했다. 그는 더욱 백성에게 어리석다고 놀림을 당하고 싶지 않아 아름답다고 말했다.

사기꾼들이 옷을 다 지었을 때, 그들은 임금의 옷을 몽땅 벗겼다. 이 두 사기꾼은 그들이 막 다 지은 새 옷을 한 벌 한 벌씩 임금에게 건네는 척을 했다. 임금은 거울 앞에서 몸을 이리저리 돌려보고, 허리를 비틀어 보았다. "하나님 맙소사, 옷이 매우 잘 맞습니다! 디자인이 얼마나 아름답게 됐는지!"라고 다들 말했다. "매우 아름다운 꽃무늬입니다! 색상이 어쩌나 아름다운지! 이것은 정말 매우 귀중한 옷입니다!" "다들 이미 바깥에서 성대하게 준비를 끝내놓고, 전하가 나오시기만을 기다리고 있으니, 걸치고 나가셔서 행진하시지요!"라고 한 관리가 말했다.

이어, 임금은 그 화려하고 성대한 카펫에서 행진을 시작했다. 길가와 창가에 선 사람들은 모두 "우와, 임금님의 새 옷은 정말 아름답구나! 상의 아래 뒷자락은 어쩌나 아름다운지! 옷이 매우 잘 어울리셔!"라고 말하면서, 누구도 사람들에게 자신이 아무것도 보지 못한 것을 알게 하고 싶지 않았다. 왜냐하면 이렇게 되면 자신이 자격이 없거나 어리석다는 것을 폭로하게 되는 것이기 때문이었다. 황제의 옷 중 여태껏 이렇게 보편적인 칭찬을 받은 적이 없었다. "근데 저 사람 아무것도 안 입었어요!" 한 아이가 마지막에 외쳤다. "하나님 맙소사, 이 천진한 소리 좀 들어보십시오!" 아버지가 말했다. 이리하여, 모두 아이가 한 말을 몰래 낮은 소리로 퍼뜨렸다. "임금은 아무 옷도 입지 않았어! 한 아이가 임금이 아무 것도 입지 않았다고 말했다고!" "임금은 정말 아무것도 안 입었더라고!" 결국, 모든 백성이 말했다.

임금도 백성이 한 말이 맞는다고 느꼈기에 약간 후들거렸다. 하지만 마음속으로 "어쨌든, 나는 이 행진을 꼭 마무리해야 해."라고 생각했기에, 계속해서 더욱 자랑스러운 포즈를 취했고, 대신들은 있지도 않은 뒷자락을 손으로 받쳐 든 채 뒤를 따랐다.

예제 2
기출

一天早上，我叫了一辆出租车，要去上海郊区一企业做培训。因为是上下班的高峰时间，车子堵在路上，缓慢地前进。此时前座的司机先生开始不耐烦地叹了一口气。我也没什么事情，就和他聊了起来："最近生意好吗？" "有什么好？做什么都不好干，你想想我们出租车的生意能好吗？每天开车十几个小时，也赚不到什么钱，真是让人生气！"

어느 날 아침, 나는 택시를 한 대 불러 상하이 교외에 있는 한 기업에 양성교육을 하러 가는 길이었다. 출퇴근 러시아워 시간이라 도로에 차가 막혀 느릿느릿 달렸다. 이때 앞에 앉은 기사 양반이 짜증이 나는 듯 한숨을 쉬기 시작했다. 나도 별다른 일도 없고 해서 그와 얘기를 나누기 시작했다. "요즘 영업은 좋습니까?" "뭐 좋을 것이 있겠습니까? 뭘 하든 다 좋지가 않습니다. 생각해 보십시오, 택시 영업이 잘되겠습니까? 매일 열 몇 시간씩 운전을 해도 얼마 못 버니, 정말 화가 납니다!"

看来这不是个好话题，还是说点儿别的吧，我心里想。于是我说："不过你的车很大很宽敞，就算是塞车，也让人觉得很舒服……"他打断了我的话，声音激动了起来："舒服什么呀！不信你来每天坐12个小时看看，看你还会不会再说舒服!?"接着他的话匣子开了，抱怨政府的公共设施建设不好、油价不断上涨、老百姓看病难。我只能安静地听，一点儿插嘴的机会都没有。

第二天同一时间，我再次坐了一部出租车，还是去郊区的那个企业。然而这一次，却让我感受到不同于前一天的舒服。刚一上车，一张笑容可掬的脸庞转了过来，伴随的是轻快愉悦的声音问："早上好，请问要去哪里？"真是难得的亲切，我心中有些惊讶，随即告诉了他目的地。他笑着说："好，没问题！"然而刚过了一个路口，车子又开始在堵车的车阵中缓慢前进。前座的司机先生手握方向盘，开始轻松地吹起口哨哼起歌来，显然心情不错。于是我问他："看来你今天心情很好嘛！"

他笑得露出了白白的牙齿说："我每天都如此，每天心情都很好。""为什么呢？"我问："大家不都说现在经济不景气，工作时间长，收入都不理想吗？"司机先生说："没错，我也上有老下有小，所以开车时间也常常要12个小时。但日子还是过得很开心，因为我有个秘密……"他停顿了一下："说出来先生你别笑我，好吗？"

他说："我觉得在生活中，换位思考很有用，只要换个角度来想事情，结果就不一样了。比如我觉得出来开车，其实是客人付钱请我出来玩。像今天我碰到你也是一样，你花钱请我到郊外，这不是很好吗？那里空气清新，我正好可以顺道赏赏美景，抽根烟再走啦！"他继续说："像前几天我载一对情侣去年南湖水库看夕阳，他们下车后，我也下来喝碗鱼丸汤，在他们旁边看看夕阳才走，反正来都来了嘛，更何况还有人付钱呢？"

我突然发现自己很幸运，一早就有这份荣幸，跟前座的智商高手同车出游，真是棒极了。又能坐车，心情也好，这样的服务有多难得，我决定问这位司机先生要电话，以便以后有机会再联系他。接过他名片的同时，他的手机铃声正好响起，有位老客人要去机场，原来喜欢他的不只我一位，相信凭他的工作态度，不仅心情愉快，还能比别人赚到更多的生意。

보아하니 좋은 화제가 아닌 듯싶어, 다른 얘기를 하는 편이 낫겠다고 나는 속으로 생각했다. 그래서 나는 "그래도 차가 크고 넓어 차가 막히더라도 사람들이 편안함을 느낄 수…"라며 말을 하는데, 그가 내 말을 끊고, 목소리가 흥분되기 시작하며 "뭐가 편하다는 겁니까! 못 믿겠으면 매일 12시간씩 앉아 있어 보십시오, 그러고도 편안하다고 말할 수 있는지 보자고요!?" 이어서 그는 정부의 공공시설 건축이 엉망이다, 기름값이 계속 오른다, 서민들이 병원 가기가 어렵다는 수다가 시작되었다. 나는 그저 조용히 들을 뿐 끼어들 틈이 전혀 없었다.

이튿날 같은 시간, 나는 또 택시를 타고 교외의 그 기업으로 향했다. 그런데 이번에는 전날과 다른 편안함을 느끼게 되었다. 차를 타자, 기사가 만면에 웃음을 띤 얼굴로 돌아보았고, 동시에 밝고 경쾌한 목소리로 "좋은 아침입니다. 어디로 모실까요?"라고 물었다. 정말 드문 친절이어서, 나는 속으로 좀 놀라면서 바로 그에게 목적지를 말했다. 그는 웃으며 "네, 문제없습니다!"라고 답했다. 그러고는 막 첫 번째 블록을 지났을 때, 차는 또 러시아워로 느릿느릿 나아갔다. 앞에 앉은 기사 양반은 손으로 핸들을 잡고서는 가볍게 휘파람으로 노래를 부르기 시작했는데, 분명히 기분이 좋아 보였다. 그래서 나는 그에게 "오늘 기분이 좋아 보이십니다!"라고 물었다.

그는 하얀 치아를 드러내며 "저는 매일 그렇습니다. 매일 기분이 좋지요."라고 말했고, "어째서죠?"라며, 나는 "다들 지금 불경기이고, 근무 시간은 길어졌는데 수입은 좋지 않다고 말하지 않습니까?"라고 물었다. 기사 양반은 "맞습니다. 저도 부양하는 부모님과 아이들이 있습니다. 그래서 운전 시간도 항상 12시간씩 합니다. 하지만 여전히 즐겁게 지냅니다. 왜냐하면 제게는 비밀이 하나 있기 때문이지요…" 그는 잠시 멈추더니 "말씀드려도 선생님, 웃으시면 안 됩니다. 아시겠죠?"

그는 "제가 느끼기에 살면서 입장 바꿔 생각하는 것이 매우 유용하더군요. 다른 각도로 상황을 생각하면 결과가 다르더라고요. 예를 들어 나와서 운전을 하는 것이, 사실은 손님들이 돈을 내고 나를 불러내 놀자고 하는 것이더군요. 오늘 제가 손님을 만난 것도 마찬가지지요. 손님이 돈을 내고 저더러 교외로 가자고 하시니 좋지 않습니까? 거기는 공기도 맑고 마침 가는 길에 아름다운 풍경도 감상할 수 있으니, 담배 한 대 피고 다시 가도 되고요!"라고 말을 하며, 계속해서 "며칠 전 저는 연인 한 쌍을 태우고 연난호 저수지로 노을을 보러 갔습니다. 그분들이 내리고 저도 내려서 위완탕을 한 그릇 먹고, 그분들 옆에서 노을을 본 다음에야 떠났는데, 어찌 됐건 왔고 더구나 돈까지 내주지 않습니까?"라며 말했다.

나는 갑자기 내가 참 운이 좋다는 생각이 들었다. 아침부터 이런 영광이 있다니, 앞에 앉은 머리가 뛰어난 고수와 함께 차를 타고 떠나니 정말 끝내줬다. 차도 탈 수 있고 기분도 좋아지는 이런 서비스는 정말 쉽지 않으니, 나중에 기회가 되면 그와 다시 연락을 하기 위해 기사 양반의 전화번호를 물어보기로 결정했다. 명함을 받음과 동시에, 마침 그의 휴대전화가 울렸는데, 단골승객 한 분이 공항에 가야 한다는 것이었다. 역시 그를 좋아하는 사람은 나 혼자가 아니었다. 그의 근무 태도로 볼 때 마음이 즐거운 사람일 뿐만 아니라, 남들보다 훨씬 많이 벌 거라고 믿는다.

TEST p.49~59

1

　　动物园里有一只调皮的猴子，它常遭到妈妈的责备，还受到管理员的打骂。它常想：我要自由！有一天，它从动物园溜了出来。
　　这只小猴逃出来后，高兴极了，它觉得外面的一切新鲜而精彩！它心想要是所有的动物都能出来就好了。
　　晚上，小猴子回到了动物园，悄悄进到管理员的小屋，偷走了钥匙，打开了各个笼子锁，动物们准备奔向大森林。动物们逃跑的声音把人们吵醒了，人们大吃一惊。
　　警察企图抓捕动物们。但动物们想获得自由的决心胜过了一切，大象和狮子在前，老虎在后，保护着大批动物前进，一发发麻醉弹无情地射向它们……前面的倒下了，后面的又紧跟上来，继续前进……
　　最终，动物们的决心感动了人们，人们让出一条路让动物们回到森林。

　　동물원에 짓궂은 원숭이 한 마리가 있었는데, 항상 엄마에게 꾸지람을 받고, 관리직원의 구타와 욕설을 받았다. 그는 항상 나는 자유가 필요해!라고 생각했고, 어느 날 동물원을 몰래 빠져나왔다.
　　새끼 원숭이는 도망 나온 후, 매우 기쁘고, 바깥의 모든 것들이 새롭고 근사하게 느껴졌다! 그는 속으로 만약 모든 동물이 나올 수 있다면 좋겠다고 생각했다.
　　저녁, 새끼 원숭이는 동물원으로 돌아가, 살며시 관리직원의 방안으로 들어가서 열쇠를 훔쳐 나왔다. 각 우리의 자물쇠를 열었고, 동물들은 큰 삼림으로 달아날 준비를 했다. 동물들이 도망가는 소리는 사람들을 잠에서 깨웠고, 사람들은 크게 놀랐다.
　　경찰은 동물들을 붙잡기 위해 도모했다. 하지만 동물들의 자유를 얻고 싶은 결심은 모든 것을 능가했고, 코끼리와 사자는 앞에서, 호랑이는 뒤에서 많은 동물이 전진하는 것을 보호했다. 한 발 한 발 마취 총알을 인정사정없이 그들을 향해 쏘았다… 앞에서 쓰러져도, 뒤에서는 또다시 바싹 뒤따라 왔고, 계속 전진했다…
　　마지막, 동물들의 결심은 사람들을 감동시켰고, 사람들은 동물들에게 삼림으로 돌아갈 수 있는 길을 열어 주었다.

원문 분석

- 이 글의 키워드는?
  자유(自由)
- 6요소 찾기
  ① 언제? (시간)
  　어느 날(有一天), 저녁(晚上)
  ② 어디서? (장소)
  　동물원(动物园)
  ③ 이 글의 등장인물은? (누가)
  　새끼 원숭이(小猴子), 경찰(警察), 동물들(动物们), 사람들(人们)
  ④ 사건의 원인은? (왜)
  　새끼 원숭이는 말을 잘 듣지 않아 질책과 꾸중을 받았고, 도망 나오기를 결심했다. (小猴子因调皮受到责备和打骂，决心逃跑。)
  ⑤ 사건의 경과는? (어떻게)
  　새끼 원숭이는 도망 나와, 자유를 얻었다. 그는 다른 동물들이 자유를 얻게 도왔고, 동물들은 자유를 위해 서로 도우며 도망갔다. (小猴子逃出来后，得到自由。它帮其他动物获得自由，然后动物们为自由互相帮助逃跑。)
  ⑥ 사건의 결과는? (무엇을)
  　사람들은 감동하여 동물들에게 자유를 줬다. (人们被感动，给动物们自由。)

모범 요약문 (총128자)

　　　　动物园里的小猴子常受到妈妈的责备和管
理员的打骂，有一天逃跑了，它发现外面的世
界非常精彩，所以它想带领所有的动物逃跑，
获得自由。晚上，它偷了管理员的钥匙，帮助
所有的动物逃跑。警察开始抓动物们，但动物
们为了自由，互相帮助。最后，人们被感动了，
给了动物们自由。

해석 동물원에 있는 새끼 원숭이는 잦은 엄마의 꾸중과 관리직원의 구타와 욕설에 어느 날 도망쳤다. 새끼 원숭이는 바깥세상이 매우 근사하다는 것을 발견하고는, 모든 동물을 데리고 도망을 나와 자유를 얻고 싶었다. 저녁, 새끼 원숭이는 관리직원의 열쇠를 훔쳐서, 모든 동물이 도망칠 수 있게 도와줬다. 경찰은 동물들을 잡기 시작했지만, 동물들은 자유를 위하여 서로 도왔다. 마지막에, 사람들은 감동하여 동물들에게 자유를 줬다.

필수 어휘

调皮 tiáopí 형 장난스럽다, 짓궂다
예 这孩子太调皮，必须严加拘管。 이 아이는 너무 짓궂어, 반드시 엄하게 단속해야 한다.

责备 zébèi 동 (지적하여) 꾸짖다, 나무라다
예 你怎么每天责备起孩子来了。 당신은 왜 매일 아이를 나무래요.

溜 liū 동 (몰래) 빠져나가다
예 我昨天悄悄地溜出宿舍了。 나는 어제 몰래 기숙사를 빠져나갔다.

悄悄 qiāoqiāo 부 은밀하게, 조용히, 살며시
예 他悄悄地走进课堂旁听。 그는 조용히 교실로 들어와 방청했다.

奔 bēn 동 달아나다, 도망치다
예 东奔西逃。 여기저기로 도망 다니다.

逃跑 táopǎo 동 도망가다, 달아나다(불리한 상황이나 일을 모면하기 위해 있던 곳으로부터 멀리 떠남을 말함)
예 他杀人之后就逃跑了，从此消声匿迹。 그는 사람을 죽이고 도망갔고, 그로부터 종적을 감췄다.

吵醒 chǎoxǐng 동 시끄러워 잠이 깨다
예 女儿睡得正香甜，别把她吵醒了。 딸 아이가 한창 달콤하게 잠자고 있으니, 시끄럽게 해서 잠을 깨우지 마라.

企图 qìtú 동 (어떤 일을) 도모하다, 기도하다
예 他企图破坏我们公司的发展。 그는 우리 회사의 발전을 망치려 도모하고 있다.

抓捕 zhuābǔ 동 (범인 등을) 체포하다, 붙잡다
예 抓捕小偷是警察的职责。 도둑을 체포하는 것은 경찰의 직책이다.

胜过 shèngguò 동 ~을 능가하다
예 对饭店的立场来说，顾客的满意胜过一切。 호텔의 입장에서, 고객의 만족이 무엇보다 최우선이다.

麻醉 mázuì 동 마취하다
예 医生给我妈做了麻醉。 의사는 엄마에게 마취를 했다.

无情 wúqíng 형 인정사정없다, 무자비하다
예 她无情地拒绝了我的要求。 그녀는 인정사정없이 내 부탁을 거절했다.

射向 shèxiàng 동 (~을) 쏘다
예 他把子弹射向了野猪。 그는 총알을 멧돼지에게 쏘았다.

紧跟 jǐngēn 동 바싹 뒤따르다
예 年轻人要紧跟时代的步伐。 젊은 사람은 시대의 보폭을 바싹 뒤따라야 한다.

2

以前，有个青年在美国某石油公司工作，他每天巡视并确认石油罐盖有没有自动焊接好。石油罐在输送带上移动至旋转台上，焊接剂便自动滴下，沿着盖子回转一周。这个过程，枯燥无味。他想创业，又无其它本事。他发现罐子旋转一次，焊接剂滴落39滴，焊接工作便结束了。一天，他想到：如果能将焊接剂减少一两滴，可以节省多少成本？

经过努力，他终于研制出37滴型焊接机。可利用这种机器焊接出来的石油罐，偶尔会漏油。他没有灰心，继续研制出"38滴型"焊接机。公司对他评价很高，生产了这种机器，改用新的焊接方式。"一滴"焊接剂带给了公司每年5亿美元的新利润。

他就是后来掌握全美制油业95%实权的石油大王——洛克·菲勒。

예전에, 미국의 모 석유회사에서 일하는 한 젊은이가 있었다. 그는 석유관 뚜껑이 제대로 자동 용접되는지를 매일 순시하며 확인했다. 석유관이 컨베이어 벨트에서 회전 플랫폼까지 이동하고 용접제는 자동으로 떨어져 뚜껑을 따라 한 바퀴를 회전한다. 이 과정은 무미건조했다. 그는 창업하고 싶었으나, 별다른 재주가 없었다. 그는 관이 한 번 회전하면 용접제가 39방울 떨어지는 것으로 용접 일이 끝난다는 것을 발견했다. 어느 날, 그는 만약 용접제를 1~2방울 줄일 수 있다면 원가를 얼마나 절감할 수 있을까?라는 생각을 했다.

연구한 끝에, 그는 드디어 37방울형 용접기계를 개발했다. 하지만 이 기계를 사용하여 용접된 석유관은 가끔 기름이 샜다. 그는 낙담하지 않고, 계속 '38방울형' 용접기계를 개발해냈다. 회사는 그를 높이 평가했고, 이 기계를 생산하여 새로운 용접방식으로 사용하였다. '한 방울' 용접제는 회사에 매년 5억 달러의 새로운 이윤을 주었다.

그는 바로 훗날 전미 제유업의 95% 실권을 장악하게 된 석유왕 록펠러다.

원문 분석

- **이 글의 키워드는?**
  용접제(焊接剂)

- **6요소 찾기**

① 언제? (시간)
  예전(以前)

② 어디서? (장소)
  미국 모 석유회사(美国某石油公司)

③ 이 글의 등장인물은? (누가)
  한 젊은이(有个青年)

④ 사건의 원인은? (왜)
  젊은이는 미국의 모 석유회사에서 석유관 뚜껑이 제대로 용접되는지를 확인하는 일을 했다. (青年在美国某石油公司工作，确认石油罐盖是否焊接好的。)

⑤ 사건의 경과는? (어떻게)
  그는 일의 과정이 무미건조하다고 느꼈고, 창업을 하고 싶어 용접기계를 연구 제조했다. 여러 번 실패 후, 마침내 성공했고, 회사는 그가 발명한 기계를 생산했다. (他觉得工作过程，枯燥无味，因此他想创业，研制焊接机。屡次失败后，终于获得成功，公司生产他发明的机器。)

⑥ 사건의 결과는? (무엇을)
  그가 발명한 용접제는 회사에 매년 5억 달러의 이윤을 주었다. 그가 바로 석유왕이다. (他研制的焊接剂带给了公司每年5亿美元的利润。他就是石油大王。)

모범 요약문

(총135자)

			以	前	，	一	个	青	年	在	美	国	某	石	油	公	司	工	作	是
查	看	石	油	罐	盖	是	否	焊	接	好	。	虽	然	枯	燥	，	但	他	没
其	它	本	事	。	他	发	现	石	油	罐	子	旋	转	一	次	，	焊	接	剂
滴	39	滴	。	通	过	努	力	，	他	发	明	了	37	滴	焊	接	机	，	但
会	漏	油	。	最	后	他	研	制	出	38	滴	焊	接	机	，	带	给	公	司
每	年	5	亿	美	元	的	利	润	。										
		他	就	是	石	油	大	王	洛	克	·	菲	勒	。					

해석 예전에, 한 젊은이가 미국의 모 석유회사에서 하는 일은 석유관 뚜껑이 제대로 용접되고 있는지 검사하는 것이었다. 비록 무미건조했지만, 그는 다른 재주가 없었다. 그는 석유관이 한 번 회전할 때, 용접제가 39방울 떨어지는 것을 발견했다. 그는 노력 끝에 37방울 용접기계를 개발했으나, 석유가 샜다. 마지막에 그는 38방울 용접기계를 개발해 회사에 매년 5억 달러의 이윤을 주었다.

그가 바로 석유왕 록펠러다.

필수 어휘

巡视 xúnshì 툉 순시하다(각지를 돌며 시찰하는 것을 가리킴)
  예 总统巡视了很多中小学及大学并与学生进行了交谈。 대통령은 많은 초중등 및 대학교를 순시했고, 또한 학생들과 이야기를 나누었다.

确认 quèrèn 툉 확인하다
  예 请确认一下是否受到了邮件。 우편물을 받았는지 확인해 보세요.

焊接 hànjiē 툉 용접하다
  예 焊剂的使用大大提高了焊接的效率。 용제의 사용은 용접의 효율을 크게 향상시켰다.

旋转 xuánzhuǎn 툉 빙빙 돌다
  예 地球是绕着太阳不停地旋转的。 지구는 태양을 에워싸고 끊임없이 빙빙 돈다.

枯燥无味 kūzào wúwèi 무미건조하다
  예 群众不欢迎他们枯燥无味的宣传。 군중은 그들의 무미건조한 선전을 환영하지 않았다.

滴落 dīluò 툉 (액체 등이) 뚝뚝 떨어지다
  예 久旱逢甘雨滴落下。 오랜 가뭄 끝에 단비가 뚝뚝 떨어진다.

成本 chéngběn 명 원가, 생산 비용
  예 产品的成本随着生产率提高而递减。 상품의 원가는 생산율에 따라 올라가고 줄어든다.

掌握 zhǎngwò 툉 장악하다, 파악하다
  예 这台机器看起来复杂，其实不难掌握。 이 기계는 복잡해 보이지만, 사실은 파악하는데 어렵지 않다.

3 　　古时候，一个理发师到宰相家里为他修剪眉毛时，因过分紧张，不小心把宰相的眉毛给刮掉了。他深知宰相必然会怪罪下来，急中生智，猛然醒悟！他连忙停下，故意两眼直愣愣地看着宰相的肚皮，仿佛要把宰相的五脏六腑看个透似的。

　　宰相见他这模样，迷惑地问道："你为什么光看我的肚皮？"

　　理发师说："都说宰相肚里能撑船，我不明白大人的肚皮怎么能装得下一艘船呢？"

　　宰相说："那是说宰相的气量大，能容忍小事情。"

　　这时，理发师跪在地上说："小的该死，刚才将您的眉毛刮掉了！请您千万恕罪。不要把小的治罪啊！"

　　宰相不禁大怒，但冷静一想：自己怎能为这小事治他罪呢？于是，他温和地说："你拿笔把眉毛画上吧。"

옛날에, 한 이발사가 재상 집으로 가서 그의 눈썹을 다듬다가 지나치게 긴장을 해 실수로 재상의 눈썹을 밀어버렸다. 그는 재상이 분명히 죄를 물을 것을 잘 알고 있었기에, 다급하면 좋은 생각이 떠오른다고, 갑자기 깨달았다! 그는 다급히 멈추고, 일부러 멍하게 재상의 배를 바라보았는데, 마치 재상의 오장육부를 꿰뚫어 보는 듯했다.

재상은 그의 이런 모습을 보고 어리둥절하며 "어인 일로 내 배만 바라 보고 있는가?"라고 물었다.

이발사는 "사람들은 재상님의 뱃속은 노를 저을 수 있다고 하나, 저는 나리의 배에 어찌 배 한 척을 담을 수 있는지 이해가 되지 않는뎁쇼?"라고 말했다. 재상은 "그것은 재상의 도량이 넓어 소소한 일들은 용인할 수 있다는 것을 말하는 것이라네."라고 답했다.

이때, 이발사는 무릎을 꿇고 "소인 죽을죄를 지었사옵니다. 방금 나리의 눈썹을 밀어 버렸습니다! 재상 나으리 제발 잘못을 용서해 주십시오, 사소한 일로 처벌하지 말아 주십시오!"라고 하소연을 했다.

재상은 분노를 참지 못했지만, 냉정하게 생각을 했다. 자신이 어찌 이런 사소한 일로 벌할 수 있단 말인가? 그래서 재상은 온화하게 "붓을 가져와 눈썹을 그리라."라고 말했다.

원문분석

- 이 글의 키워드는?
  이발(理发)

- 6요소 찾기
  ① 언제? (시간)
  　옛날(古时候)
  ② 어디서? (장소)
  　재상의 집(宰相家)
  ③ 이 글의 등장인물은? (누가)
  　재상(宰相), 이발사(理发师)
  ④ 사건의 원인은? (왜)
  　이발사가 재상을 이발하다. (理发师给宰相理发。)
  ⑤ 사건의 경과는? (어떻게)
  　이발사가 부주의로 재상의 눈썹을 밀어버렸다. 그는 재상에게서 죄를 면할 좋은 묘책을 생각하였고, 재상의 배에 어떻게 배 한 척을 담을 수 있는지 물었다. 재상은 자신의 도량이 넓어 소소한 일들은 용인하기 때문이라고 말했다. 이발사는 재상의 말을 듣고 재상에게 잘못한 일의 용서를 구했다. (理发师不小心刮掉宰相的眉毛。他妙计夸宰相来脱罪，他问了宰相肚里怎能装下船。宰相说了因为宰相的气量大，能容忍小事情。理发室听到宰相的话向宰相求饶犯罪的事。)
  ⑥ 사건의 결과는? (무엇을)
  　재상은 어쩔 수 없이 이발사에게 붓으로 눈썹을 그려 넣으라고 하였다. (宰相不得不让他用笔画上眉毛。)

모범요약문

(총135자)

		古	时	候	,	理	发	师	在	宰	相	家	里	不	小	心	刮	掉	了
宰	相	的	眉	毛	。	他	急	中	生	智	,	故	意	盯	着	宰	相	的	肚
子	。	宰	相	不	解	。	他	说	,	宰	相	肚	里	能	撑	船	,	您	怎
能	装	下	船	呢	?	宰	相	说	,	那	是	形	容	宰	相	的	气	量	大	。
理	发	师	忙	跪	地	求	饶	,	说	宰	相	的	眉	毛	被	刮	掉	了	。
宰	相	很	生	气	,	可	想	到	刚	说	的	话	,	怎	能	因	小	事	治
他	罪	呢	,	于	是	让	他	拿	笔	画	上	眉	毛	。					

해석 옛날에, 이발사가 재상 집에서 부주의로 재상의 눈썹을 밀어버렸다. 그는 몹시 놀라 급하게 묘책을 하나 떠올렸고, 일부러 재상의 배를 쳐다보았다. 재상은 이해가 되지 않았다. 이발사는 재상님의 뱃속에는 노를 저을 수 있다는데, 어찌 배 한 척을 담을 수 있습니까?라고 말했다. 재상은 그것은 재상의 도량이 넓다는 것을 묘사한 것이라고 알려주었다. 이발사는 재빨리 무릎을 꿇어 용서를 구했고, 재상의 눈썹을 밀어버렸다고 말했다. 재상은 매우 화가 났으나, 방금 한 말이 생각났고, 어찌 사소한 일 때문에 그를 벌할 수 있겠는가 싶어서 이발사에게 붓을 가져와 눈썹을 그려 넣으라 했다.

필수 어휘

宰相 zǎixiàng 명 재상(고대에 군주를 보좌하고 국사를 주관했던 최고 관리)
　예 大人不把小人怪，宰相肚里能行船。
　　대인은 소인의 범실을 탓할 수 없고, 재상의 배에는 배가 다닐 수 있다.

修剪 xiūjiǎn 동 (가지, 손톱 등을) 가위로 다듬다
　예 茶树修剪后又萌发新枝。 차나무는 가지를 쳐준 뒤에 새 가지가 다시 자란다.

过分 guòfèn 형 넘어서다, 지나치다
　예 这一点不宜过分强调。 여기는 조금도 지나치게 강조해서는 안 된다.

刮 guā 동 깎다, 벗기다
　예 他刮了胡子，像变了年轻人似的。 그는 수염을 깎으니, 젊은 사람 같아 보인다.

深知 shēnzhī 동 깊이 알다
예 **我深知其中的利害关系，所以一直沉默至今。** 나는 그 속의 이익과 손해관계를 잘 알고 있어서, 지금까지 줄곧 침묵했다.

急中生智 jízhōng shēngzhì 성 다급한 가운데 좋은 생각이 떠오르다
예 **敌人来搜查，他急中生智，想出了一条脱身的妙计。** 적이 와서 수색하자, 그는 다급한 가운데 좋은 생각이 떠올라 몸을 빠져나오는 묘책을 생각해냈다.

猛然 měngrán 부 갑자기, 별안간, 돌연히
예 **那马猛然一惊，直立起来。** 그 말은 갑자기 놀라, 똑바로 일어섰다.

醒悟 xǐngwù 동 깨닫다, 각성하다
예 **听了他的话，我顿然醒悟。** 그의 말을 듣고, 나는 문득 깨달았다.

迷惑 míhuò 형 아리송하다, 어리둥절하다
예 **影片在高潮处突然定格，使观众迷惑不解。** 영화는 절정부분에서 갑자기 화면이 정지되었고, 관중들은 어리둥절하며 헷갈려 했다.

撑船 chēngchuán 동 삿대로 배를 젓다
예 **他深夜撑船渡河。** 그는 깊은 밤 삿대로 배를 저어 강을 건넜다.

气量 qìliàng 명 포용력, 도량
예 **作为领导他的气量过于狭小。** 지도자로서 그의 도량은 지나치게 좁다.

容忍 róngrěn 동 용인하다, 참다, 용납하다
예 **人们都应该采取容忍和克制的态度。** 사람들은 모두 용인과 억제의 태도를 취해야 한다.

恕罪 shùzuì 동 잘못을 용서해 주십시오
예 **我弄错了，请大家恕罪。** 제가 틀렸습니다. 여러분 저의 죄를 용서해 주십시오.

大怒 dànù 동 크게 성내다
예 **我妈一听到消息就大怒。** 엄마는 소식을 듣자마자 격노했다.

温和 wēnhé 형 (성격·태도가) 부드럽다, 온화하다
예 **我丈夫性情很温和，从来没跟我吵过架。** 내 남편은 성격이 매우 온화하여 지금까지 나와 싸운 적이 없다.

---

4 기출

　　在美国的一个小镇上，有一名厨师叫马克，他的烹饪水平一直不错，在一家叫好莱坞的餐厅做了两年的厨师。他最大的爱好就是买彩票，虽然他一直没有中过大奖。

　　2009年2月，幸运之神居然降临到他头上，他中了五百万美元的大奖。在经济危机的情况下，他成了小镇最幸运的人。中奖的那个晚上，他在自己工作的餐厅请客。他亲自下厨，和大家一起庆祝。

　　在那个狂欢的晚上，所有人都玩得很开心，只有饭店老板约翰有些难过，因为他得开始计划重新招聘一名厨师了，他想马克肯定不会继续干这份工作了。

　　第二天，就在约翰拟好招聘广告之后，一个熟悉的身影出现了。马克居然回来了。他不仅回来了，还风趣地说："我走到哪里都是厨师，你们休想把我丢进那些豪华会所。"

　　于是，马克又吹着口哨开始了他的工作。

미국의 작은 마을에 마르크라 부르는 요리사 한 명이 있다. 그의 요리수준은 줄곧 나쁘지 않았고, 할리우드라 불리는 식당에서 2년간 요리사를 하고 있었다. 그의 가장 큰 취미는 복권을 사는 것이지만, 당첨된 적은 없었다.

2009년 2월, 행운의 여신이 뜻밖에도 그를 찾아와, 그는 5백만 달러라는 대상에 당첨되었다. 경제위기의 상황에, 그는 작은 마을에서 제일 운이 좋은 사람이 되었다. 당첨된 날 저녁, 그는 자신이 일하는 식당에서 접대했다. 그는 직접 요리를 하여 사람들과 같이 축하했다.

마음껏 즐긴 그날 저녁, 사람들은 모두 즐겁게 놀았고, 단지 식당 주인 존슨만이 조금 괴로워했다. 왜냐하면, 그는 요리사 한 명을 다시 모집하는 계획을 시작해야 했고, 마르크가 분명히 이 일을 계속하지 않을 것이라고 생각했다.

이튿날, 존슨이 모집광고를 낸 후, 익숙한 그림자가 나타났다. 마르크가 뜻밖에도 온 것이다. 그는 돌아왔을 뿐만 아니라, 익살스럽게 "나는 어디를 가도 요리사이니, 나를 그런 호화로운 장소로 버릴 생각은 하지도 마세요."라고 말했다.

그리고 마르크는 휘파람을 불며 일을 시작했다. 빠르게 식당 안의 손님도 많아졌다. 사람들은 마르크가 여전히 식당에서 일하는 것을 발견하고는 모두 매우 놀라워했다. 어떤 사람이 그에게 "그렇게 돈이 많아졌는데, 이 식당을 사서 주인

很快，饭店里的客人也多起来了，当人们发现马克依然在这里工作时，都很惊讶。有人问他，"你变得那么有钱，干吗不把这家餐厅买下来，然后自己做老板，这样不是很好吗？"马克笑着说："像购买这家餐厅成为老板这种事情，我是不会干的，因为这是约翰最喜欢干的事情，我如果买下这家餐厅，那不意味着约翰要失业并失去快乐了吗？既不能给我带来快乐，还有可能夺走别人快乐的事情，我为什么要这么做呢？"

이 되지 않고 무엇합니까, 그렇게 하면 좋지 않습니까?"라고 물었다. 마르크는 웃으면서 "이 식당을 사서 주인이 되는 일 같은 건, 내가 할 수 없는 일입니다. 왜냐하면, 이것은 존슨이 제일 좋아하는 일인데, 내가 만약 이 식당을 산다면, 그것은 존슨이 직업을 잃고 즐거움을 잃는다는 것을 의미하지 않습니까? 나에게 즐거움을 줄 수 없을 뿐만 아니라, 다른 사람의 즐거움도 빼앗을 수 있는데, 내가 왜 이렇게 해야 합니까?"라고 말했다.

원문 분석

- **이 글의 키워드는?**
  복권에 당첨되다(中奖彩票)

- **단서 찾기**

① 이 글의 요약에 필요한 요소를 찾아보자. (누가, 언제, 어디서)
마르크, 식당 주인 존슨, 사람들(马克、饭店老板约翰、人们) – 2009년 2월, 경제위기 상황(2009年2月，经济危机的情况) – 할리우드라 불리는 식당(叫好莱坞的餐厅)

② 그렇다면 이 글의 흐름은? (키워드를 포함해서 판단하라)
마르크는 복권 사는 것을 좋아한다(발단-马克喜欢买彩票) – 행운의 여신이 찾아와, 그는 5백만 달러에 당첨되었다(전개-幸运之神降临，他中了五百万大奖) – 당첨된 후에도 여전히 요리사를 했다(절정-中奖后依然做厨师) – 마르크는 계속 요리사를 하고 싶어 했다(결말-马克一直想做厨师)

③ 이제 요약문의 스토리를 구상해보자.
요리사 마르크는 복권 사는 것을 좋아했지만, 줄곧 당첨되지 못했다. 경제위기 상황에서, 행운의 여신이 찾아와, 그는 5백만 달러에 당첨되었다. 사장인 존슨은 마르크가 복권에 당첨되었기 때문에 새로운 요리사를 찾으려 했다. 다음날 마르크는 여전히 식당으로 돌아와 요리사로 출근했다. 요리사를 하는 것은 마르크를 즐겁게 하는 것이다. (厨师马克喜欢买彩票，但一直没中。在经济危机的情况下，幸运之神降临，他中了五百万美元。老板约翰因马克中奖要找新的厨师。第二天马克仍然回饭店上班做厨师。做厨师能让马克快乐。)

모범 요약문

(총204자)

	马	克	在	好	莱	坞	餐	厅	做	了	两	年	厨	师	，	他	最	大
的	爱	好	是	买	彩	票	，	不	过	一	直	没	中	过	奖	。	在	20 09
年	经	济	危	机	的	时	候	，	幸	运	之	神	降	临	在	他	身	上，
他	居	然	中	了	五	百	万	美	元	。	中	奖	的	那	晚	，	他	请大
家	吃	饭	庆	祝	。	但	他	的	老	板	约	翰	却	担	心	因	此	还需
要	找	一	个	新	厨	师	。	没	想	到	的	是	，	第	二	天	马	克居
然	又	回	饭	店	上	班	了	。	人	们	觉	得	很	奇	怪	，	为	什么
他	不	把	餐	厅	买	下	来	呢	？	马	克	解	释	说	，	如	果	我当
了	老	板	，	约	翰	就	会	因	失	业	而	难	过	。	开	餐	厅	当老
板	是	约	翰	快	乐	的	事	情	，	而	做	厨	师	是	让	自	己	快乐
的	事	情	。															

해석 마르크는 할리우드 식당에서 2년간 요리사로 일했다. 그의 가장 큰 취미는 복권을 사는 것인데, 줄곧 당첨된 적은 없었다. 2009년 경제위기 때, 행운의 여신이 그를 찾아와, 그는 뜻밖에 5백만 달러에 당첨됐다. 당첨된 그날 저녁, 그는 사람들에게 식사를 대접하며 경축했다. 그러나 그의 사장 존슨은 새로운 요리사를 다시 찾아야 해서 걱정을 했다. 생각지도 못하게, 이튿날 마르크는 뜻밖에도 다시 식당에 출근했다. 사람들은 그가 왜 식당을 사지 않는지?를 매우 이상하게 생각했고, 마르크는 만약에 내가 사장이 되면, 존슨은 직업을 잃고 힘들게 보낼 것이라고 설명했다. 식당을 열어서 사장이 되는 것은 존슨에게 즐거운 일이고, 요리사는 자신에게 즐거운 일이라고 했다.

필수 어휘

烹饪 pēngrèn 동 (음식을) 만들다, 요리하다
예 他的烹饪技术越来越高超。 그의 요리 실력은 점점 훌륭해지고 있다.

彩票 cǎipiào 명 복권
예 他买彩票中了个一等奖，可算是发洋财喽！ 그가 산 복권이 1등에 당첨되어서, 뜻밖에 큰 돈을 벌었다!

招聘 zhāopìn 동 (공모의 방식으로) 모집하다, 초빙하다
예 我们公司正在招聘有经验的经理。 우리 회사는 지금 경력있는 책임자를 모집하고 있다.

风趣 fēngqù 형 (말이나 문장이) 유머스럽다, 재미있다
예 他讲故事时生动风趣，大家都很喜欢听。 그는 이야기 할 때 생동적이고 재미있어서, 모두들 듣기 좋아한다.

休想 xiūxiǎng 동 생각하지 마라, 기도하지 마라
예 做错了事情就休想逃避。 잘못을 저지르고 바로 피할 생각하지 마라.

豪华 háohuá 형 (건축·장식·설비 등이) 화려하다, 호화롭다
예 他们把婚宴的地址定在了本市最豪华的酒店。 그들은 결혼식 피로연 장소를 그 도시에서 제일 화려한 술집으로 예약했다.

依然 yīrán 부 변함없이, 여전히, 예전 그대로
예 尽管我好言相劝，她依然没有答应。 비록 내가 좋은 말로 충고해도, 그녀는 여전히 대답이 없다.

意味着 yìwèizhe 동 (어떤 뜻을) 의미하다, 뜻하다
예 他不来参加这个会，意味着他不同意这么做。 그가 이번 회의에 참여하지 않은 것은, 이렇게 하는 것에 동의하지 않는다는 뜻이다.

5

一艘货轮在一望无际的大西洋上航行。在船尾，有个黑人小男孩正干着杂活，突然他被绳索绊了一下，跌入海里。"救命啊！"没有人听见呼救声，而他的耳边只有汹涌的波涛声。货轮越行越远……

他在冰冷的海水里拼命地游，用尽力气挥动着瘦小的双臂，努力使头伸出水面，睁大眼睛盯着轮船远去的方向。可是船越走越远，他什么都看不见了，陪伴他的只有海水。孩子实在游不动了，他觉得自己马上就要沉下去了。放弃吧，他对自己说。可这时，脑海里浮现出老船长慈祥的脸和友善的眼神。不，老船长一定会知道我掉进海里，一定会来救我的！ 想到这里，孩子鼓足勇气，用生命的最后力量又朝前游去……

老船长终于发现黑人孩子失踪了，当他断定孩子是掉进海里后，下令返航，回去找他。这时，有人劝说："都已经这么长时间过了，就是没有被淹死，也让鲨鱼吃了……"船长犹豫了一下，但最后还是决定回去搜救。又有人

화물선이 광활한 대서양을 항행하고 있었다. 선미에서, 흑인 소년이 잡일을 하고 있었는데, 갑자기 올가미에 걸려, 바닷속으로 떨어졌다. "살려주세요!" 아무도 구해달라는 소리를 듣지 못했고, 소년의 귓가에는 단지 세차게 솟아오르는 큰 파도 소리만 들렸다. 화물선은 항행할수록 멀어져 갔다…

그는 차디찬 바닷물 속에서 죽을 힘을 다하여 수영했고, 모든 힘을 다해 마르고 왜소한 양팔을 휘둘렀다. 열심히 머리를 수면 밖으로 내밀고 눈을 크게 떠 화물선이 멀어져 가는 방향을 주시했다. 하지만 화물선은 갈수록 멀어졌고, 그는 어떤 것도 보이지 않았다. 그와 함께 있는 것은 오직 바닷물이었다. 소년은 사실 수영을 하지 못해서 스스로 곧 가라앉을 것이라고 생각했다. 포기하자, 그는 스스로에게 말했다. 그러나 이때, 뇌리에 노인 선장의 자상한 얼굴과 다정한 눈빛이 생각났다. 아니야, 노인 선장은 분명히 내가 바닷속에 떨어진 것을 알 거야, 반드시 나를 구하러 올 것이야! 이렇게 생각하고, 소년은 용기를 내어 살아 있는 마지막 힘을 다해 다시 앞을 향해 수영해 갔다…

노인 선장은 마침내 흑인 소년이 실종된 것을 발견했다. 그때 그는 소년이 바닷속에 떨어졌다고 단정한 후, 귀항할 것을 명령하여 그를 찾으러 돌아갔다. 이때, 누군가 "이미 이렇게 긴 시간이 지났어요. 설사 물에 빠져 죽지 않았더라도, 상어에게 잡혀먹혔을 것이에요…"라고 설득했다. 노인 선장은 잠시 망설였지만, 결국 돌아가 수색하여 구조하기로 결정했다.

说：" 为一个小黑奴，值得吗？" 老船长生气道：" 他是一条生命！"

终于，在黑人小孩就要沉下去的最后一刻，老船长赶到了，孩子得救了。

孩子苏醒了，他跪在甲板上感谢船长的救命之恩。

老船长扶起孩子问他："孩子，你怎么能坚持这么长时间？"

孩子回答："我知道您会来救我的，一定会的！"

"你怎么知道我一定会来救你？"

"因为我知道您是这样的人！"

听到这话，老船长"扑通"一声跪下，泪流满面地说："孩子，不是我救了你，是你救了我啊！我为在那一刻的犹豫感到羞耻……"

또 누군가 "한 명의 흑인 노예를 위해 그럴 가치가 있습니까?"라고 말했고, 노인 선장은 "그는 하나의 생명이야!"라고 화를 냈다.

결국, 흑인 소년이 가라앉으려는 마지막 순간에, 노인 선장은 도착했고 소년은 구출되었다.

소년은 의식을 회복하였고, 그는 갑판에 무릎 꿇고 앉아 선장이 목숨을 살려준 것에 감사했다.

노인 선장은 소년을 부축해 일으키며 "애야, 어떻게 이렇게 긴 시간을 견디낼 수 있었니?"라고 물었다.

소년은 "저는 선장님이 저를 구하러 오실 줄 알고 있었어요, 반드시요!"라고 대답했다.

"너는 내가 반드시 올 거라고 어떻게 알았니?"

"왜냐하면, 저는 선장님께서 이런 분이라는 걸 알았으니까요!"

이 말을 듣고, 노인 선장은 '쾅' 소리를 내며 무릎을 꿇고, 얼굴에 눈물을 가득 채우고는 "애야, 내가 너를 구한 것이 아니라, 네가 나를 구한 것이구나! 나는 그 순간의 망설임이 부끄럽구나…"라고 말했다.

원문 분석

- 이 글의 키워드는?

  구조하다(救)

- 단서 찾기

① 이 글의 요약에 필요한 요소를 찾아보자. (누가, 언제, 어디서)

흑인 소년, 노인 선장, 어떤 사람(黑人小男孩子、老船长、有人) – 화물선이 항행하는 도중(一艘货轮在航行中) – 대서양(大西洋)

② 그렇다면 이 글의 흐름은? (키워드를 포함해서 판단하라)

소년이 바다에 빠졌다(발단-男孩子掉进大海) – 노인 선장은 소년이 빠진 것을 발견했다(전개-老船长发现男孩子掉海里了) – 노인 선장은 충고를 듣지 않고, 소년을 구하기로 결정했다(절정-老船长不顾劝说，决定救男孩子) – 소년은 구조되었다(결말-男孩子获救)

③ 이제 요약문의 스토리를 구상해보자.

한 흑인 소년이 부주의로 바닷가로 떨어졌다. 소년은 필사적으로 수영을 하였고, 노인 선장이 그를 구하러 오기만을 바랐다. 노인 선장은 소년이 바닷가에 빠진 것을 발견했다. 노인 선장은 충고에도 아랑곳하지 않았고, 배를 돌려 구조에 나섰다. 소년은 구조되어 배를 타고 돌아왔다. (一个黑人小男孩子不小心掉到海里。男孩子拼命地游，希望老船长来救他。老船长发现男孩子掉海里了。老船长不顾劝说，要返航搜救。男孩子被救上船来。)

(총254자)

모범 요약문

	一	艘	货	轮	在	大	西	洋	上	航	行	，	一	个	黑	人	小	男
孩	子	在	船	尾	干	活	时	，	不	小	心	掉	到	海	里	了	。	没	人
听	到	他	的	呼	救	，	男	孩	子	只	能	用	瘦	小	的	胳	膊	在	海
里	游	。	当	他	没	有	力	气	想	要	放	弃	时	，	他	想	到	了	老
船	长	，	坚	定	地	认	为	老	船	长	会	来	救	他	。	他	继	续	向
轮	船	远	去	的	方	向	游	去	。										
		老	船	长	发	现	男	孩	子	掉	到	海	里	后	，	决	定	返	航
搜	救	。	但	有	人	觉	得	男	孩	子	肯	定	已	经	不	在	了	。	老
船	长	犹	豫	后	，	仍	决	定	回	去	救	男	孩	子	。	终	于	，	在
男	孩	子	就	要	沉	下	去	的	时	候	，	他	获	救	了	。			
		老	船	长	问	他	为	什	么	能	坚	持	了	那	么	久	。	男	孩

子	说	,		他	觉	得	老	船	长	一	定	会	来	救	他	。		老	船	长	为
自	己	那	一	刻	的	犹	豫	而	感	到	羞	耻	。						

해석 화물선이 대서양에서 항행하고 있었는데, 한 흑인 소년이 선미에서 일할 때, 부주의로 바다에 빠졌다. 아무도 소년의 구조요청 소리를 듣지 못했고, 소년은 마르고 왜소한 팔을 사용해 바다에서 수영할 수밖에 없었다. 소년이 몸에 힘이 빠져 포기하려고 할 때, 그는 노인 선장이 생각났고, 노인 선장이 자신을 구하러 올 것이라고 확고하게 생각했다. 소년은 계속해서 기선이 멀어지는 방향을 향해 수영했다.

노인 선장은 소년이 바다에 빠진 것을 발견한 후, 귀항해서 수색 구조하기로 결정했다. 그러나 누군가는 소년이 분명히 없을 거라고 생각했다. 노인 선장은 망설인 후, 그래도 돌아가 소년을 구하기로 결정했다. 마침내, 소년이 가라앉으려 할 때, 그는 구조되었다.

노인 선장은 어떻게 그렇게 오랫동안 견뎌 낼 수 있었는지 물었다. 소년은 노인 선장이 반드시 자신을 구하러 올 것이라고 생각했다고 말했다. 노인 선장은 자신이 망설였던 순간 때문에 부끄러웠다.

필수 어휘

货轮 huòlún 명 화물선(주로 화물을 실어 나르는 데 쓰는 선박)
예 这艘货轮什么时候出发? 이 화물선은 언제 출항합니까?

一望无际 yíwàng wújì 성 아득히 멀고 넓어서 끝이 없다, 매우 광활하다
예 我喜欢坐在游轮上看一望无际的大海。
나는 유람선을 타고 매우 광활한 대해를 멀리 바라보는 것을 좋아한다.

汹涌 xiōngyǒng 동 (물이) 용솟음치다, 세차게 솟아오르다
예 海上呈现出一幅波涛汹涌的景色。 바다에 파도가 세차게 솟아오르는 경치가 보인다.

拼命 pīnmìng 부 필사적으로, 죽을 힘을 다하여
예 她拼命地加班工作，就是为了给家里的妹妹挣学费。
그녀가 죽을 힘을 다해서 야근하는 것은, 여동생의 학비를 벌기 위해서이다.

浮现 fúxiàn 동 (과거에 경험했던 일이) 떠오르다, 생각나다
예 我脑海中浮现出她害怕的样子。 내 머릿속에 그녀가 무서워하던 모습이 떠올랐다.

慈祥 cíxiáng 형 자상하다, 상냥하다
예 奶奶慈祥的面容永远留在我的脑海里。 할머니의 자상한 얼굴은 나의 머릿속에 영원히 남아있다.

眼神 yǎnshén 명 눈매, 눈빛, 눈맵시
예 从他的眼神里，我看到了悔意。 그의 눈빛에서, 나는 후회하는 마음을 보았다.

鼓足勇气 gǔzú yǒngqì 용기를 북돋우다
예 孩子犹豫了很久，终于鼓足勇气对妈妈表达。 아이는 한참을 주저하다가, 마침내 용기를 내어 엄마에게 표현했다.

断定 duàndìng 동 단정하다
예 我敢断定这都不是真的。 나는 이 모든 것이 거짓이라고 감히 단정한다.

返航 fǎnháng 동 (배·비행기 등이) 귀항하다
예 这支舰队在完成任务后，安全返航。 함대는 임무를 마치고, 안전하게 귀항했다.

淹死 yānsǐ 동 익사하다, 물에 빠져 죽다
예 他是游泳高手，曾救起过一个差点儿淹死的孩子。
수영 고수인 그는, 하마터면 물에 빠져 죽을 뻔한 아이를 구한 적이 있다.

搜救 sōujiù 동 수색하여 구조하다
예 他上个月参加了大地震的搜救工作。 그는 지난달에 대지진 수색 구조활동에 참여했다.

苏醒 sūxǐng 동 되살아나다, 의식을 회복하다, 소생하다
예 过了一会儿她翻了个身，然后慢慢苏醒过来。 잠시 후 그녀는 몸을 뒤척이더니, 천천히 의식을 회복했다.

跪 guì 동 (무릎을) 꿇다
예 他跪在地上，希望母亲能原谅他的罪行。 그는 바닥에 무릎을 꿇고, 어머니가 그의 범죄행위를 용서해주기를 바랐다.

扑通 pūtōng 의성 쿵, 풍덩(무거운 물건이 땅에 떨어지거나 물에 빠질 때 나는 소리)
예 扑通一声，他不小心掉到河里了。 풍덩 소리를 내며, 그는 부주의로 강물에 떨어졌다.

羞耻 xiūchǐ 형 수줍다, 부끄럽다, 수치스럽다
예 他真不知羞耻，明明说自己家里很穷。
그는 정말이지 부끄러움을 몰라서, 자신의 집이 가난하다고 분명히 말했다.

6

女孩儿在5岁那年就已经很懂事了。有一天，她听见爸爸妈妈在说弟弟的事。

她听到弟弟的病很严重，只有靠接受手术才能保住性命，不过那需要很多钱，家里已经一点儿钱也没有了。她听见爸爸用绝望的口气，轻声地对妈妈叹道："恐怕现在只有奇迹才能救得了他。"

女孩儿好像突然有了办法，她马上回到自己的房间，找出一个玻璃瓶子，把里面所有的零钱都倒了出来，仔细地数了三遍以后，又把硬币放回瓶子里，盖上盖子，然后悄悄地溜出门，向药店走去。

到了药店，她希望能够有店员过来招呼她，可是那个店员一直在跟另一个人说话，没理会她。女孩儿扭动双脚，在地面上摩擦着，弄出很大的声响来，还是没人理她。她用最招人厌烦的声音使劲清了清嗓子，还是没有作用。

最后她从瓶子里取出一枚一元的硬币，猛地往玻璃柜台上一拍。这次终于奏效了。"噢，你想要什么？"店员问道，"我正跟我弟弟说话呢，我们已经有好几年没见面了。"他只是随口一问，并没有等女孩儿回答他。

"嗯，我想跟您讲讲我弟弟的事。"女孩儿说，"他病得非常……非常重……所以我想买一个奇迹。"

"你说什么？"店员好奇地问。

"我弟弟的脑子里长了一个坏东西。爸爸说现在只有奇迹才能救得了他。药店这里有奇迹吗？多少钱一个？"

"小姑娘，我们这儿没有奇迹，非常抱歉，我帮不了你。"店员说，声音稍微柔和了一些。

"您听我说，我付得起钱。要是不够的话，我再回家去拿。您只要告诉我一个奇迹要多少钱。"

那个店员的弟弟穿得非常体面。他弯下腰，亲切地问小姑娘："你弟弟需要一个什么样的奇迹呢？"

"我不知道。"女孩儿的眼泪涌了出来，"我只知道他病得很重，妈妈说他需要动手术，可是爸爸拿不出钱，所以我想用自己的钱。"

소녀가 5살인 그 해에 이미 매우 영리했다. 어느 날, 소녀는 엄마 아빠가 남동생의 일을 얘기하는 것을 들었다.

소녀는 남동생의 병이 매우 심각하여, 수술을 받아야만 비로소 목숨을 유지할 수 있다고 들었다. 하지만 매우 많은 돈이 필요했는데, 집에는 이미 조금의 돈도 없었다. 소녀는 아빠가 절망적인 어조로 작게 엄마에게 "아마 지금으로선 기적이 있어야만 아들을 살릴 수 있을 거야."라고 탄식하는 것을 들었다.

소녀는 갑작스럽게 방법이 생긴듯, 곧 자신의 방으로 가서 유리병을 찾아 안에 있는 모든 잔돈을 쏟아냈다. 꼼꼼하게 세 번을 세어본 후, 다시 동전을 병 속에 넣어 뚜껑을 닫았다. 그런 후에 조용히 문을 빠져 나와 약국을 향해 갔다.

약국에 도착하고, 소녀는 점원이 자신에게 다가와 인사하기를 바랐다. 하지만 그 점원은 줄곧 다른 사람과 얘기를 했고, 소녀를 거들떠보지 않았다. 소녀는 두 발을 흔들어 바닥에 문지르며 매우 큰 소리를 냈으나, 여전히 소녀를 상대하는 사람은 없었다. 소녀는 사람이 짜증내는 소리를 모아 있는 힘껏 또렷하게 목소리를 냈으나, 소용이 없었다.

마지막에 소녀는 유리병에서 1위안의 동전하나를 꺼내어, 갑자기 유리 카운터를 향해 쳤다. 이번엔 마침내 효과가 있었다. "아, 무엇이 필요하니?" 점원이 물었다. "내가 지금 남동생과 얘기하고 있는 중이었어, 우리가 오랫동안 만나지 못했거든." 그는 단지 아무 생각 없이 물었고, 소녀가 대답하기를 기다리지도 않았다.

"아, 저는 제 남동생의 일을 얘기하고 싶어요." 소녀는 "남동생의 병이 너무… 너무 심각해서… 그래서 저는 기적을 사고 싶어요."

"너 무슨 말을 하는 거니?" 점원은 호기심에 물었다.

"제 남동생 머릿속에 나쁜 것이 자랐어요. 아빠가 지금으로선 기적만이 남동생을 살릴 수 있다고 말씀하셨어요. 이곳에 기적이 있나요? 하나에 얼마에요?"

"꼬마 아가씨, 여기에는 기적이 없어. 정말 미안하구나, 너를 도와줄 수가 없어." 점원은 다소 부드러운 목소리로 말했다.

"제 말을 들어보세요. 저는 돈을 낼 수 있어요. 만약 부족하다면, 집에 다시 가서 가져올게요. 단지 저에게 기적 하나가 얼마인지만 알려주세요."

그 점원의 남동생은 차림새가 매우 보기 좋았다. 그는 허리를 굽혀 친절하게 꼬마 아가씨에게 "네 남동생에게 어떤 기적이 필요하니?"라고 물었다.

"저도 몰라요." 소녀는 눈물이 쏟아졌다. "저는 단지 동생의 병이 심각하고, 엄마가 수술이 필요하다고 했어요. 하지만, 아빠는 돈이 없다고 해서, 제 돈을 쓰려고 한 것이에요."

"너는 얼마나 가져왔니?" 점원의 남동생이 물었다. "12위안 5마오요." 소녀는 대답했고, 작은 목소리로 거의 알아듣지 못하게 "제가 지금 이렇게 많이 있지만, 만약 부족하다면 더 가져올 수 있어요."라고 대답했다.

"와, 정말 대단하구나." 그 사람은 웃기 시작했다. "12위안 5마오, 너의 남동생에게 필요한 기적이 딱 맞게도 이 가격이구나."

"你带了多少钱?"店员的弟弟问道。"12块5毛。"女孩儿回答,声音低得几乎听不见,"我现在只有这么多,如果不够我还可以再去拿。"

"哇,真是太巧了。"那人笑了起来,"12块5毛,给你弟弟用的奇迹正好是这个价格。"

他一手接过钱,用另一只手拉着女孩儿的手,说:"带我去你家,我要看看你弟弟的情况,见见你的父母。看看我这儿是不是有你需要的奇迹。"

原来那个店员的弟弟是一位神经外科医生,他免费给女孩儿的弟弟做了手术,没过多久,女孩儿的弟弟就康复了。

事后,女孩儿的父母开心地谈起这件事,"那天的手术。"她母亲说,"的确是个奇迹,我真想知道那得花多少钱。"

女孩儿的脸上露出一丝微笑,她心里清楚奇迹的准确价格是12块5毛,可是她不知道的是,还要再加上一个孩子执着的信念。

그는 한 손으로 돈을 받고, 다른 한 손으로 소녀의 손을 잡아당겨 "나를 너의 집으로 데리고 가줄래, 내가 너의 남동생 상황을 좀 보고 부모님을 만나고 싶구나. 이곳에 네가 필요한 기적이 있는지 좀 봐야겠거든."

알고 보니 그 점원의 남동생은 신경외과의사였다. 그는 소녀의 남동생을 무료로 수술을 해줬고, 얼마 되지 않아, 소녀의 남동생은 회복했다.

일이 있은 후, 소녀의 부모는 기뻐하며 이 일을 얘기했다. "그날의 수술."에 그녀의 엄마는 "정말로 기적이로구나, 내가 얼마를 지불해야 하는지 알고 싶구나."라고 말했다.

소녀의 얼굴에는 약간의 미소가 비쳤고, 소녀의 마음에는 기적의 정확한 가격이 12위안 5마오라고 확신했다. 그러나 소녀가 몰랐던 것은, 한 아이의 간절한 신념이 더해졌다는 것이다.

원문 분석

• 이 글의 키워드는?
  기적(奇迹)

• 단서 찾기

① 이 글의 요약에 필요한 요소를 찾아보자. (누가, 언제, 어디서)
  여자아이, 엄마 아빠, 남동생, 점원, 점원의 남동생(女孩儿、爸妈、弟弟、店员、店员的弟弟) – 어느 날(有一天) – 약국(药店)

② 그렇다면 이 글의 흐름은? (키워드를 포함해서 판단하라)
  소녀는 기적만이 남동생을 살릴 수 있다는 것을 들었다(발단-女孩儿听到只有奇迹才能救弟弟) – 소녀는 남동생을 위해 기적을 사러 약국에 갔다(전개-她去药店为了弟弟买奇迹) – 약국에는 기적이라는 약이 없었다(절정-药店里没有奇迹这种药) – 소녀는 뜻밖에도 기적을 사게 되었고, 남동생을 구했다(결말-她意外地买到了奇迹, 把弟弟救活了)

③ 이제 요약문의 스토리를 구상해보자.
  소녀는 아빠 엄마의 이야기를 듣고, 기적만이 남동생을 살릴 수 있다는 것을 알았다. 소녀는 돈을 가지고 기적을 사러 약국에 갔다. 그러나 약국에는 기적이라는 약이 없었다. 하지만 소녀는 약국에서 점원의 남동생을 만났고, 그는 뜻밖에도 의사였다. 마침내 소녀는 기적을 샀고, 남동생을 구했다. (女孩儿听到爸爸妈妈谈话, 知道只有奇迹才能救弟弟。她拿了钱到药店买奇迹。但是药店里没有奇迹这种药。可她在药店里见到店员的弟弟, 他居然是个医生。结果她买到了奇迹, 把弟弟救活了。)

(총431자)

　　女孩儿虽然只有五岁，却已经很懂事了。有一天她听到爸妈在谈论弟弟的事儿。弟弟的病很严重，需要手术治疗，可是家里却没有做手术的钱，爸妈只能希望有奇迹出现。

　　女孩儿到自己的房间把零钱都拿出来，偷偷地跑出家，想去药店为弟弟买奇迹。店员正和他的弟弟聊天，并没理会女孩儿的出现。女孩儿用了好几种方法想引起店员注意过来招呼她，都没成功。最后，女孩儿把一元硬币很响地放在玻璃柜台上，店员才过来问女孩儿要买什么药。女孩儿说，为了能让弟弟尽快好起来，她拿着自己的钱来这里买奇迹。店员告诉她，药店根本没有奇迹这种药。幸运的是，店员的弟弟恰巧是个神经外科医生，听到了他们的对话，感受到女孩儿想救弟弟的心，他接受了女孩儿的12块5毛，并决定给女孩儿一个奇迹，亲自为她的弟弟做手术治病。

　　女孩儿的弟弟手术后慢慢地康复了。她的爸妈都很高兴、也很庆幸女孩儿买到了奇迹。虽然女孩儿知道自己花12块5毛买到了奇迹，但是她不知道的是，她的执着感动了那个店员的弟弟，才得到了奇迹。

해석 소녀는 비록 5살이지만, 이미 매우 영리했다. 어느 날 소녀는 부모님이 남동생의 일을 얘기하는 것을 들었다. 남동생은 병이 너무 심각해서 수술로 치료해야 하지만, 집에 수술할 돈이 없어 부모님은 기적이 나타나기만을 바랄 수 밖에 없다고 했다.

소녀는 자기 방에서 동전을 모두 가지고, 조용히 집을 뛰어나와 약국에 가서 남동생을 위해 기적을 사려고 했다. 점원은 그의 남동생과 얘기를 하고 있었고, 소녀가 나타난 것에 관심을 가지지 않았다. 소녀는 여러 방법을 동원해서 점원의 주의를 끌어 자신에게 아는척 하게 하고 싶었지만, 모두 성공하지 못했다. 마지막으로, 소녀는 1위안짜리 동전 하나를 소리 내며 유리카운터에 놓았고, 점원은 그제야 다가와 소녀에게 무슨 약이 필요한지를 물었다. 소녀는 남동생을 되도록 빨리 낫게 하기 위해, 자신의 돈을 가지고 이곳에 기적을 사러 왔다고 말했다. 점원은 소녀에게 약국에는 기적이라는 약이 없다고 말했다. 다행히도, 점원의 남동생이 마침 신경외과의사였는데, 그들의 대화를 듣고, 소녀가 남동생을 살리고 싶어 하는 마음을 느꼈다. 그는 소녀의 12위안 5마오를 받고, 직접 소녀의 남동생을 수술로 치료해서 소녀에게 기적을 주기로 결심했다.

소녀의 남동생은 수술 후 차츰 회복되었다. 그녀의 부모님은 매우 기뻐했고, 소녀가 기적을 사와서 다행스러워 했다. 비록 소녀는 자신이 12위안 5마오로 기적을 샀다고 알고 있지만, 소녀가 몰랐던 것은, 자신의 집요함이 그 점원의 남동생을 감동시켜 기적을 얻은 것이다.

필수 어휘 绝望 juéwàng 통 절망하다, 조금의 희망도 없다
  예 这是一件令人绝望的事情了。 이것은 사람을 절망하게 만드는 일이다.
悄悄 qiāoqiāo 분 은밀하게, 조용히, 소리 없이, 살며시
  예 他毛着腰悄悄地来到我身边。 그는 허리를 굽혀 살며시 내 곁으로 왔다.
理会 lǐhuì 통 거들떠보다, 아랑곳하다, 관심을 가지다
  예 你不要不理会他好吗？ 너는 그에게 무관심으로 대하지 않으면 안 되겠니?
扭动 niǔdòng 통 (몸을 좌우로) 흔들대다, 한들대다
  예 他不断地舞动，扭动着他的身体。 그는 끊임없이 춤추며, 그의 몸을 흔들었다.
猛地 měngde 분 갑자기, 돌연, 별안간
  예 狮子猛地向猎物扑过去。 사자는 갑자기 사냥감을 향해 달려들었다.
奏效 zòuxiào 통 효과가 나타나다, 효력이 생기다
  예 如果只用一种方法，可能很难奏效。 만약 한가지 방법만 사용한다면, 아마도 효력이 생기기 어려울 것이다.
柔和 róuhé 형 부드럽다
  예 她的歌声是那样柔和。 그녀의 노랫소리가 그토록 부드럽다.
体面 tǐmiàn 형 (얼굴이나 모양이) 보기 좋다, 아름답다
  예 你要出去的话，就得穿体面一些。 당신은 밖에 나가려면, 조금 보기 좋게 입어야 한다.
涌出 yǒngchū 통 솟아나 흐르다
  예 她的眼睛里涌出了喜悦的泪花。 그녀의 눈에서 기쁨의 눈물이 흘렀다.
康复 kāngfù 통 (건강을) 되찾다, 회복하다
  예 他的病只要坚持治疗就很容易康复。 그의 병은 지속적으로 치료 한다면, 매우 쉽게 회복된다.
执着 zhízhuó 통 집착하다, 집요하다, 매달리다
  예 他通过执着的努力，终于成为一名出色的律师。 그는 집요한 노력으로, 마침내 훌륭한 변호사가 되었다.

03 제목 짓기 공략

 p. 62~69

예제 1

你知道动物的尾巴有什么用处吗?
　　鱼的尾巴就像船上的舵，鱼儿游动的时候，要靠尾巴掌握前进的方向。牛的尾巴好比是一条鞭子。夏天，它总不停地甩来甩去。牛就是用它赶去叮在背上的苍蝇和蚊子的。狗的尾巴还能表示感情呢。它一见主人，尾巴就摇个不停。见到陌生人，它马上就会把尾巴竖起来，还发出"汪汪"的叫声。
　　动物的尾巴，真是各有各的用处啊!

당신은 동물의 꼬리에 어떤 쓰임새가 있는지 알고 있는가? 물고기 꼬리는 배의 방향타와 같다. 물고기는 헤엄칠 때, 꼬리로 나아갈 방향을 잡는다. 소의 꼬리는 채찍과 같다. 여름이면, 소는 계속해서 그것을 흔들어 댄다. 소는 그것으로 등에 붙어 있는 파리와 모기를 쫓는 것이다. 개의 꼬리는 감정을 나타낼 수 있다. 주인을 볼 때면, 꼬리를 끊임없이 흔들어 댄다. 낯선 사람과 만나면, 개는 바로 꼬리를 치켜세우며 '멍멍'하고 짖어댄다.
동물의 꼬리는 실로 각각의 쓰임새를 지니고 있다!

예제 2

　　有一次，我陪同一位外籍教师去学校的图书馆参观，图书馆的同学们都安安静静地坐着看书。两人往里面走了几步，外籍教师却突然站住不走了。我奇怪地问他怎么了，并做出邀请他往里走的手势。要知道，这所大学的图书馆是以历史悠久、建筑宏伟，环境优雅而著称的，它正式建馆已经九十年了。于是来我们大学的学者们，几乎都要参观这间图书馆。
　　而那位外籍教师却仍然站在原地不动。他指指自己的脚，摆了摆手，又朝周围正在埋头学习的同学看了看。我还没明白过来，只见外籍教师蹲下身去，迅速地脱掉皮鞋!然后把皮鞋拎在手里，脸上浮现出心安理得的松弛神情，光着脚往里走。原来，他是担心自己的皮鞋走在木地板上发出的声音打扰了同学们的学习!
　　那位外籍教师赤脚行走在图书馆阅览室里的小细节打动了我。从这个有几分"狼狈"、不那么有"尊严"的举动中，我看到的是一种可爱的谦卑，更是一种发自内心的对他人的尊重。

한번은, 내가 한 외국 국적의 선생님을 모시고 학교 도서관을 참관했는데, 도서관의 학생들은 모두 조용히 앉아서 책을 보고 있었다. 둘이 도서관 안에서 몇 걸음 걸었을 때, 외국 선생님은 갑자기 멈춰 서서 가지 않았다. 나는 이상해서 왜 그러시냐고 묻고는, 안으로 가시자는 자세를 취했다. 알아야 할 것은, 이 대학 도서관은 역사가 깊고, 건축물이 웅장하며, 환경이 뛰어난 것으로 유명했고, 정식 개관한 지는 이미 90년이나 되었다. 그래서 우리학교에 온 학자들은 대부분 이 도서관을 참관하려고 한다.
하지만 그 외국인 선생님은 여전히 그 자리에서 움직이지 않았다. 그는 자신의 발을 가리키며 손을 젓더니, 또 주위의 공부에 매진하고 있는 학생들을 보았다. 나는 여전히 이해 못한 채 그저 외국인 선생이 쪼그려 앉더니, 재빨리 구두를 벗어버리는 것을 볼 뿐이었다! 그러더니 구두를 손에 들고는 마음이 편해진 느긋한 표정을 얼굴에 보이며, 맨발로 안으로 걸어갔다. 알고 보니, 그는 나무 바닥 위를 걸을 때 자신의 구두가 내는 소리가 학생들의 공부를 방해할까봐 걱정이 됐던 것이다!
그 외국인 선생님이 맨발로 도서관 열람실을 걷는 이 사소한 행동이 내 마음을 움직였다. 이런 약간의 '낭패스러움'과 그다지 '존엄스럽지'않은 행동에서, 나는 역사적 경관을 대하는 귀여운 겸손과 내면에서 우러나오는 타인에 대한 존중을 보았다.

예제 3

　　小和尚满怀疑惑地去见师傅："师傅！您说好人坏人都可以改变，问题是坏人已经失去了人的本质，如何算是人呢？既不是人，就不应该改变他。"师傅没有立刻作答，只是拿起笔在纸上写了个"我"，但字是反写的，如同印章上的文字，左右颠倒。

　　"这是什么？"师傅问。

　　"这是个字。"小和尚说："但是写反了！"

　　"什么字呢？"

　　"'我'字！"

　　"写反了的'我'字算不算字？"师傅追问。

　　"不算！"

　　"既然不算，你为什么说它是个'我'字？"

　　"算！"小和尚立刻改口。

　　"既算是字，你为什么说它反了呢？"

　　小和尚怔住了，不知怎样作答。

　　"正字是字，反字也是字，你说它是'我'字，又认得出那是反字，主要是因为你心里认得真正的'我'字；相反的，如果你原不识字，就算我写反了，你也无法分辨，只怕当人告诉你那是个'我'字之后，遇到正写的'我'字，你倒要说是写反了！"师傅说："同样的道理，好人是人，坏人也是人，最重要在于你须识得人的本性，于是当你遇到恶人的时候，仍然一眼便能见到他的'天性'，并唤出他的'本质'，本质明白了，改变也就不难了！"

　　동자승이 의심에 가득 찬 채 사부님을 뵈러 가서는 "사부님! 좋은 사람과 나쁜 사람 모두 변할 수 있다고 말씀하셨는데, 문제는 나쁜 사람은 인간의 본질을 이미 잃어버렸는데, 어찌 사람이라 할 수 있겠습니까？ 사람이 아니니, 변화하지 않을 겁니다."라고 말했다. 사부님은 바로 답을 하지 않고 붓을 들어 종이에 '나'라고 썼는데, 글자를 거꾸로 써서, 마치 도장에 새겨진 글자처럼 좌우가 바뀌어 있었다.

　　"이것이 무엇이냐？" 사부가 물었다.

　　"이것은 글자입니다." 동자승이 말하길 "허나 거꾸로입니다!"

　　"무슨 글자더냐？"

　　"'나'라는 글자입니다!"

　　"거꾸로 쓴 '나'는 글자더냐 아니더냐？" 사부가 캐물었다.

　　"아닙니다!"

　　"아니라고 하면서, 너는 왜 그것을 '나'라고 하느냐？"

　　"맞습니다!" 동자승은 바로 말을 바꾸었다.

　　"맞는다고 하면서, 너는 왜 그것이 거꾸로라고 하는 것이냐？"

　　동자승은 얼이 빠져 어떻게 답을 해야 할지 몰랐다.

　　"제대로 쓴 글자도 글자요, 거꾸로 쓴 글자도 글자이니라. 너는 글자는 '나'라고 하면서 그것이 거꾸로인 것을 알았다. 네가 마음속으로는 올바른 '나'라는 글자를 알고 있기 때문이었느니라. 반대로, 만약 네가 원래 글자를 몰랐다면, 내가 거꾸로 썼다 하더라도 알 수가 없었을 것이니, 누군가가 그것이 '나'라는 글자임을 네게 알려준 뒤, 제대로 쓴 '나' 글자를 보고 네가 외려 글자가 거꾸로다!라고 말하는 것만이 우려되는 것이니라!" 사부는 "같은 이치로, 좋은 사람도 사람이고 나쁜 사람 역시 사람이다. 가장 중요한 것은 네가 인간의 본성을 반드시 알아야 한다는 것이다. 그래야 네가 나쁜 사람을 만나더라도 한눈에 그의 '천성'을 알아보고, 그의 '본질'을 불러낼 수 있을 테니까. 본질이 분명하면 변화는 어렵지 않다!"라고 말했다.

예제 4

　　香山公园位于北京西北郊，占地约有一百六十公顷，是一座着名的具有皇家园林特色的大型山林公园。园内地势险峻、峰峦叠嶂、林木繁茂、满目青翠、处处都是鸟语花香。

　　沿石阶蜿蜒而上，两边有很多参天的古树和怪石，因游客不多，所以上山速度较快。不多会儿我就满头大汗，气喘吁吁，正想找个地方歇歇脚，忽然眼前一晃，一个小黑影闪了过去，我忙顺着那个黑影闪过的方向看去，原来是一只小松鼠，人们都惊喜万分，迅速围靠过去，许多游人正向它投送食物，我连忙蹲下身去细看：只见那只松鼠的身体细长，体毛为深灰色，它那条又大又蓬松的尾巴竟然比它的身

　　향산공원은 베이징 서북쪽 교외에 있으며 면적은 약 160헥타르로, 유명한 황실 정원의 특색을 지닌 대규모 산림공원이다. 공원 내부는 급박한 지형, 이어지는 봉우리, 울창한 숲으로 사방이 푸르고 곳곳에서 새가 지저귀며 꽃향기가 풍긴다.

　　돌계단을 따라 굽이굽이 올라가면 양쪽에 하늘을 찌를 듯 우뚝 솟은 고목과 기암괴석들이 있는데, 관광객이 많지 않아 산을 오르는 속도도 빠른 편이다. 얼마 지나지 않아 나는 온통 땀에 젖어 헉헉거리며 좀 쉬어갈 곳을 찾으려 했는데, 갑자기 눈앞이 번쩍하면서 작은 검은 그림자가 휙 지나갔다. 나는 얼른 그 검은 그림자가 지나간 방향을 따라 시선을 옮겨 보니 작은 다람쥐였다. 사람들은 다들 놀라고 기뻐하며 재빨리 다가갔고 많은 여행객이 다람쥐를 향해 먹을 것을 던져 주었다. 나는 곧바로 몸을 숙인 채 자세히 살펴보았다. 그 다람쥐는 몸이 가늘고 길며, 털은 짙은 회색인 것을 보았다. 그 크고 덥수룩한 꼬리는 뜻밖에 몸보다 더 길지만 마치 보드라운 깃털처럼 때로는 가볍게 흔들거렸다. 그 작고 정교한 얼굴 위에는

体还长很多，象一团松软的大羽毛，不时地飘摆。在那娇小玲珑的脸上嵌着两颗黑珍珠般的眼睛，煞是惹人怜爱。这些跳跃在山间的小精灵，为游人又增添了一道可爱的风景和几分快乐的情趣，让人留连忘返。

香山还有许多著名的名胜古迹。如：香炉峰，见心斋，玉华岫，双清别墅，西山晴雪等。其中西山晴雪位于香山公园的半山亭北，虽经岁月沧桑，但由乾隆提笔的碑文"西山晴雪"却仍完好无损。相传有一年，一冬无雪，人春无雨。乾隆和大臣全都忧心忡忡，无心应事，便一同去香山打猎散心。乾隆忽然望见香山的一处山凹里竟有一片雪白，酷似被积雪覆盖。他很惊喜，赶紧过去细看。原是十万余株杏树正开得生机勃勃，那漫山遍野的杏花沁人心脾，不禁令人心旷神怡。

乾隆触景生情，欣然提笔"西山晴雪"。

두개의 흑진주 같은 눈이 박혀 있어 정말이지 너무나 사랑스러웠다. 이러한 산에서 뛰어다니는 이 작은 요정들은 여행객들에게 귀여운 풍경과 유쾌한 기분을 더해 주어 돌아가는 것도 잊은 채 계속 머무르게 했다.

향산에는 또 많은 유명한 명승고적이 있다. 예를 들면 향로봉, 견심재, 옥화수, 쌍청별장, 서산청설 등이 있다. 그중 서산청설은 향산공원 산 중턱 북쪽에 있는데, 비록 세월의 시련을 겪었으나, 건륭황제가 쓴 비문 '西山晴雪'은 오히려 아직도 완벽하게 보존되어 있다. 전해져 내려오는 말에 따르면, 어느 해인가 겨울에 눈이 내리지 않고 봄이 되어도 비가 오지 않았다. 건륭황제와 대신들은 모두 걱정스러운 마음에 일이 손에 잡히지 않자 함께 향산에 가서 사냥하며 기분 전환을 하고자 했다. 건륭황제가 갑자기 향산의 한쪽 푹 꺼진 곳에 새하얀 곳이 있는 것을 보게 되었는데, 마치 쌓인 눈에 덮인 듯했다. 그는 기뻐하며 재빨리 다가가 자세히 살펴보았다. 그곳에는 십만여 그루의 살구나무가 마침 활짝 피어 있었다. 그 온 산 가득한 살구꽃은 심신을 편안하게 하고 절로 사람의 기분을 유쾌하게 만들었다.

건륭황제는 눈앞의 전경을 보고 어떤 특별한 감정이 일어 선뜻 붓을 들어 '西山晴雪'이라 썼다.

TEST p. 70 ~ 72

1

一位著名的推销大师，他在城中最大的体育馆，做告别职业生涯的演说。

那天，会场座无虚席，人们在急切地等待着这位伟大推销员的精彩演讲。大幕徐徐拉开，舞台的正中央吊着一个巨大的铁球。主持人对观众说："请两位身体强壮的人到台上来。"转眼间已有两名动作快的年轻人跑到台上。推销大师这时开口了："请你们用这个大铁锤，去敲打那个吊着的铁球，直到把它荡起来。"一个年轻人先拿起铁锤，拉开架势，抡起大锤，全力向那吊着的铁球砸去。但一声震耳的响声后，那吊球却纹丝不动。他接着用大铁锤不断砸向吊球，铁球还是不动。很快他就气喘吁吁了。另一个人也不示弱，接过大铁锤把吊球打得叮当响，可是铁球仍旧一动不动。

유명한 판매왕이 도시의 가장 큰 체육관에서 은퇴 고별 연설을 했다.

그날, 체육관에는 빈자리가 없었으며, 사람들은 절실하게 이 위대한 판매왕의 멋진 연설을 기다리고 있었다. 막이 천천히 열리자, 무대 정 중앙에 거대한 쇠 공이 매달려 있었다. 사회자가 관중에게 "신체 건장하신 두 분만 무대 위로 모시겠습니다."라고 하자, 순식간에 벌써 동작이 재빠른 두 젊은이가 무대 위로 뛰어 올라왔다. 판매왕은 이때 "두 분께서는 이 큰 망치로 저기 매달려 있는 쇠 공이 흔들거릴 때까지 쳐주시기 바랍니다."라고 말했다. 한 젊은이가 먼저 망치를 들고는 자세를 잡고 망치를 휘두르며, 온 힘을 다해 그 매달려 있는 쇠 공을 내리쳤다. 하지만 귀가 먹을 정도의 소리가 난 후, 그 쇠 공은 전혀 움직이지 않았다. 그는 이어 큰 망치로 계속해서 쇠 공을 내리쳤으나, 쇠 공은 꿈쩍도 하지 않았다. 재빨리 그는 바로 호흡을 가쁘게 몰아 쉬었다. 다른 한 명도 약한 모습을 보이지 않고, 이어서 큰 망치로 쇠 공이 땡그랑 울릴 정도로 쳤으나, 쇠 공은 전혀 미동도 없었다.

这时，推销大师从上衣口袋里掏出一个小锤，对着铁球"咚"敲了一下，停顿一下，再用小锤"咚"敲了一下。人们奇怪地看着，推销大师就这样自顾自地不断敲下去。10分钟过去了，20分钟过去了，会场早已开始骚动，有的人干脆叫骂起来，人们用各种声音和动作发泄着不满。他却不闻不问，只管一小锤一停地工作着，大概在他进行到40分钟的时候，坐在前面的一个妇女突然尖叫一声："球动了！"接着，吊球在推销大师一锤一锤的敲打中越荡越高，它拉动着那个铁架子"哐哐"作响，它的巨大威力强烈地震撼着在场的每一个人。

推销大师开口讲话了。他的告别演讲只有一句话："在人生的道路上，很多简单的事情要重复做，如果你没有耐心去等待成功的到来，那么，你只好用一生的耐心去面对失败。"

이때, 판매왕이 호주머니에서 작은 망치를 꺼내더니 쇠 공에 '쿵'하고 쳤고, 잠시 뒤 또 작은 망치로 '쿵'하고 쳤다. 사람들은 이상한 눈으로 보고 있고, 판매왕은 그렇게 다른 사람은 전혀 상관 않는 듯 계속해서 내리쳤다. 10분이 흐르고, 20분이 흘렀다. 체육관은 이미 어수선해지기 시작했다. 어떤 이는 아예 욕을 하기 시작했으며, 사람들은 여러 목소리와 동작으로 불만을 토로했다. 하지만 그는 전혀 개의치 않고 오직 작은 망치만 일단 휘두르고 있었다. 대략 40분 정도 지났을 무렵, 앞자리에 앉았던 한 아주머니가 갑자기 소리를 질렀다. "쇠 공이 움직인다!" 이어서, 매달려 있던 쇠 공이 판매왕이 내려치는 망치에 흔들릴 수록 높이 움직였고, 쇠 공을 매달고 있는 그 쇠밧줄은 '쾅쾅'하며 소리를 냈는데, 그 거대한 위력이 강렬하게 현장의 모든 사람을 뒤흔들었다.

판매왕은 말을 하기 시작했다. 그의 고별 연설은 딱 한 마디였다. "인생이라는 길에서는 수많은 간단한 일이 반복되야 합니다. 만약 여러분이 참을성 없이 성공이 오기만을 기다린다면, 당신은 평생 인내심으로 실패와 마주할 수밖에 없습니다."

원문 분석

▶ 핵심 문장을 적어보자.
그의 고별 연설은 딱 한 마디였다. "인생이라는 길에서는 수많은 간단한 일이 반복되야 합니다. 만약 여러분이 참을성 없이 성공이 오기만을 기다린다면, 당신은 평생 인내심으로 실패와 마주할 수밖에 없습니다."(他的告别演讲只有一句话："在人生的道路上，很多简单的事情要重复做，如果你没有耐心去等待成功的到来，那么，你只好用一生的耐心去面对失败。")

▶ 제목으로 가장 적합한 것을 적어보자.
제목 1 : 간단한 일이 반복적으로 되어야 한다(简单事要重复做)
제목 2 : 성공은 끈기에서 나온다(成功源于坚持)

Tip • 부적합한 제목
① 推销大师(판매왕)
② 面对失败(실패에 직면하다)
③ 老人很有力气(노인은 매우 힘이있다)

필수 어휘 推销 tuīxiāo 동 널리 팔다 | 生涯 shēngyá 명 생애 | 座无虚席 zuòwú xūxí 빈자리가 없다 | 急切 jíqiè 형 절실하다 | 精彩 jīngcǎi 형 (언론, 문장 등이) 훌륭하다, 뛰어나다 | 大幕 dàmù 명 (극장 무대의) 말아서 올리고 내리는 막 | 徐徐 xúxú 부 천천히, 서서히 | 强壮 qiángzhuàng 형 (몸이) 튼튼하다, 건장하다 | 转眼间 zhuǎnyǎnjiān 부 눈 깜짝할 사이 | 铁锤 tiěchuí 명 망치 | 荡 dàng 동 요동하다, 흔들리다 | 拉开架子 lākāi jiàzi 권술의 처음 준비 자세를 취하다, 그럴 듯한 모양을 하다 | 砸 zá 동 (무거운 것으로 물체를 조준하여) 내리치다 | 震耳 zhèn'ěr 동 (소리가) 귀를 진동하다 | 纹丝不动 wénsī búdòng 형 조금도 움직이지 않다 | 气喘吁吁 qìchuǎn xūxū 형 숨이 가빠서 헐떡이는 모양 | 示弱 shìruò 동 (상대보다) 약한 모습을 보이다 | 叮当 dīngdāng 의 (금속, 도자기, 옥·장식 등이 부딪칠 때 나는 소리) 땡그랑, 달그랑 | 仍旧 réngjiù 부 여전히, 변함없이 | 一动不动 yídòng búdòng 꼼짝하지 않다 | 掏出 tāochū 동 (손이나 공구로) 끄집어 내다. 꺼내다 | 自顾自 zìgùzì 동 자기의 이익만을 꾀하고 남의 일은 상관하지 아니하다 | 骚动 sāodòng 동 어수선해지다 | 发泄 fāxiè 동 (불만, 감정 등을) 털어놓다 | 尖叫 jiānjiào 동 날카롭게 소리치다 | 哐 kuāng 의 (부딪쳐서 뒤흔들릴 때 나는 소리) 쾅, 꽝 | 威力 wēilì 명 위력 | 震撼 zhènhàn 동 뒤흔들다

2

　　小芳从护士学校毕业后，到一家私立医院干临时工，可她的手艺实在太差了，上班快一个月了，连一个点滴都没扎上过。这天，院长把小芳叫到办公室，训斥道："今天给你最后一次机会，如果还不能给患者扎上液，你就卷铺盖走人！"

　　小芳被院长这么一训，羞得满脸通红。走出院长室，她深吸了一口气，攥紧拳头给自己打气："小芳，加油！"接着便斗志昂扬地给患者扎针输液去了。患者们都领教过小芳的手艺，看到她来，实在怕得要命，纷纷不留情面地让小芳出去，嚷嚷着换人。

　　就在小芳倍感绝望的时候，突然，她发现需要扎液的病人名单上有一个新名字，这病人是新转进医院的，小芳到病房一看，他也许夜间没休息好，现在正睡得香甜。小芳蹑手蹑脚地走到那人跟前，绑上止血带，消毒，小心翼翼地一扎……天啊！失败了。

　　小芳见那人没醒，迅速地换了一条血管，扎！又没成功，小芳的汗珠子下来了，这可是自己最后的机会啊！

　　于是，小芳扎完左手扎右手，扎完左脚扎右脚……她越扎越紧张，越紧张越扎不上。半小时过去了，他手脚上的血管都被小芳"破坏"掉了，幸运的是，那人睡得很沉，还没醒来。无奈，小芳一边祈祷，一边在那人的脑袋上扎头皮针，这一针下去，那人"哎呀"一声疼醒了，怒骂道："啥破水平啊！你往哪儿扎呢！"

　　见病人发火，小芳再也忍不住，一边哭一边跑回了宿舍。就在小芳蒙着被子"呜呜"大哭时，忽听有人敲门，小芳抹了抹泪，打开门，只见院长领着一个男人站在门口。

　　那男人一见小芳，"扑通"一声跪在地上，感激地说："姑娘啊，谢谢啦！没想到我哥这躺了十年的植物人，让你给扎醒啦！"

샤오팡은 간호학교를 졸업한 후, 한 사립병원에서 임시직으로 근무했는데, 그녀의 솜씨가 너무 형편없어 출근한 지 한 달이 됐는데 링거조차도 제대로 꽂지 못했다. 이날, 원장이 샤오팡을 사무실로 불러 "오늘 마지막 한 번의 기회를 주겠어요. 만약 그래도 환자에게 링거를 못 꽂는다면, 아예 짐을 싸서 떠나세요!"라고 훈계를 했다.

샤오팡은 원장의 꾸지람에 부끄러워 얼굴이 온통 붉어졌다. 원장실을 나온 그녀는 크게 숨을 한 번 쉬고 주먹을 꽉 쥔 채 "샤오팡, 화이팅!"이라며 스스로에게 기운을 북돋고는 투지에 불타 환자에게 링거를 꽂으러 갔다. 환자들은 모두 샤오팡의 솜씨를 당해본 적이 있는지라, 그녀가 오는 것을 보고는 너무나 두려워하며, 다들 인정사정 없이 샤오팡에게 나가라고 하며 간호사를 바꾸라고 소리쳤다.

샤오팡이 절망감을 배로 느끼고 있을 때, 갑자기, 그녀는 링거를 꽂아야 할 환자 명단에 새로운 이름이 있는 것을 발견했는데, 이 환자는 병원에 새로 입원한 환자였다. 샤오팡은 입원실을 둘러보았고, 그는 아마도 밤에 제대로 쉬지 못하였는지, 마침 달게 잠을 자고 있었다. 샤오팡은 살금살금 그 사람 앞으로 다가가 지혈대로 묶고, 소독하고, 조심스럽게 바늘을 꽂았는데… 오 마이 갓! 실패했다.

샤오팡은 그 사람이 깨지 않는 것을 보고, 재빨리 혈관을 바꾸어서 꽂았다! 또 실패했다. 샤오팡은 땀을 흘렸다. 이것은 자신에게 주어진 마지막 기회이지 않은가!

그래서 샤오팡은 왼팔을 다 해본 뒤 오른팔에다 해봤고, 왼발을 다 해보고 오른발도 해봤다… 그녀는 바늘을 꽂을수록 긴장됐고, 긴장이 될수록 꽂아지지 않았다. 30분이 흘러, 그의 손과 발의 혈관은 모두 샤오팡 때문에 '망가져' 버렸다. 다행인 것은, 그 사람이 아주 깊게 잠들어 아직 깨지 않았다는 것이었다. 어쩔 수 없이, 샤오팡은 기도를 하며 그 사람의 머리에 바늘을 꽂았다. 바늘이 꽂히자 그 사람은 "아야" 소리를 내며 아파 깨어나서 "이렇게 덜 떨어질 수가 있나! 어디다 바늘을 꽂는 거야!"라고 화를 내며 욕을 해댔다.

환자가 화내는 것을 보자, 샤오팡도 더 이상 참지 못하고 울면서 숙소로 돌아갔다. 샤오팡이 베개로 가린 채 '엉엉' 대성통곡을 하고 있을 때, 갑자기 누군가 문을 두드리는 소리를 들었다. 샤오팡은 눈물을 닦으며 문을 열었는데 원장이 한 남자를 데리고 입구에 서 있었다.

그 남자는 샤오팡을 보더니 '털썩'하고 바닥에 무릎을 꿇었고, "아가씨, 고마워요! 제 형님은 10년간 누워 있었던 식물인간이었는데 뜻밖에도, 아가씨가 찔러서 깨웠어요!"라고 감격하며 말했다.

원문 분석

▶ 핵심 문장을 적어보자.
그러나 그녀의 솜씨가 너무 형편없어 출근한 지 한 달이 됐는데 링거조차도 제대로 꽂지 못했다.(可她的手艺实在太差了，上班快一个月了，连一个点滴都没扎上过。)

▶ 제목으로 가장 적합한 것을 적어보자.
제목 1 : 마지막 기회(最后一次机会)
제목 2 : 샤오팡의 주사기술(小芳的扎针技术)

Tip
- 부적합한 제목
① 临时工的成长(임시직의 성장)
② 扎针需要练习(링거는 연습이 필요하다)
③ 执着的小芳(집요한 샤오팡)
④ 神奇的医术(신기한 의술)

필수 어휘

点滴 diǎndī 명 점적주사(링거) | 训斥 xùnchì 동 나무라다, 질책하다 | 拳头 quántou 명 주먹 | 斗志昂扬 dòuzhì ángyáng 투지가 드높다 | 输液 shūyè 동 수액하다 | 领教 lǐngjiào 동 겪다, 경험하다 | 嚷嚷 rāngrang 동 떠들다, 시끄럽게 굴다 | 倍感 bèigǎn 동 더욱더 느끼다, 각별히 느끼다 | 蹑手蹑脚 nièshǒu nièjiǎo 성 발소리를 죽이고 조용히 걷는 모양 | 绑 bǎng 동 (끈이나 줄로) 묶다, 감다 | 止血 zhǐxuè 동 지혈하다 | 消毒 xiāodú 동 소독하다 | 汗珠子 hànzhūzi 명 땀방울 | 祈祷 qídǎo 동 기도하다, 빌다 | 怒骂 nùmà 동 노하여 욕을 퍼붓다, 노하여 꾸짖다 | 蒙 méng 동 덮다, 가리다 | 俺 ǎn 대 우리(듣는 사람을 포함하지 않음), 나

<新HSK 합격쓰기 6급>과
함께라면
당신의 6급 쓰기 고득점 취득이 쉬워집니다!
加油!

GRADE 2

단계별 요약 쓰기 연습
모범답안 및 풀이

01 중편 요약 쓰기 연습

p.74~81

연습 1

　　我毕业后在农村中学教语文。每天晚上我都去教室看学生们学习。一天，我发现圆圆在座位上哭泣，原来她放在课本里的100块钱不见了。对于农村的孩子来说，100块就是个天文数字。圆圆的爸爸在城里工作，所以，她的书包里常放些零食，难道是谁偷吃零食时顺手摸走了她的钱？

　　我看了看全班同学说："100块啊，对任何一个人来说都是很大的数目，那钱不是咱的，咱不能拿。我们可以原谅同学因一时贪念犯的错误。现在，我把灯关掉，每个同学都要从讲台那里摸索着走过去，希望拿了钱的同学把钱留下。没有人知道你是谁。灯亮之后，我们还是好孩子。"

　　我关上了灯。十分钟后，我打开了灯：桌上什么也没有！

　　再十分钟后，我第二次打开了灯：还是什么也没有！

　　"请同学珍惜最后一次机会，我不希望我的学生中会出现执迷不悟犯错误的人。"我的声音有些严厉，也有些无奈。

　　我第三次打开了灯：桌上放着一张崭新的百元大钞！

　　可我的泪怎么也控制不住流了下来。学校表扬我并写了一篇《教导有方》的评论发表在当地日报上。只有我知道，桌子上那100元钱是我刚领到手的一个月工资。

　　나는 졸업 후 농촌의 중학교에서 국어를 가르쳤다. 매일 저녁 나는 모든 교실에 가서 학생들이 공부하는 모습을 둘러보았다. 어느 날, 나는 위엔위엔이 자리에 앉아 흐느끼며 우는 것을 발견했다. 알고 보니 그녀가 교과서 안에 두었던 100위안이 보이지 않아서였다. 농촌 아이들에게 100위안은 천문학적인 숫자이다. 위엔위엔의 아버지는 도시에서 일을 하기 때문에 그녀의 책가방 안에 항상 조금의 간식을 넣어두었는데, 혹시 누가 먹을 것을 훔쳐가면서 그녀의 돈에도 손을 댄 것은 아닐까?

　　나는 반 학생들을 보며 말했다. "100위안은 어떤 한 사람에게는 매우 큰 금액이란다. 그 돈은 우리 것이 아니야, 우리가 가져서는 안 돼. 우린 한순간의 욕심으로 저지른 실수를 용서해 줄 수 있단다. 이제 불을 끄고 모든 학생은 교탁을 더듬으며 지나갈 거야. 돈을 가져간 학생은 돈을 남겨두길 바란다. 네가 누군지 아는 사람은 아무도 없어. 불을 켠 뒤에도, 우린 여전히 착한 학생이란다."

　　나는 불을 껐다. 10분 후, 불을 켰다. 탁자 위에는 아무것도 없었다!

　　다시 10분 뒤, 나는 두 번째로 불을 켰다. 여전히 아무것도 없었다!

　　"얘들아, 이제 정말 마지막 기회란다. 나는 내 학생 중에서 잘못을 고집하여 깨닫지 못해 실수를 범하는 학생이 없길 바란다." 나의 목소리는 매서우면서도 약간은 유감스러웠다.

　　나는 세 번째로 불을 켰다. 탁자 위에는 100위안짜리 새 지폐가 놓여 있었다!

　　그러나 내 눈물은 어떻게도 멈추지 못하였다. 학교는 나에게 표창을 했고, 또한《적절한 지도법》이라는 평론을 써서 지역 신문에 발표하였다. 단, 책상 위의 그 100위안의 돈은 내가 막 받은 내 한 달 급여라는 것을 나 혼자만이 알고 있다.

원문 분석

- 이 글의 키워드는?
  100위안(100元)
- 단서 찾기
  ① 이 글의 요약에 필요한 요소를 찾아보자. (누가, 언제, 어디서)
  　나, 위엔위엔, 반 학생(我、圆圆、全班同学) – 내가 졸업 후, 어느 날(我毕业后、一天) – 중학교 교실(中学教室)
  ② 그렇다면 이 글의 흐름은? (키워드를 포함해서 판단하라)
  　위엔위엔이 100위안을 잃어버리다(발단-圆圆丢了100元) – 100위안을 찾다(전개-找100元) – 탁자 위에 100위안이 놓여 있다(절정-桌上放着100元) – 100위안은 내 월급을 꺼냈던 것이다(결말-100元是我把工资拿出来的)
  ③ 이제 요약문의 스토리를 구상해보자.
  　나는 졸업 후 농촌의 중학교에서 교편을 잡았다. 학생 중 위엔위엔이 100위안을 잃어버렸다. 불을 끄

34　新HSK 합격 쓰기 6급

고, 돈을 가져간 학생에게 스스로 돌려주도록 했다. 첫 번째, 두 번째 불을 껐을 때에는 없었는데, 세 번째 불을 끄고서야 100위안이 나타났다. 사실 그 100위안은 내 월급을 꺼냈던 것이다.(我毕业后在农村中学教书。学生中圆圆丢了100元。关灯，让拿钱的同学主动交出。第一次，第二次关灯没有，但第三次关灯才出现100元。其实那100元是我把工资拿出来的。)

• 독해 후, 키워드와 사건의 전개에 따라 지문에 적합한 제목을 붙여라.
누가 100위안의 돈을 훔쳤을까?(谁偷了100元钱?)

모범요약문

(총217자)

谁偷了100元钱？
　　我毕业后在农村中学教语文。一天，圆圆在教室里因丢了100元而哭泣。难道有人在偷吃她的零食时，顺手拿了钱？
　　我说，如果交出来，可以得到原谅，而且我会把灯关掉，让同学们从讲台那里摸索着走，拿了钱的同学把钱留下。没人知道是谁。
　　第一次，桌上什么都没有。第二次，仍然没有。第三次，桌上终于有一张百元大钞。我却流下了眼泪。学校表扬我教育方法很出色，可是，那100元钱是我这个月的工资。

해석 누가 100위안의 돈을 훔쳤을까?
　나는 졸업 후 농촌의 중학교에서 국어를 가르쳤다. 어느 날, 위엔위엔이 교실에서 100위안을 잃어버려서 흐느끼며 울고 있었다. 누군가 그녀의 먹을 것을 훔쳐가며, 돈을 함께 가져간 것은 아닐까?
　나는 만약 돈을 돌려준다면, 용서해 줄 수 있다고 말했다. 그리고 나는 불을 끄고, 학생들에게 교탁을 더듬으며 지나가게 했고, 돈을 가져간 학생은 돈을 남겨놓으라고 했다. 아무도 누구인지 모르기 때문이다.
　첫 번째, 탁자 위에 아무것도 없었다. 두 번째, 여전히 아무것도 없었다. 세 번째, 드디어 탁자 위에 100위안짜리 새 지폐가 있었다. 그러나 나는 눈물을 흘렸다. 학교에서는 나의 교육 방식이 매우 훌륭하다고 표창했다. 하지만, 그 100위안의 돈은 나의 이번 달 월급이었다.

연습 2

　　这是美国东部一所大学期终考试的最后一天。一群工程学高年级的学生聚集在一起，讨论马上要开始的考试，他们充满了自信。因为这是他们参加毕业典礼和工作之前的最后一次测验了。
　　有些同学在谈论他们现在已经找到的工作；另一些同学则谈论他们可能会得到的工作。他们感觉自己已经准备好了，可以走出校门，走入社会去征服整个世界。
　　他们知道，测验将会很快结束，因为教授允许他们带着任何他们想带的课本或者笔记。只是要求他们在测验的时候不能交头接耳。
　　教授把试卷分发给同学们。当大家注意到只有五道评论类型的问题时，更有自信了。

　이는 미국 동부 한 대학의 기말고사 마지막 날이다. 공학과 고학년 학생들이 한자리에 모여있었는데, 곧 시작하는 시험을 이야기하고 있었다. 그들은 자신감이 넘쳤다. 왜냐하면 이 시험은 졸업식과 일을 시작하기 전의 마지막 시험이기 때문이다.
　몇몇 학생들은 이미 취직한 일에 대해 얘기했다. 다른 몇몇 학생들은 자신들이 구하게 될 일자리를 얘기했다. 그들은 자신을 스스로 모든 준비가 끝나 교문 밖으로 나갈 수 있으며, 사회로 나가면 세상을 정복할 수 있다고 생각했다.
　학생들은 시험이 빨리 끝날 것을 알고 있었다. 왜냐하면 교수가 그들이 가져오고 싶은 어떠한 교과서나 노트를 가져올 수 있도록 허락했기 때문이다. 다만 그들이 시험 중에는 컨닝을 할 수 없게 했다.
　교수는 학생들에게 시험지를 나눠주었다. 그들은 평론유형의 다섯 문제를 보고는 더욱 자신만만했다.
　세 시간이 흐른 뒤, 교수는 시험지를 걷기 시작했다. 학생들

三个小时过去了，教授开始收试卷。学生们看起来不再自信了，他们的表情很不自然，有点害怕。

教授看着同学们问道："请告诉我，你们完成五道题目的有多少人？"没有一只手举起来。

"完成四道题的有多少？"仍然没有人举手。

"三道题？两道题？"学生们开始有些不安，在座位上扭来扭去。

"那一道题呢？肯定有人完成一道题吧？"

但教室静得掉根针都能听见。大家默不作声。教授放下试卷，"这正是我期望得到的结果。"他说。

"我只想要给你们留下一个深刻的印象，即使你们已经完成了四年的工程学习，可还有很多你们都不知道。这些你们不能回答的问题是与每天的普通生活实践密切相关的。我只是希望你们记住——即使你们已经毕业了，你们的教育仍然是刚刚开始。"

随着时间的流逝，教授的名字已经被遗忘了，但是他教的这堂课却没有被遗忘。

은 더 이상 자신 없어 보였으며, 그들의 표정은 매우 부자연스럽고 약간은 두려워했다.

교수는 학생들을 보며 물었다. "너희들 중 다섯 문제 모두 답한 사람이 몇 명인지 알려주겠니?" 손을 든 학생은 한 명도 없었다.

"네 문제 모두 답한 사람은 몇 명이니?" 여전히 손을 든 학생이 아무도 없었다.

"세 문제는? 두 문제는?" 학생들은 조금 불안해지기 시작했고, 자리에서 이리저리 둘러보았다.

"그럼 한 문제는? 한 문제에 답한 사람은 당연히 있겠지?"

하지만 교실은 바늘이 떨어지는 소리가 들릴 정도로 조용했다. 그들은 침묵할 뿐 아무 말도 하지 않았다. 교수가 시험지를 내려놓으며, "이것이 내가 진정으로 바라던 결과다."라고 말했다.

"나는 너희에게 아주 깊은 인상을 남겨주고 싶었단다. 너희가 설령 4년 동안의 공학 공부를 모두 마쳤을지라도, 아직은 너희가 모르는 것이 매우 많단다. 너희가 대답하지 못한 이 몇 개의 문제는 매일 보통 생활에서의 실천과 밀접한 관계가 있는 것들이란다. 난 너희가 기억했으면 한다. 설령 너희가 이미 졸업을 했을지라도, 너희의 배움은 이제 시작한다는 것을 말이다."

시간이 유수처럼 빨리 흘렀고, 교수님의 이름은 이미 잊혀졌지만, 그가 가르친 이 수업은 오히려 잊혀지지 않았다.

원문 분석

- 이 글의 키워드는?
  시험(测验)

- 단서 찾기
  ① 이 글의 요약에 필요한 요소를 찾아보자. (누가, 언제, 어디서)
  학생들, 교수(同学们、教授) - 기말고사 마지막 날(期终考试的最后一天) - 미국 동부 한 대학(美国东部一所大学)
  ② 그렇다면 이 글의 흐름은? (키워드를 포함해서 판단하라)
  학생들이 시험 볼 준비를 하다(발단-同学们准备考试) - 답안지에 답을 적다(전개-答试卷) - 교수가 시험 본 상황을 묻다(절정-教授询问考试情况) - 인생의 도리를 얘기하다(결말-讲人生道理)
  ③ 이제 요약문의 스토리를 구상해보자.
  학생들은 시험에 참가했고, 시험에 자신감이 넘쳐흘렀다. 시험을 보고, 시험지를 걷은 후, 학생들은 모두 자신감이 없었다. 결과는 한 문제도 푼 사람이 없었다. 교수님은 마지막 수업에서 학생들에게 인생의 도리를 알려줬다.(同学们参加考试，对考试信心十足。考试、收卷后，同学们都不自信。结果是没人能做出一道考题。教授在最后一堂课上告诉学生们人生的道理。)

- 독해 후, 키워드와 사건의 전개에 따라 지문에 적합한 제목을 붙여라.
  마지막 시험(最后一次测验)

(총279자)

모범요약문

最后一次测验

　　期终考试的最后一天，同学们在讨论马上要参加的最后一次测验。教授允许同学们携带书本或笔记，但不可以交头接耳，大家都很有信心。当他们看到试卷只有五道题时，更觉得很简单。
　　可当教授开始收试卷时，他们没有一个人说话。教授让回答出五道题的人举手，可惜一个也没有。回答出四道题、三道题的人呢？还是没有。教授问，那回答出一道题的肯定有吧？仍然一个也没有，大家都不说话。最后教授说，这个答案就是他想给同学们上的最后一堂课，虽然大家马上毕业了，但还有很多东西都不知道，他们走上社会，教育其实才刚刚开始。

해석 마지막 시험

　　기말고사 마지막 날, 학생들은 이제 곧 볼 마지막 시험에 대해 이야기하고 있었다. 교수는 학생들이 교과서나 노트를 가져올 수 있게 허락했으나, 컨닝하는 것은 허락하지 않았다. 학생들은 모두 매우 자신 있었다. 학생들이 시험지에 다섯 문제뿐인 것을 보았을 때에는, 더 쉽다고 생각했다.
　　그러나 교수가 시험지를 걷기 시작했을 때, 그들은 아무도 말하지 않았다. 교수가 다섯 문제에 답한 사람은 손을 들어보라고 하자, 안타깝게도 아무도 없었다. 네 문제에 답한 사람, 세 문제에 답한 사람? 아무도 없었다. 교수가 그럼 한 문제라도 답한 사람은 당연히 있겠지?하고 물었다. 여전히 아무도 없었고, 모두 아무 말도 없었다. 교수는 마지막으로 이 답안은 그가 학생들에게 해주고 싶은 마지막 수업이며, 비록 모두 곧 졸업하지만, 여전히 많은 것들을 모르니, 학생들이 사회에 나가면 배움은 사실 이제 시작하는 것이라고 말했다.

연습 3

　　我家住在一楼，前不久，我看楼上的张婆婆晚上下楼不太方便，就在楼道里安了一个声控电灯。
　　刚安灯的那天晚上，我从外面回家时，见张婆婆正慢悠悠地摸着黑上楼。看她小心翼翼的样子，我生怕她有啥闪失，赶忙上前用脚一蹬，灯就亮了。整个楼道一下就亮堂了起来。
　　面对突如其来的亮光，张婆婆吓了一跳，抬头看了看说："这电灯是啥时安的？我咋不知道呢？咦，这电灯怎么不用手开关呢？"
　　我知道张婆婆说的是按钮开关，就说："这灯是声控的，不用开关，用脚在楼梯上一蹬就行。"
　　从那以后，我常听到张婆婆上下楼时蹬脚的声音。

　　우리 집은 1층에 산다. 얼마 전, 나는 위층에 사는 장씨 할머니께서 저녁에 아래로 내려오시는 것이 좀 불편해 보여, 바로 복도에 음성센서 등을 설치했다.
　　막 전등을 설치한 그날 밤, 내가 밖에서 귀가했을 때, 장씨 할머니께서 마침 느릿느릿 어둠 속을 더듬으며 올라가고 계셨다. 그녀의 조심스러운 모습을 보니, 나는 무슨 사고를 당하실까 염려되어 급하게 위로 딛고 올라서자 등이 켜졌다. 복도 전체가 순간 환해졌다.
　　갑자기 환해진 불빛을 마주한 장씨 할머니는 깜짝 놀라시며, 고개를 들고 쳐다보시면서 "이 전등은 언제 설치한 거야? 난 왜 몰랐지? 어, 이 전등은 왜 스위치가 없어?"라고 하셨다.
　　나는 장씨 할머니가 말씀하시는 것이 점등 스위치라는 것을 알고는 "이 전등은 음성센서라 켜고 끄는 것이 필요 없고 발로 계단을 오를 때 딛기만 하시면 돼요."라고 말했다.
　　그때부터, 나는 장씨 할머니께서 오르내리실 때 발을 내딛는 소리를 자주 들었다.

一天晚上，我到家时，又见张婆婆小心翼翼地、慢慢地摸黑上楼，我感到十分奇怪，不知张婆婆葫芦里卖的啥药，就上前问："张婆婆，你怎么不开灯呢？"张婆婆说："我今晚有事，上下好几次楼，结果把脚给蹬痛了。"

听她说完，我一下就笑了起来，想一想，这些老年人真不容易，年纪大了，腿脚也不方便，长期蹬脚也不是办法，不如把家里的那面破锣放在楼梯口，让他们上楼时只要敲一下锣就可以了。

我急忙回家拿出破锣绑在了楼梯口的栏杆上。

但哪知道，前天，张婆婆上楼时，忘了手中提着鸡蛋，用手一敲，"咣"的一声，灯是亮了，但手中装鸡蛋的袋子却全掉了。张婆婆忙用手去抓，鸡蛋没抓住，人却"哎哟"一声，一屁股坐在了地上。

随着张婆婆的那一声"哎哟"，我和妻子拉开门冲了出去。

我们忙扶起张婆婆。妻子看着满地的蛋黄、蛋清，埋怨我说：你看你出的馊主意！

어느 날 저녁, 집에 왔는데 또 장씨 할머니께서 조심스럽게 천천히 어둠 속을 더듬으며 올라가고 계신 걸 보고, 나는 몹시 이상한 생각이 들었다. 장씨 할머니께서 대체 무슨 생각이신지 몰라 바로 가서 "장씨 할머니, 왜 등을 안 켜세요?"라고 묻자, 장씨 할머니께서는 "내가 오늘 저녁에 일이 있어서, 여러 번을 오르락내리락 했더니, 발을 내딛는 게 아프더라고."라고 말씀하셨다.

장씨 할머니의 말씀을 듣고, 나는 순간 웃기 시작했다. 연세 드신 분들은 참 쉽지 않겠구나, 나이가 많아 다리도 불편한데 오랫동안 세게 발을 딛는 것도 방법이 아니니 차라리 집 안에 있던 그 망가진 징을 계단에 놓고, 그분들께서 올라가실 때마다 징만 한 번 치게 하는 것이 낫겠다는 생각이 들었다.

나는 빨리 집으로 들어가 망가진 징을 꺼내서 계단 입구 난간에 묶어 두었다.

하지만 어찌 알았겠는가, 그저께, 장씨 할머니께서 올라가실 때 손에 계란을 들고 계셨던 것을 잊고, 손으로 징을 쳤고, '꽝' 하는 소리와 함께 등이 켜졌지만, 손에 있던 계란을 담은 봉지가 오히려 전부 떨어져 버렸다. 장씨 할머니께서는 급하게 손으로 잡으려 했으나 계란은 잡지 못하고 그만 '아이쿠'하는 소리와 함께 엉덩방아를 찧으셨다.

장씨 할머니의 그 '아이쿠'하는 소리에, 나와 집사람은 문을 열고 뛰쳐나갔다.

우리는 급하게 장씨 할머니를 일으켰다. 아내는 온 바닥이 노른자, 흰자인 것을 보고는, 나에게 당신이 낸 이 어리석은 생각을 보세요!라고 불평했다.

원문 분석

- **이 글의 키워드는?**
  음성센서 등(声控电灯)

- **단서 찾기**

① 이 글의 요약에 필요한 요소를 찾아보자. (누가, 언제, 어디서)
   나, 장씨 할머니, 아내(我、张婆婆、妻子) - 얼마 전, 어느 날 저녁, 그저께(前不久、一天晚上、前天) - 복도(楼道)

② 그렇다면 이 글의 흐름은? (키워드를 포함해서 판단하라)
   음성센서 등을 설치하다(발단-安声控电灯) - 장씨 할머니가 음성센서 등을 사용하다(전개-张婆婆用声控电灯) - 징을 치는 방법으로 바꿔 음성센서 등을 사용하다(절정-换敲锣的方法用声控电灯) - 장씨 할머니가 이 때문에 넘어지다(결말-张婆婆因此摔跤)

③ 이제 요약문의 스토리를 구상해보자.
   장씨 할머니께서 계단을 오르내리시기 불편해서, 내가 음성센서 등을 설치했다. 장씨 할머니는 발을 내디뎌 음성센서 등을 이용했다. 나는 연세 드신 분에게는 불편하겠다는 생각을 했다. 그래서 나는 노인 분들이 사용하도록 징을 치는 방법으로 바꿨다. 어느 날, 장씨 할머니께서 올라가실 때 손에 물건을 들고 있었던 것을 잊어버리고, 손으로 징을 쳤다. 장씨 할머니가 이 때문에 넘어졌다.(张婆婆上下楼不方便，所以我按了个声控电灯。张婆婆蹬脚，使用声控电灯。我觉得这对老年人来说不方便。因此我换了敲锣的方法让他们用。有一天，张婆婆上楼时，忘了手中提着东西，用手一敲。张婆婆因此摔跤。)

- **독해 후, 키워드와 사건의 전개에 따라 지문에 적합한 제목을 붙여라.**
  복도의 음성센서 등(楼道里的声控电灯)

(총296자)

楼道里的声控电灯

　　前不久，我在楼道里安了个声控电灯。刚安上的那晚，我看到张婆婆抹黑上楼，我赶紧上前用脚一蹬，灯就亮了。张婆婆这才知道，原来楼道里装上了灯，只要发出声音就能控制。从那以后，她上下楼都会蹬蹬脚。

　　一天晚上，我看到张婆婆又在抹黑慢慢地上楼，非常奇怪。她告诉我因有事上下楼了好几次，把脚给蹬疼了。于是，我想到放家里的一个破锣，如果他们上楼的时候敲一下，灯也会亮。于是我把锣绑在了栏杆上。

　　可是前天，张婆婆忘记手里提着鸡蛋就去敲锣，结果她摔到地上，鸡蛋还撒了一地。妻子和我听见声音，冲出家门，把她扶起来。妻子看着这情况，埋怨我出的馊主意。

해석 복도의 음성센서 등

　　얼마 전, 나는 복도에 음성센서 등을 설치했다. 막 설치한 그날 밤, 나는 장씨 할머니께서 어둠 속을 더듬으며 올라가시는 것을 보고, 재빨리 앞으로 나아가 발로 내딛자 등이 켜졌다. 장씨 할머니는 그때야 복도에 등을 설치한 것과 소리를 내야 제어할 수 있다는 것을 아셨다. 그때부터, 그녀는 오르내릴 때마다 발을 내디뎠다.

　　어느 날 저녁, 나는 장씨 할머니께서 또 어둠 속을 천천히 더듬으며 올라가고 계신 걸 보고 몹시 의아해했다. 그녀는 일이 있어서 여러 번 오르락내리락 했더니, 발을 내딛기가 아프다고 말씀하셨다. 그래서 나는 집에 망가진 징을 놓고, 만약 그분들이 올라가실 때 한 번 치기만 하면 등도 켜질 것이라는 생각이 들었다. 그래서 나는 징을 난간에 묶어두었다.

　　그러나 그저께, 장씨 할머니는 손에 계란을 들고 있었던 것을 깜빡하시고 징을 쳤고, 결과 바닥에 넘어지셔서 계란이 바닥에 흩어졌다. 아내와 나는 소리를 듣고, 문을 박차고 나가 할머니를 일으켜 세웠다. 아내는 이 상황을 보고는, 내가 낸 어리석은 생각을 원망했다.

02 장편 요약 쓰기 연습

연습 1

　一天，一个贫穷的小男孩为了攒够学费正挨家挨户地推销商品，却没几个人购买他的东西，劳累了一整天的他此时感到十分饥饿，可是摸遍全身，也只有两毛钱。怎么办呢？他决定向下一户人家讨口饭吃。当一位美丽的女子打开房门的时候，这个小男孩却有点不知所措了，他没有要饭，只乞求给她一口水喝。这位女子看到他很饥饿的样子，就拿了一大杯牛奶给他。男孩慢慢地喝完牛奶，问道："我应该付多少钱？"年轻女子回答道："你一分钱也不用付。妈妈教导我们，施以爱心，不图回报。"男孩说："那么，就请接受我由衷的感谢吧！"说完，男孩向那个女子鞠了个躬，离开了这户人家。

　其实，男孩的妈妈一个人上班还要照顾三个孩子，他家里的经济状况太困难了，他靠推销商品根本没办法凑够学费，在敲开女子家的门时，男孩本来是打算退学的。可年轻女子让他感觉到了力量，让他重燃了上学的希望。他不仅感到自己浑身是劲儿，而且还看到上帝正朝他点头微笑，那种男子汉的豪气像山洪一样迸发出来。从那以后，他一边打工，一边学习。他非常努力勤奋，学习成绩一直都很突出，大学毕业后他成了大名鼎鼎的霍华德·凯利医生。他对每个病人都充满了爱心和责任，病人们都十分尊敬这个年轻的名医。

　数年之后，那位年轻女子得了一种罕见的重病，由于当地的医疗水平有限，医生们对她的病情束手无策。最后，她被转到大城市医治，由专家会诊治疗。已经是专家的男孩也正好参与了她的医治方案的制定。当看到病历上所写的病人的来历时，一个奇怪的念头霎时间闪过他的脑际。会不会是那个曾经帮助过自己的人呢？他马上起身直奔病房。

　来到病房，凯利医生一眼就认出床上躺着的病人就是那位恩人。他的心里充满了激动，这么多年来，一直鼓励自己的人就在眼前，可现在她却需要帮助。他立刻回到自己的办公室，决心一定要竭尽所能来治好恩人的病。他

어느 날, 한 가난한 남자아이가 학비를 모으기 위해 집집마다 물건을 팔러 다녔으나, 몇 안 되는 사람만이 그 아이의 물건을 샀다. 온종일 피곤함에 지친 그 아이는 이때 몹시 배고픔을 느꼈으나, 몸을 뒤져도 겨우 2마오(10센트)뿐이었다. 어떡하지? 그 아이는 다음 집에서 음식을 얻어먹기로 했다. 한 예쁜 여자가 문을 열자, 남자아이는 오히려 어쩔 바를 몰라 밥을 달라 하지 못하고, 물 한 모금만 달라고 했다. 여자는 남자아이가 매우 배고파하는 모습을 보고, 큰 컵으로 우유 한 잔을 가져다주었다. 남자아이가 천천히 우유를 다 마시고는 "제가 얼마를 드려야 하죠?"라고 묻자, 젊은 여자는 "한 푼도 안 내도 돼요. 엄마는 저희한테 사랑하는 마음을 베풀되 보답을 바라지 말라고 가르치셨어요."라고 답했다. 사내아이는 "그럼 저의 진심어린 감사의 마음이라도 받아주세요!"라고 말하고는, 말을 끝내고 그녀를 향해 몸을 숙여 절하고 그 집을 떠났다.

사실, 남자아이의 엄마는 홀로 일을 하며 세 아이를 돌봐야 했기에, 집안 경제 상황이 몹시 안 좋았다. 그가 파는 물건만 가지고는 아예 학비를 모을 수가 없어서, 여자의 집 문을 두드렸을 때, 남자아이는 본래 학교를 그만둘 계획이었다. 그러나 젊은 여자로 인해 남자아이는 힘을 얻었고, 다시금 진학에 대한 희망도 타올랐다. 그는 온몸에 기운을 느꼈을 뿐만 아니라, 하나님이 자신에게 미소 짓고 있는 것을 보았으며, 남자아이의 호기가 산의 홍수처럼 뿜어져 나왔다. 그때 이후로, 그는 일하면서 공부를 했다. 그는 매우 열심히 노력하여 성적이 줄곧 뛰어났으며, 대학 졸업 후에는 높은 명성을 지닌 하워드 켈리(Howard A. Kelly) 의사가 되었다. 그는 모든 환자에게 충만한 사랑과 책임감으로 대했고, 환자들은 모두 이 젊은 명의를 존경했다.

몇 년 후, 그 젊은 여자는 희귀병에 걸렸고, 현지 의료 수준으로는 한계가 있어 의사들은 그녀의 병에 속수무책이었다. 마지막으로, 그녀는 큰 도시로 옮겨져 치료를 받게 되었고 전문가가 진찰하여 치료할 것이었다. 이미 전문가가 되어있던 남자아이 또한 마침 그녀의 치료 방법을 세우는데 참여하게 되었다. 차트에 적힌 환자의 이력을 봤을 때, 순간 이상한 생각이 그의 뇌리를 스쳐 지나갔다. 예전에 자신을 도와주었던 그 사람일까? 그는 바로 몸을 일으켜 병실로 향했다.

병실에 도착했을 때, 켈리 의사는 한눈에 병상에 누워 있는 환자가 바로 그 은인임을 알아보았다. 그의 마음은 감격스러움으로 가득 찼다. 이 오랜 세월 동안 줄곧 자신을 북돋아 주었던 사람이 바로 눈앞에 있고, 오히려 지금 그녀는 도움이 필요했다. 그는 바로 자신의 사무실로 돌아와 반드시 온 힘을 다해 은인의 병을 치료하겠노라고 결심했다. 그는 여러 날 동안 은인의 병을 연구했고, 다른 의사들과 함께 상세한 치료 방안을 만들어 냈다. 열 몇 시간에 거친 힘든 노력으로 수술은 마침내 성공했다. 매일 회진을 하며, 그는 특별히 이 환자를

花费了好几天的时间研究恩人的病情，和其他医生一起做出了详细的治疗方案。经过长达十个小时的艰辛努力，手术终于成功了。每天查房，他都特别地关照这个病人。凯利医生要求护士把医药费通知单送到他那里，在通知单的旁边，他签下了自己的名字。

恩人恢复地很好，当医药费通知单送到这位特殊的病人的手中时，她心里有点儿害怕，不太敢看，因为她确信，治病的费用有可能会花掉她的全部家当，甚至还要欠债。等了几分钟，她还是鼓起勇气，翻开了医药费通知单，旁边的那行小字引起了她的注意，她不禁轻声地读了出来："谢谢您曾经给我的帮助。医药费等于一杯牛奶。"

보살폈다. 켈리 의사는 간호사에게 병원비 청구서를 자신에게 가져다 달라고 하여 청구서 옆에 자신의 이름을 사인했다.

은인은 잘 회복되었고 병원비 청구서가 이 특별한 환자의 손에 전해졌을 때, 그녀는 겁이 나 제대로 볼 수가 없었다. 왜냐하면 그녀는 치료 비용으로 자신의 전 재산을 다 써야 할 것이고, 심지어 빚도 져야 할지 모른다고 확신했기 때문이다. 몇 분이 흐르고, 그녀가 용기를 내어 병원비 청구서를 펴 보았을 때, 구석의 작은 글자가 그녀의 주의를 끌었다. 그녀는 참지 못하고 작은 소리로 읽기 시작했다. "예전에 저에게 도움을 주셔서 감사합니다. 병원비는 우유 한 잔과 같습니다."

원문 분석

- 이 글의 키워드는?

  우유 한 잔(一杯牛奶)

- 단서 찾기

① 이 글의 요약에 필요한 요소를 찾아보자. (누가, 언제, 어디서)

  남자아이, 젊은 여자(小男孩、年轻女人) - 과거 어느 날, 몇 년 후(过去的一天、数年之后) - 젊은 여자의 집 입구, 병원(年轻女人家的门口、医院)

② 그렇다면 이 글의 흐름은? (키워드를 포함해서 판단하라)

  젊은 여자는 배고파 하는 남자아이에게 무료로 우유 한 잔을 주었다(발단-年轻女人免费给了饥饿的男孩一杯牛奶) - 그 이후에, 남자아이는 유명한 의사가 되었다(전개-那以后，男孩成为了有名的医生) - 몇 년 후, 남자아이는 희귀병에 걸린 젊은 여자를 치료해줬다(절정-多年后，男孩治疗了得了怪病的年轻女人) - 남자아이는 은인에게 치료비는 우유 한 잔과 같다고 했다(결말-男孩告诉恩人，医药费等于一杯牛奶)

③ 이제 요약문의 스토리를 구상해보자.

  남자아이는 매우 배가 고파서, 음식을 좀 얻어먹기로 했다. 젊은 여자가 그에게 우유 한 잔을 주었다. 그는 이에 격려를 받고, 열심히 노력하였다. 몇 년 후, 의사가 된 남자아이는 병이 난 은인을 만나게 되었다. 그는 은인의 병을 치료해 주고 치료비를 내주었으며, 은인에게 치료비는 우유 한 잔과 같다고 했다.(男孩很饿，他决定向讨口饭吃。年轻女人给了他一杯牛奶。他因此受到鼓励，勤奋努力。数年后，成为医生的男孩碰到生病的恩人。他为恩人治病，支付医药费，他告诉恩人，医药费等于一杯牛奶。)

- 독해 후, 키워드와 사건의 전개에 따라 지문에 적합한 제목을 붙여라.

  우유 한 잔(一杯牛奶)

모범 요약문

(총427자)

					一	杯	牛	奶							
		有	一	个	小	男	孩	，	因	为	他	的	家	里	很	穷	，	几	乎
没	钱	上	学	，	所	以	有	一	天	，	他	为	了	学	费	挨	家	挨	户
推	销	商	品	，	可	是	没	几	个	人	购	买	。	他	感	到	又	累	又
饿	，	身	上	只	有	两	毛	钱	。	他	打	算	问	下	一	户	人	家	讨
饭	吃	。	当	他	看	到	开	门	的	是	个	漂	亮	女	人	，	竟	然	不
知	怎	么	才	好	，	只	是	说	想	讨	一	杯	水	喝	。	女	人	看	出

他很饿的样子，就免费送给他一大杯牛奶让他喝。男孩非常感激女人，礼貌地表达谢意后离开了。女人送给他的牛奶，让他受到鼓舞，让他看到了生活的希望。从此，他边打工边学习，长大后成为了有名的霍华德·凯利医生。

多年后，那个女人得了一种怪病，而且病得很严重。当地的医院治不了她，就把她送到了凯利所在的大医院里。他在会诊中意外地发现了那个病人就是当年的恩人。他竭尽全力和其他医生为女人做了手术并进行治疗。女人终于恢复了健康。但她害怕看到自己的医药费通知单，因为她知道那可能会花掉她所有的积蓄，可能还不够。不过没想到的是，凯利医生早已帮她支付了所有的费用。他告诉女人医药费就等于一杯牛奶。

해석 우유 한 잔

한 남자아이가 있었는데, 집이 매우 가난해서 학교 다닐 돈이 없을 지경이었다. 그래서 하루는 학비를 모으기 위해 집집마다 물건을 팔러 다녔으나, 물건을 사는 사람이 몇 안 되었다. 그는 피곤하기도 하고 배도 고팠으나, 몸에 지닌 것은 2마오뿐이었다. 남자아이는 다음 집에서 음식을 좀 얻어먹기로 했다. 남자아이는 문이 열려 예쁜 여자가 보이자, 어찌할 바를 몰라 물 한 잔만 달라고 했다. 여자는 남자아이가 배고파하는 모습을 보고, 큰 컵의 우유 한 잔을 그냥 가져다 주어 마시게 했다. 남자아이는 여자에게 고마워서 예의 바르게 감사의 인사를 한 후 떠났다. 여자가 남자아이에게 준 우유는 그에게 힘을 얻게 하였고, 생활의 희망을 보게 하였다. 이때부터, 남자아이는 일을 하며 공부를 했고, 어른이 되어 유명한 하워드 켈리 의사가 되었다.

몇 년 후, 그 여자는 희귀병에 걸렸고, 게다가 상태가 심각했다. 현지 병원에서는 그녀를 치료할 수가 없어, 그녀를 켈리가 있는 큰 병원으로 보냈다. 그는 회진 중 뜻밖에 그 환자가 당시의 은인임을 알게 되었다. 그는 다른 의사들과 함께 최선을 다해 그녀를 위해 수술을 하고 치료를 했다. 그녀는 마침내 건강을 회복하였다. 하지만 그녀는 병원비 청구서 보는 것이 두려웠다. 왜냐하면 그녀가 모아둔 돈을 다 쓸 수도 있고 모자를 수도 있음을 알았기 때문이었다. 그런데 생각지도 못했던 것은, 켈리 의사가 이미 그녀를 도와 모든 비용을 지불한 것이었다. 그는 그녀에게 병원비는 우유 한 잔과 같다고 말했다.

연습 2

周末朋友打来电话，让我今晚去建国路的老地方。我如约而至，几年来，我们许多个周末都扔在这里了。大部分时间是在这里疯，很放松，缓解压力的那种。唱歌唱够了才回家睡觉。也有很正经的时候，朋友中，谁遇到棘手的事在做出决定之前，我们聚在这里认真地探讨，帮他拿主意。虽然朋友什么也没说，可我知道，今晚就是最后一种。

一进门，看见朋友坐在沙发上抽烟。我向四周看了看，他说："没别人，就咱俩。"我们点好菜，一边吃，一边聊，用张三、李四做序，然后话锋一转切入正题。"上个月我去

주말에 친구가 전화해서는 오늘 저녁 젠궈루의 자주 가던 곳으로 나오라고 했다. 나는 약속대로 갔다. 몇 년 동안, 우리는 수많은 주말을 이곳에 바쳤다. 대부분 시간을 이곳에서 미친 듯이 지냈는데, 몸을 풀고 스트레스도 푸는 그런 종류였다. 노래를 부를 때까지 부르고서야 집으로 돌아가 잠이 들었다. 진지할 때도 있었는데, 친구 중 누군가가 곤란한 일을 당해서 결정을 내리기 전에, 우리는 이곳에 모여 진지하게 검토를 해서 결정에 도움을 주었다. 비록 친구는 아무것도 말하지 않았지만 나는 알았다. 오늘 저녁이 마지막으로 그러하다는 것을.

문을 들어서자, 친구가 소파에서 담배를 피우고 있는 것이 보였다. 내가 사방을 둘러보자, 친구 녀석이 "아무도 없어, 우리 둘 밖에."라고 했다. 우리는 맛있는 음식을 주문해 먹으면서 얘기를 나누었다. 장산, 리쓰를 순서로 얘기한 후, 화제를

上海接触了一家公司的部门主管，他有意让我到他的部门做事。他们是我们这个行业里很有名气的大公司，怎么跟你说呢，相当于IBM吧。"

我看看朋友，我们是从小学到中学的同学，到了大学就分开了，我学化学，但不喜欢做实验，他学机械，却动不动跑到我们的实验室。我怀疑我们都入错了行。果然，毕业不到3年，我们都各自离开了本行当。"你知道，以前也有过这样的体会，但都没动心。我从机械总公司出来，就是想办一个自己的公司，为此，吃尽了苦头，但我不是一个轻易认输的人，我相信所有的付出终有回报。可是已经五年了，我还是在生存线上挣扎，整天为房租、电话、人员、开支这些琐事操心，为合同、定单绞尽脑汁，可辛辛苦苦赚的钱转眼又支出去了。就这么整天忙忙碌碌、四处奔波，不知道离成功还有多远。"我们慢慢地喝着酒，外面电视里又在播"下岗"的节目。在越来越多的人下岗、人们为能谋到一份能养家糊口的工作而倍感知足的时候，我们却在为该不该接受一个月薪700美元的岗位而犯愁。我们这是怎么了？我拿起酒杯，晃动了几下，说："你知道，付出不一定有结果，但不付出就一定没有结果。"停了一会儿，我看着他，问："如果坚持自己做，可能会有什么结果？"他想都没想："两种结果，成功或失败。"我说："成功和失败的可能性各占多少？""我不知道。""那就是各占50%。"我又问："去那家公司，可能会有什么结果？"朋友想了想，说："过一种稳定而平凡的生活。"我说："你甘心为了100%的平庸而放弃那50%的成功机会吗？"朋友沉默不语。

我从包里拿出笔记本，从本上撕下两张纸，说："别急着做决定，你回去以后一个人好好想想，把两种选择可能带来的好处和坏处列个清单。"半夜，我接到了他的电话，他告诉我，在写下好处坏处的时候，他突然明白了为什么我们大多数人总是与成功失之交臂：当我们两只眼睛都盯住成功的招牌时，我们无法保留一只眼睛注视自己，反省自己。他会继续坚持自己的最初选择。

돌려 본론으로 들어갔다. "지난달 상하이로 가서 한 회사 부서장과 접촉을 했는데, 그가 나를 스카우트할 생각이 있다고 하더라고. 그곳은 우리쪽 업종에서 아주 유명한 회사인데, 너한테 어떻게 설명하지, IBM 정도로 생각하면 돼."

나는 친구를 보았다. 우리는 초등학교와 중학교 동창으로 대학 때 헤어졌는데, 나는 화학을 전공했으나, 실험을 좋아하지 않았고, 그는 기계를 전공했지만, 걸핏하면 우리 실험실로 왔다. 나는 우리 둘 다 선택을 잘못한 것이 아닌가 하는 의심이 들었다. 과연, 졸업한 지 3년이 못되어 우리는 각자 원래 직장을 떠났다. "너도 알다시피 이전에도 이런 적이 있었지만, 마음이 움직이지 않았어. 나는 기계 회사에서 나와 내 회사를 차리고 싶었지. 이 때문에 온갖 고생을 다 했지만 내가 쉽게 패배를 시인하는 사람은 아니잖아. 나는 모든 노력에는 언젠가는 대가가 있다는 것을 믿어. 하지만 벌써 5년이나 됐는데도 나는 여전히 살기 위해 애쓰고 있고, 종일 집세, 전화, 직원, 지출 같은 소소한 일들에 신경을 써야 해. 계약과 주문서를 위해 온갖 머리를 쥐어짜지만, 고생 고생해서 번 돈은 순식간에 나가버리지. 이렇게 종일 바쁘게 사방팔방으로 뛰어다녀도 성공까지 아직도 얼마나 멀리 있는지는 알 수가 없어." 우리는 천천히 술을 마셨는데, 밖에 있는 TV에서는 또 '실직'프로그램을 방영 중이었다. 점점 더 많은 사람이 실직하고, 사람들이 가족을 부양하고 입에 풀칠할 수 있는 일을 찾게 되는 것으로 갑절의 만족을 느낄 때, 우리는 오히려 한 달 월급이 700달러인 일자리를 받아들여야 하나 말아야 하나로 고민하고 있다. 우리는 왜 이런 걸까? 나는 술잔을 들어 몇 번을 흔들고는 "너도 알지, 노력에 꼭 대가가 따르는 건 아니지만, 노력하지 않으면 절대 어떤 결과도 없어."라고 말하고는 잠시 멈춰 친구를 바라보며 "만약 자기 회사를 고집한다면, 어떤 결과가 있을 것 같아?"라고 물었다. 그는 생각도 하지 않고 "두 가지 결과, 성공 아니면 실패."라고 말했다. 나는 "성공과 실패의 가능성은 각각 얼마나 될까?"라고 물었다. "나는 모르지." "그럼 각각 50%라고 하자." 나는 또 "그 회사로 간다면 어떤 결과가 있을까?"라고 물었다. 친구는 생각 하더니 "안정되고 일상적인 생활을 하겠지."라고 말했다. 내가 "너는 기꺼이 100%의 평범함을 위해 그 50%라는 성공의 기회를 포기할 수 있겠어?"라고 묻자 친구는 침묵하며 말하지 않았다.

나는 가방에서 노트를 꺼내 2장을 찢고는 "급하게 결정하지 마. 돌아가서 혼자 잘 생각해 보고, 두 가지 선택이 가져올지 모를 장점과 단점을 쭉 써 보도록 해."라고 말했다. 한밤중에, 나는 친구의 전화를 받았는데, 그는 장점과 단점을 쓰다가 왜 대다수의 사람이 성공과 호기를 눈앞에서 놓치는지를 갑자기 깨닫게 되었다고 말했다. 우리가 두 눈으로 성공이라는 팻말을 주시하고 있을 때, 우리는 한쪽 눈으로 자신을 살피고, 자신을 반성할 방법이 없다는 것이다. 그는 계속해서 자신의 처음 선택을 고수할 것이라고 했다.

- 이 글의 키워드는?
  일, 사업(工作、事业)
- 단서 찾기
  ① 이 글의 요약에 필요한 요소를 찾아보자. (누가, 언제, 어디서)
  나, 친구(我、朋友) – 주말 저녁(周末晚) – 젠궈루의 자주 가던 곳(建国路的老地方)
  ② 그렇다면 이 글의 흐름은? (키워드를 포함해서 판단하라)
  친구가 나에게 자주 보던 곳으로 나오라고 하고, 유명한 회사에 스카우트 되었다고 말했다(발단-朋友让我到老地方，说他被有名气的公司选拔) – 친구는 자신의 사업을 할지 큰 회사로 갈지 선택하려고 했다(전개-朋友要选择办自己的事业还是去大公司) – 나는 친구에게 두 가지를 분석하라고 했다(절정-我让朋友分析两者) – 친구는 자신의 사업을 계속 하기로 결정했다(결말-朋友决定继续办自己的事业)
  ③ 이제 요약문의 스토리를 구상해보자.
  친구와 늘 보던 곳에서 만나기로 약속했다. 친구는 어떤 사람이 자신을 스카우트하려고 한다고 말했다. 그는 자신의 사업을 할 것인가 아니면 직장을 다닐 것인가 중에서 선택해야 한다. 나는 친구에게 두 가지의 장점과 단점을 분석하도록 했다. 그는 결국 사업을 계속해나가기로 결정을 했다.(跟朋友相约老地方见面。朋友告诉我有人想聘用自己。他要在办自己事业还是去工作中选择。所以我让朋友分析两者利弊。他最后决定要继续事业。)

- 독해 후, 키워드와 사건의 전개에 따라 지문에 적합한 제목을 붙여라.
  선택(选择)

(총444자)

							选	择											
		周	末	,	朋	友	约	我	今	晚	到	老	地	方	见	面	。	我	知
道	他	一	定	是	遇	到	了	问	题	,	需	要	我	的	帮	助	。		
			碰	面	后	,	朋	友	告	诉	我	,	有	一	家	名	气	很	大
公	司	部	门	主	管	想	聘	请	他	去	那	里	工	作	。	他	感	到	比
点	儿	难	以	选	择	。	我	们	从	小	一	起	长	大	,	对	他	的	
了	解	。	我	在	大	学	里	学	习	的	是	化	学	,	他	学	的	是	
械	。	可	毕	业	不	到	三	年	,	我	们	都	已	经	离	开	了	所	
的	专	业	。	五	年	前	,	他	离	开	了	稳	定	的	工	作	,	选	
了	自	己	创	业	。	花	费	了	所	有	的	精	力	和	资	金	创	建	
自	己	的	公	司	,	不	过	现	在	情	况	并	不	太	乐	观	,	还	
有	达	到	他	的	预	期	发	展	。	我	们	慢	慢	地	喝	着	酒	,	
时	电	视	里	的	节	目	也	是	关	于	下	岗	的	。	这	让	我	们	为
是	否	接	受	月	薪	7	0	0	美	元	的	工	作	而	发	愁	。	如	果
择	稳	定	的	工	作	,	成	功	率	是	百	分	之	百	,	只	是	日	
会	过	得	很	平	凡	。	如	果	选	择	继	续	事	业	,	要	么	成	功,
要	么	失	败	,	机	会	各	占	百	分	之	五	十	。					
		我	给	了	朋	友	一	个	建	议	,	让	他	在	一	张	纸	上	把
两	种	选	择	的	好	处	和	坏	处	都	写	下	来	,	自	己	比	较	后
再	做	决	定	。	半	夜	,	我	接	到	了	朋	友	的	电	话	,	他	告
诉	我	,	就	在	他	写	好	坏	处	的	时	候	,	他	突	然	明	白	了
如	何	才	能	成	功	,	他	要	坚	持	自	己	最	初	的	选	择	,	努
力	事	业	。																

해석 선택

　　주말에, 친구가 오늘 저녁 늘 보던 곳에서 보자고 약속했다. 나는 그에게 분명히 문제가 생겨 내 도움이 필요하다는 것을 알았다.

　　만난 후, 친구는 나에게 한 유명하고 큰 회사의 부서장이 그를 스카우트하려고 한다고 했다. 그는 좀 어려운 선택이라고 말했다. 우리는 어렸을 때부터 함께 자랐기 때문에, 나는 그를 잘 아는 편이다. 나는 대학에서 화학을 전공했고, 그는 기계를 전공했다. 하지만 졸업한 지 3년이 안 돼서, 우리는 모두 전공을 떠나 있었다. 5년 전, 그는 안정된 직장을 버리고 창업을 선택했다. 모든 노력과 돈을 자신의 회사에 투자했지만, 현재 상황은 그다지 낙관적이지 못했고, 그가 예상했던 것만큼 번창하지 않았다. 우리는 천천히 술을 마셨고, 이때 TV 프로그램도 실직에 관련된 것이었다. 이것이 우리로 하여금 과연 월급이 700달러가 되는 직업을 받아들일 것인가 말 것 인가를 고민하게 했다. 만약 안정된 일자리를 선택한다면 성공 확률은 100%이고, 매우 평범한 날들을 보낼 것이다. 만약 계속 사업을 선택한다면 성공하거나, 실패하거나 기회는 각각 50%였다.

　　나는 친구에게 건의했다. 종이 한 장에 두 가지 선택의 장점과 단점을 모두 써서 스스로 비교해 보고 다시 결정하라고 했다. 한밤중에, 나는 친구의 전화를 받았고, 그는 말했다. 장점과 단점을 써내려 갈 때, 갑자기 어떻게 해야 성공을 할 수 있는지 깨달았으며, 자신의 처음 선택을 지켜나가 열심히 사업하리라고.

연습 3 기출

　　一天，女儿委屈地向父亲抱怨起生活的艰难。她的父亲是一位著名的厨师。他平静地听完女儿的抱怨后，什么也没说，他把女儿带进厨房。父亲往三个一样大小的锅里倒进了同样多的水，然后把一根大大的胡萝卜放进了第一个锅里，将一个鸡蛋放进了第二个锅里，又将一把咖啡豆放进了第三个锅里，最后他用同样的火力把三个锅放在三个炉子上烧。

　　女儿站在旁边，充满疑惑地望着父亲，弄不清他的用意。

　　20分钟后，父亲把火关掉，吩咐女儿拿来两个盘子和一个杯子。父亲把煮好的胡萝卜和鸡蛋分别放进了两个盘子里，然后将咖啡豆煮出的咖啡倒进了杯子。他指着盘子和杯子问女儿："孩子，你能告诉我，你见到了什么？"

　　女儿回答说："这么简单的问题，当然是胡萝卜，鸡蛋和咖啡了。"

　　父亲说："你不妨碰碰它们，看看发生了什么变化。"

　　女儿拿起一把叉子碰了碰胡萝卜，发现胡萝卜已经变得很软。她又拿起鸡蛋，感觉到了蛋壳的坚硬。她在桌子上把蛋壳敲破，仔细地用手摸了摸里面的蛋白。然后她又端起杯子，喝了一口里面的咖啡。做完这些以后，女儿开始回答父亲的问题："这个盘子里是一根已经变得很软的胡萝卜；那个盘子里是一个壳很硬、蛋白也已经凝固了的鸡蛋；杯子里则是香味浓郁、口感很好的咖啡。"说完，她不解地问父亲，"亲爱的爸爸，您为什么要问我这么容易的问题呢？"

　　어느 날, 딸이 억울한 듯 아버지에게 생활의 어려움을 불평했다. 그녀의 아버지는 유명 쉐프였다. 그는 차분히 딸의 불평을 다 듣고는, 아무 말도 하지 않고 딸을 데리고 주방으로 갔다. 아버지는 크기가 같은 세 개의 솥에 같은 양의 물을 넣고는 큰 홍당무 하나를 첫 번째 솥에 넣고, 두 번째 솥에는 계란을 넣고, 세 번째 솥에는 커피 원두 한 알을 넣었다. 마지막으로 그는 같은 화력으로 세 개의 솥을 세 개의 스토브 위에 놓고 끓였다.

　　딸은 옆에 서서 의아하게 아버지를 바라봤으나, 그 뜻을 알 수 없었다.

　　20분 후, 아버지는 불을 끄고 딸에게 쟁반 두 개와 컵 하나를 가지고 오라고 시켰다. 아버지는 다 익은 홍당무와 계란을 각각 두 개의 쟁반에 놓았고, 커피 원두를 끓여 생긴 커피는 컵에 담았다. 그는 쟁반과 컵을 가리키며 딸에게 "애야, 말해봐라, 뭘 보았느냐?"라고 물었다.

　　딸은 "이렇게 간단한 문제였다니. 당연히 홍당무, 계란과 커피죠."라고 답했다.

　　아버지는 "그것들을 만져봐도 된다. 어떤 변화가 생겼는지 보아라."라고 말했다.

　　딸은 포크로 홍당무를 건드려 보고는, 홍당무가 이미 물렁물렁하게 변한 것을 알게 됐다. 그녀는 또 계란을 들어보고 껍데기가 단단해진 것을 알게 됐다. 그녀는 탁자에 계란 껍데기를 쳐서 깨고는 손으로 안의 흰자를 자세히 만져 보았다. 그리고 그녀는 또 컵을 들어 커피를 한 모금 마셨다. 이를 끝내고, 딸은 아버지의 질문에 "이 쟁반에는 이미 물렁물렁해진 홍당무가 하나 있고, 저 쟁반에는 껍데기가 딱딱해지고 흰자도 이미 단단해진 계란이 있어요. 컵에는 오히려 향기 짙고 맛이 매우 좋은 커피가 있어요."라고 답하기 시작했다. 말을 끝내고 그녀는 이해가 안 돼 아버지에게 "아버지, 저에게 왜 이런 쉬운 문제들을 물어보세요?"라고 물었다.

　　아버지는 엄하게 말을 보며 "너가 본 이 세 가지 물건들은 같은 크기의 솥과 같은 양의 물과 같은 크기의 화력과 같은 시간에 익힌 것이다. 하지만 이것들의 반응은 오히려 전혀 달랐다. 홍당무는 날 것일 때는 단단하나 익힌 후에는 오히려 그처럼 부드러워져 심지어 곧 흐물흐물해지려 한다. 날 계

父亲严肃地看着女儿说："你看见的这三样东西是在一样大的锅里、一样多的水里、一样大的火上和用一样多的时间煮过的。但是它们的反应却迥然不同。胡萝卜生的时候是硬的，煮完后却变得那么软，甚至都快烂了；生鸡蛋是那样的脆弱，蛋壳一碰就会碎，可是煮过后连蛋白都变硬了；咖啡豆没煮之前也是很硬的，虽然煮了一会儿就变软了，但它的香气和味道却溶进水里变成了可口的咖啡。"

父亲说完之后接着问女儿："你希望自己是它们之中的哪一个？"

现在，女儿更是有些摸不着头脑了，只是呆呆地看着父亲，不知如何回答。

父亲接着说："我想问你的是，现在你面对生活的煎熬，你是希望像胡萝卜那样变得软弱无力还是希望像鸡蛋那样变硬变强，还是希望像一把咖啡豆，身受损而不堕其志，就算环境非常恶劣，都能向四周散发出香气、用美好的感情感染周围所有的人？简而言之，在生活的压力下，爸爸认为你能够像鸡蛋那样变得坚强起来，或者是像咖啡豆那样，融入环境，改变环境。既然我们无法逃避生活的压力，那我们就应该勇敢地去面对，虽然目前生活很艰难，但我们不应该一味地抱怨，要靠自己的努力，使自己变得坚强，去改变现状并获得幸福。"

란은 그토록 약해서 껍질이 부딪치기만 해도 깨져 버리지만, 익힌 후에는 흰자조차도 딱딱하게 변한다. 커피 원두는 끓이기 전에는 단단했지만, 조금만 끓이면 말랑해진다. 하지만 그 향기와 맛이 물속에 녹아들어 맛있는 커피가 된다."라고 말했다.

아버지는 말을 끝낸 후 이어서 "너는 자신이 그들 중 어떤 것이었으면 하고 바라느냐?"라고 딸에게 물었다.

이에 딸은 더욱 영문을 몰라 그저 멍하게 아버지를 바라보며 어떻게 답해야 할지 몰랐다.

아버지는 이어서 "내가 네게 묻고자 하는 것은, 삶의 시련에 직면한 지금, 너는 홍당무처럼 그렇게 나약하고 무력하게 변하기를 바라느냐 아니면 계란처럼 그렇게 단단하고 강하게 변하기를 바라느냐, 아니면 한 알의 커피 원두처럼 몸이 좀 힘들더라도 그 뜻을 굽히지 않으며, 환경이 지독히 나쁠지라도 사방으로 향기를 내뿜으며 아름다운 감정을 주위의 모든 사람에게 전하기를 바라느냐 하는 것이다. 간단히 말하면, 삶의 스트레스에도 아빠는 네가 계란처럼 그렇게 강해지거나 커피 원두처럼 그렇게 환경 속으로 녹아들어 환경을 변화시킬 수 있다고 생각한다. 우리가 생활의 스트레스에서 벗어날 수 없다면, 우리는 용감히 맞서야 한다. 비록 현재 생활이 매우 어렵다 하더라도 우리는 무턱대고 불평만 해서는 안 되고 자신의 노력으로 자신을 강하게 변화시키고, 현재 상황을 변화시켜 행복을 얻어야 한다."라고 말씀하셨다.

원문 분석

- 이 글의 키워드는?
  홍당무, 계란, 커피(胡萝卜、鸡蛋、咖啡)
- 단서 찾기
  ① 이 글의 요약에 필요한 요소를 찾아보자. (누가, 언제, 어디서)
     딸, 아버지(女儿、父亲) - 어느 날(一天) - 주방(厨房)
  ② 그렇다면 이 글의 흐름은? (키워드를 포함해서 판단하라)
     딸이 생활의 어려움을 불평했다(발단-女儿抱怨生活的艰难) - 아버지는 홍당무, 계란, 커피로 실험을 했다(전개-父亲用胡萝卜、鸡蛋、咖啡做试验) - 3가지를 실험한 후 결과가 나왔다(절정-出来三者被试验后的结果) - 아버지는 딸이 계란이나 커피처럼 되기를 바랐다(결말-父亲希望女儿做鸡蛋或咖啡)
  ③ 그럼 이제 요약문의 스토리를 구상해보자.
     딸이 아버지에게 생활의 어려움을 불평했다. 아버지는 홍당무, 계란, 커피로 실험을 하였다. 몇 분 후, 실험의 결과가 나왔다. 아버지는 딸에게 결과의 의미를 알려 주었고, 아버지는 딸이 계란이나 커피처럼 되기를 바랐다.(女儿想父亲抱怨起生活的艰难。父亲用胡萝卜、鸡蛋、咖啡做试验。几分钟后，出来试验的结果。父亲告诉女儿结果的意义，父亲希望女儿做鸡蛋和咖啡。)
- 독해 후, 키워드와 사건의 전개에 따라 지문에 적합한 제목을 붙여라.
  홍당무, 계란과 커피(胡萝卜、鸡蛋和咖啡)

(총431자)

胡萝卜、鸡蛋和咖啡

　　一天，女儿委屈地向父亲抱怨生活的艰难。父亲是一位厨师，听完女儿的话后，把她带进厨房一样做了个试验。他往三个同样大小的锅里倒了放进去，20分钟后，父亲把煮好的胡萝卜和鸡蛋放在两个盘子里，把咖啡豆煮出的咖啡倒进了杯子。他问女儿，你看到了什么？有什么变化？女儿说，胡萝卜已经变得很软；鸡蛋的壳很硬，蛋白也凝固了；咖啡豆已经成了香味浓郁的咖啡了。不过女儿不明白父亲为什么要问如此简单的问题。父亲告诉她，三样东西在同样的锅里，同样的水里，同样的火候，用同样的时间煮过，但结果却完全不一样了。那么，你是它们三者之中的哪一个呢？女儿还是无法理解父亲的用意。父亲说，当你面对生活的煎熬时，你需要像鸡蛋那样变得坚强，或者像咖啡豆那样无论环境多么恶劣，都可以融入到环境中，散发出香气，绝不能像胡萝卜那样软弱无力。就算生活很艰难，也不可以总是抱怨，要用自己的努力，去获得幸福。

해석 홍당무, 계란과 커피

　어느 날, 딸이 억울한 듯 아버지에게 생활의 어려움을 불평했다. 아버지는 요리사였는데, 딸의 말을 다 듣고 딸을 데리고 주방으로 가서 실험을 했다. 그는 크기가 같은 세 개의 솥에 같은 양의 물을 넣고는 각각 홍당무, 계란, 커피 원두를 넣고 같은 화력인 세 개의 스토브에서 끓였다.

　20분 후, 아버지는 다 익은 홍당무와 계란을 두 개의 쟁반에 놓았고, 커피 원두로 끓인 커피를 컵에 담았다. 그는 딸에게 무엇을 보았느냐? 어떤 변화가 있느냐?라고 물었다. 딸은 홍당무는 이미 매우 물렁물렁해졌고, 계란 껍데기는 매우 딱딱해지고 흰자도 단단해졌으며, 커피 원두는 이미 향기 짙은 커피가 되었다고 말했다. 하지만 딸은 아버지께서 왜 이렇게 간단한 질문을 하는지 몰랐다. 아버지는 그녀에게, 세 가지 물건이 같은 솥에 같은 물과 같은 화력으로 같은 시간 익혀졌지만 결과는 전혀 달랐다. 그렇다면, 너는 이 세 가지 중에 어떤 것이냐?라고 말했다. 딸은 여전히 아버지의 의중을 알 수가 없었다. 아버지는 삶의 시련에 직면했을 때, 계란처럼 그렇게 강하게 변하거나, 커피 원두처럼 환경이 아무리 나쁘더라도 환경 속으로 녹아들어 향기를 내뿜어야지, 절대 홍당무처럼 그렇게 나약하고 무력해져서는 안 된다고 말씀하셨다. 생활이 매우 어렵다 하더라도 불평만 하지 말고 자신의 노력으로 행복을 얻어야 한다.

연습 4

　　金融危机爆发以后，美国华尔街银行的生意也不如以前。有时候一天也看不到几个有钱的顾客上门。一天，贷款部来了一位提着豪华公文包的犹太老人，来到柜台前面，他大模大样地坐了下来。

　　"请问先生，您有什么事情需要我们效劳吗？"贷款部经理看到好不容易进来一位客人，他一边小心地询问，一边打量着来者的穿着：名贵的西服，高档的皮鞋，昂贵的手表，还有镶着宝石的领带夹子。一看就知道是个有钱的人，估计能有几百万美元的身家。

　　"你好，我准备借点钱。"

　　"当然可以，这是我们的服务之一，请问您想借多少呢？"

　　"1美元。"

　　"只借1美元吗？"贷款部的经理感到非常吃惊，第一次碰到这么奇怪的顾客。

　　"是的，我只需要1美元。请问可以吗？"犹太老人很有礼貌地再次问道。

　　"当然，只要有担保，借多少我们都可以照办。"

　　"好的，我把能担保的东西带来了。"犹太人从自己的豪华公文包里取出一大堆股票、国债、债券等放在了桌子上。他好像是有备而来。

　　贷款部经理清了一下，"这位先生，您带来的财产总共是50万美元，做担保足够了，不过，先生，您真的只打算借1美元吗？"

　　"是的，我就借1美元，如果可以的话，请帮我办理手续吧。"犹太老人面无表情地说。

　　"好吧，到那边填表办理吧，1美元贷款的年息为6%，一年后归还时，只要您付6%的利息，我们就把这些作担保的股票和证券全部还给您。"

　　"谢谢！"不到半个小时，犹太富豪就办完了手续，他转身准备离开。

　　一直在一边冷眼旁观的银行行长怎么也弄不明白，为什么一个拥有50万美元的富豪，反而会跑到银行来借1美元呢？

　　他从后面追了上去，有些窘迫地说："对不起，先生，冒昧打扰您，我能不能问您一个私人问题吗？"

금융위기가 닥친 후, 미국 월가(街) 은행의 영업도 예전 같지 않았다. 어떤 때는 온종일 돈 있는 고객의 방문을 보지 못하는 때도 있었다. 어느 날, 대출부서에 비싼 서류가방을 든 유대인 노인이 왔는데, 창구 앞까지 와서는 거만하게 앉았다.

"고객님, 어떤 일로 저희의 도움이 필요하십니까?" 대출부 책임자는 어렵사리 고객 한 분이 들어온 것을 보고는 조심스럽게 물어보면서, 이 고객의 차림새를 훑어보았다. 명품 양복, 고급 구두, 비싼 시계 그리고 보석 박힌 넥타이핀까지. 딱 보아도 부자인 것을 알 수 있었는데, 아마 수백만 달러를 가진 자산가일 듯했다.

"안녕하신가, 돈을 좀 빌리려고 하는데."

"당연히 가능합니다. 이것은 저희 서비스 중 하나지요. 얼마나 대출하실 예정인지요?"

"1달러."

"1달러만 빌리신다고요?" 대출부 책임자는 매우 놀랐다. 처음으로 이런 이상한 고객을 만난 것이다.

"그렇소, 나는 1달러만 필요하다오. 가능하신지?" 유대인 노인은 아주 예의 바르게 다시 물었다.

"당연하지요. 담보만 있다면, 얼마를 빌리시든 다 처리해 드립니다."

"좋소. 담보될만한 물건을 가지고 왔소." 유대인은 자신의 비싼 서류가방에서 한 뭉큼의 주식, 국채, 채권 등을 꺼내 탁자 위에 놓았다. 그는 마치 준비해서 온 듯했다.

대출부 책임자는 하나하나 조사를 했다. "고객님, 가져오신 것들은 총 50만 달러로, 담보로 충분합니다. 근데 정말 1달러만 빌리실 생각이십니까?"

"그렇소. 1달러를 빌릴 것이오. 만약 가능하다면 처리를 좀 해주시오." 유대인 노인은 아무런 표정 없이 말했다.

"네. 저쪽으로 가셔서 서류를 작성하시죠. 1달러 대출의 연이자는 6%이고, 1년 후 갚으실 때 6%의 이자만 내시면 저희는 담보로 잡힌 주식과 증권 모두를 돌려 드립니다."

"고맙소!" 30분도 안 돼 유대인 부자는 수속을 마치고 떠나려 했다.

계속해서 냉정한 눈으로 곁에서 보고 있던 은행 지점장은 아무리 생각해도 이해할 수가 없었다. 왜 50만 달러를 보유한 부자가 은행까지 와서 1달러를 빌렸을까?

그는 뒤따라 나가서 난감해하며, "죄송합니다. 선생님, 감히 실례 좀 하겠습니다. 제가 개인적인 질문을 하나만 여쭤봐도 되겠습니까?"라고 말했다.

"무엇을 묻고 싶소? 내가 아는 것이라면 알려 드리겠네."

"저는 이 은행 지점장인데 정말 이해가 잘 안 됩니다. 이렇게 50만 달러 이상의 자산을 보유하신 분이 왜 저희 은행에 와서 1달러를 빌리신 겁니까? 40만 달러나 혹은 더 많은 돈이었더라도 저희가 기꺼이 처리해 드렸을 텐데요."

"좋소. 이렇게 열정적이고 좋은 서비스 태도를 보이고 있으니, 나도 사실을 알려 주겠네. 나는 이곳에서 처리할 일이 좀 있어서 왔고, 미국에서 일정 시간을 머물러야 한다네. 그런데 가지고 있는 이 주식과 증권들이 좀 번거로워서 몇몇 국고에 물어봤는데, 만약 그들의 소형금고를 빌리려면 임대료가 너무

"你想问什么？如果我知道的，我可以告诉你。"

"我是这家银行的行长，我真的有点弄不懂，您已经这么有钱了，拥有超过50万美元以上的财产，为什么您还要到我们银行里借1美元呢？要是您想借40万美元或者更多的话，我们都会很乐意为您服务啊。"

"好吧，既然你如此热情，有很好的服务态度，我也不妨把实情告诉你。我是到这儿来办事情，需要在美国住一段时间，可是随身携带的这些股票和证券有点不方便，我咨询过几家金库，如果要租他们的保险箱，租金都很昂贵，我考虑到银行的保安很好，所以嘛，我就将这些东西以担保的形式暂时寄存在贵行了，由你们替我保管，还有那么好的服务，我还有什么不放心呢！更何况利息很便宜，存一年才不过6美元。"

비싸더군. 나는 은행의 보안이 잘된다는 것을 생각했고, 그래서 이것들을 담보 형식으로 잠시 이 은행에 맡겨 두고자 한 것이오. 당신들이 내 대신 보관도 해주고 또 그렇게 서비스도 좋은데, 내가 뭐 걱정할 것이 있겠소! 더욱이 이자도 너무 싸서 1년에 겨우 6달러잖소."

원문 분석

- 이 글의 키워드는?
  1달러(一美元)
- 단서 찾기
  ① 이 글의 요약에 필요한 요소를 찾아보자. (누가, 언제, 어디서)
  유대인 노인, 대출부 책임자, 은행 지점장(犹太老人、贷款部经理、银行行长) – 금융위기 후, 어느 날(金融危机后，一天) – 미국 월가 은행(美国华尔街银行)
  ② 그렇다면 이 글의 흐름은? (키워드를 포함해서 판단하라)
  유대인 노인이 1달러를 빌리러 은행에 왔다(발단-犹太老人借一美元来银行) – 1달러를 빌리기 위해서는 보증이 필요했다(전개-为借一美元需要担保) – 50만 달러를 담보로 했다(절정-把50万美元作为担保) – 유대인 노인이 1달러를 빌리는 것은 담보 형식으로 재산을 은행에 보관한 것이다 (결말-犹太老人借一美元就是以担保的形式把财产寄存在银行)
  ③ 이제 요약문의 스토리를 구상해보자.
  유대인 노인이 은행에 1달러를 빌릴 수 있냐고 물어보았다. 대출부 책임자는 담보가 필요하다고 했다. 노인은 50만 달러의 자산을 담보로 내 놓았다. 노인은 1달러를 빌리는 방법으로 은행이 그의 자산을 보관하도록 한 것이다.(犹太老人问银行借一美元。贷款部经理说了需要担保。老人把50万美元的财产拿出来担保。老人用借一美元的方法，让银行存他的财产。)
- 독해 후, 키워드와 사건의 전개에 따라 지문에 적합한 제목을 붙여라.
  현명한 유대인 노인(一位聪明的犹太老人)

(총436자)

一位聪明的犹太老人

　　金融危机后，美国华尔街银行的生意比较冷清。一天，有一位看上去很有钱的犹太老人来到了柜台，贷款部经理接待了他。犹太老人告诉贷款部经理，他准备借点钱，金额是一美元。贷款部经理感到很吃惊，不过还是很礼貌地告诉老人，可以借一美元，不过需要担保。

　　老人从自己的豪华公文包里取出了一堆股票、国债、债券等。贷款部经理清点了这些财产，一共有50万美金。这些用来担保的话，足够用了。老人在贷款部经理的协助下办好了借一美元的手续，并且知道了一美元贷款的年息是6%，一年后还这一美元的时候，只要付了利息，他拿来做担保的财产就能全部归还。

　　银行行长看着眼前发生的事情，忍不住追上老人问他为什么自己那么有钱，还到银行来借一美元。并且说了，如果需要借更多的钱的服务，银行乐意效劳。可老人的回答却让他大吃一惊。原来老人把这些财产存在金库里，但需要很高的费用。于是他却想到了用借一美元的方法，让银行暂时保管他的钱，而他为此只支付一年一美元的百分之六的利息。

해석 현명한 유대인 노인

　　금융위기 후, 미국 월가(街) 은행의 영업이 시원찮았다. 어느 날, 딱 봐도 돈이 있어 보이는 유대인 노인이 창구에 왔고, 대출부 책임자가 그를 맞이했다. 유대인 노인은 대출부 책임자에게 돈을 좀 빌리려고 하는데 금액은 1달러라고 말했다. 대출부 책임자는 매우 놀랐지만, 예의 바르게 노인에게 1달러를 빌릴 수는 있으나, 담보가 필요하다고 말했다.

　　노인은 자신의 비싼 서류가방에서 한 뭉큼의 주식, 국채, 채권 등을 꺼냈다. 대출부 책임자가 이것들을 하나하나 조사해보니 모두 50만 달러였다. 이것들을 담보로 삼는다면 충분했다. 노인은 대출부 책임자의 도움으로 1달러 대출 수속을 마쳤다. 또한, 1달러 대출의 연이자는 6%이고, 1년 후 상환할 때, 이자만 갚으면 담보로 잡힌 재산을 전부 돌려준다는 것도 알게 됐다.

　　은행 지점장은 눈앞에서 벌어지는 상황을 보고, 노인을 쫓아가 그렇게 돈이 많으면서 왜 은행에 와서 1달러를 빌리는 것인지 물었다. 게다가 만약 더 많은 금액을 빌리는 서비스가 필요했어도, 은행은 기꺼이 처리해줄 것이라고 말했다. 하지만 노인의 대답은 그를 깜짝 놀라게 했다. 원래 노인은 국고에 이 재산을 보관하려 했으나, 많은 비용이 필요했다. 그래서 그는 1달러를 빌리는 방법으로 은행이 잠간 그의 돈을 보관하게 하고, 이에 대한 1년에 1달러의 6% 이자만 지불하기로 한 것이다.

연습 5

有一个富翁，他的父母都是农民，他们家在一个很小的村庄里，小时候家里非常穷，他从小就生存在一种饥饿和窘迫之中。节日里崭新的衣服，过年的压岁钱，喜庆的鞭炮。这些本来应该属于孩子的东西，他都没有。父母忙于农活，对他的照顾也很少。

最使他难忘终生感恩的是小伙伴们对他无私，真诚的帮助和呵护。只要小伙伴手里面有两块糖果，他肯定会得到其中的一块；伙伴手里有一个馍馍，那肯定也有他的一半。他的童年就在贫穷和饥饿之中度过，但和小伙伴们的感情却让他感受到了快乐，体会到了珍贵。

一眨眼30年就过去了。在这一段时间里，世界上有许多事情发生了变化。现在，富翁已经步入中年。不过今天的他早已不是当年穷得叮当响的小孩，他通过30年的奔波劳碌成就了今天辉煌的事业。这些年，他摸爬滚打，算计别人，也被别人算计，富翁一路风尘地走过来了，最终成为一个稳健，精明，魅力非凡的企业家。可是，对家乡的思念也随着年龄的增长越来越深。于是在一个艳阳高照的日子，富翁回到了家乡。当天，他走遍了全村，感谢叔叔伯伯和大爷们，还有兄弟姐妹这些年对父母的照顾，还给每家都送了一份礼物。晚上，富翁在自家的房子里摆桌请客，邀请的人全是从小光着屁股一块长大的玩伴，他们自然也是四十几岁的中年人了。

按当地农村的风俗，来吃饭的人都要带点礼物表示谢意。童年的伙伴们来的时候，都带着礼物，有的礼物还很贵重。富翁一一谢过先收下了，但是准备宴席之后，让大家带回。当然，还有再带走自己馈赠的礼物。

就在大家热热闹闹准备上菜吃饭的时候，门开了，一个小时候的旧友走进来。他的手上提着一瓶酒，连声说："对不起，我来晚了。"

大伙儿都知道这个朋友日子过得非常艰难，现在的情况，一点儿也不亚于富翁小的时候。富翁赶紧站起来接过朋友提来的酒，并把他拉到自己身边的座位上坐下，朋友的眼里闪过几丝不易察觉的慌乱。

한 부자가 있었다. 그의 부모는 모두 농민으로 그들은 아주 작은 촌에 살았는데 어렸을 적 집이 몹시 가난해서, 그는 어렸을 때부터 배고픔과 빈곤 속에서 살았다. 명절 때의 새 옷, 설날의 세뱃돈, 신나는 폭죽. 이런 아이들이 가져야 할 물건들이 그는 전혀 없었다. 부모는 농사일로 바빠 그를 거의 보살피지 못했다.

그가 가장 잊기 어려운 그리고 평생에 걸쳐 감사하게 생각하는 것은 어릴 적 친구들이 그에 대해 사심이 없는 것과 진실된 도움 그리고 보호였다. 친구들 손에 사탕이 두 개가 있다면, 그는 반드시 그중 하나를 얻을 수 있었다. 친구들 손에 찐빵이 있다면, 분명히 그의 반쪽도 있었다. 그의 어린 시절은 가난과 배고픔 속에서 보냈지만, 친구들과의 우정은 오히려 그에게 즐거움을 느끼게 했으며 아끼고 사랑하는 것을 느끼게 했다.

순식간에 30년이 흘렀다. 이 시간 동안, 세상의 많은 것들이 변화했다. 지금, 부자는 이미 중년에 접어들었다. 하지만 지금의 그는 이미 당시의 찢어지게 가난하던 아이가 아니었다. 그는 30년간 바쁘게 열심히 일해 오늘날의 찬란한 사업을 이루어냈다. 이 세월 동안, 그는 고군분투했으며, 남을 모함하기도 했고 당하기도 했었다. 부자는 고된 여정을 겪으며 살아오다 결국 건실하고 똑똑하고 매력적인 비범한 기업가가 된 것이다. 하지만 고향에 대한 그리움도 나이가 들어감에 따라 점점 깊어졌다. 그래서 태양이 뜨겁게 내리쬐던 날, 부자는 고향으로 돌아갔다. 그날, 그는 온 마을을 돌아다니며 삼촌, 숙부와 어르신들에게 감사해 했고, 형제자매들이 그간 부모님을 보살펴 온 것에도 감사했다. 그리고 집집마다 선물도 했다. 저녁에, 부자는 자신의 집에 테이블을 준비하고 손님들을 모셨는데 손님들 전부가 어렸을 때부터 같이 발가벗고 놀며 함께 자란 친구들이었다. 그들도 마흔이 넘는 중년이 되어 있었다.

현지 풍습에 따라, 밥을 먹으러 오는 사람은 모두 선물을 가지고 와서 감사의 뜻을 표해야 했다. 어릴 적 친구들은 올 때, 모두 선물을 가지고 왔는데 어떤 선물은 아주 귀중했다. 부자는 일일이 감사해 하며 우선 선물을 거뒀지만, 잔치를 준비한 다음 모두에게 가져가도록 할 생각이었다. 당연히, 자신이 주는 선물도 함께 가져가도록 할 것이었다.

다들 신나게 밥을 먹으려 할 때, 문이 열렸고 어릴 적 옛 친구가 걸어 들어왔다. 그의 손에는 술이 한 병 들려 있었고, 이어서 "미안해, 내가 늦었지."라고 말했다.

모두 이 친구가 굉장히 힘들게 살며, 지금의 상황이 부자의 어린 시절 못지않음을 알고 있었다. 부자는 재빨리 일어나 친구가 가져온 술을 받고는 그를 자신의 옆자리로 끌어당겨 앉혔다. 친구의 눈에는 눈치채기 어려운 당황스러움이 스쳐 지나갔다.

부자는 손에 술병을 들고는 "오늘 우리 이 술부터 먼저 먹자고, 어떤가?"라고 말하면서, 한편으로는 술을 따서 사람들에게 가득 따랐다. 그리고 그들은 단숨에 들이켰다.

富翁举着手里的酒瓶，说：“今天，我们就先喝这一瓶，如何？”一边说，一边给把酒打开给每个人倒满。然后，他们一饮而尽。

"味道怎么样？富翁问，所有来吃饭的伙伴们面露尴尬，默不作声。那个旧友更是面红耳赤，低下了头。

富翁看了一眼全场，沉吟片刻，慢慢地说：“这些年我走了很多地方，喝过各种各样的酒，但是，没有一种酒比今天的酒更好喝，更有味道，更让我感动……”说着，站起来，拿起酒瓶，又一次一一给大家斟酒，"来，再干一杯。"喝完之后，富翁的眼睛湿润了，朋友们也感动地流泪了。

他们喝的哪里是酒，分明是一瓶水啊！

"맛이 어떤가?" 부자가 물었고, 식사하러 온 친구들의 얼굴에는 난처함이 드러났으나 침묵을 지키며 말을 하지 않았다. 그 옛 친구는 더욱 얼굴이 붉어져 고개를 숙였다.

부자는 모두를 한 번 보고는 잠시 망설이다가 천천히 "그간 나는 많은 곳을 다녔고, 각양각색의 술을 마셔봤지만, 오늘 이 술보다 더 마시기 좋고, 맛있고, 나를 감동시킨… 그런 술은 없었다네."라고 말하면서, 일어서서 술병을 들어 다시 한 번 모두에게 술을 가득 따르고는 "자, 다시 건배하자고."라고 말했다. 다 마신 후, 부자의 눈은 젖었고 친구들도 감동해서 눈물을 흘렸다.

그들이 마신 것이 어디 술이었던가, 분명 한 병의 물이었다!

원문 분석

- 이 글의 키워드는?
  友情(우정)

- 단서 찾기
  ① 이 글의 요약에 필요한 요소를 찾아보자. (누가, 언제, 어디서)
  부자, 부자의 부모, 어린시절 동료(富翁、富翁的父母、童年的伙伴们) – 어렸을 적, 30년 후(小时候、30年后) – 농촌, 부자 자신의 집(农村、富翁自家的房子)
  ② 그렇다면 이 글의 흐름은? (키워드를 포함해서 판단하라)
  부자는 어릴 때 집이 아주 가난해서, 친구들은 그를 도와주었다(발단-富翁小时候家里很穷, 于是小伙伴们帮助他) – 30년 후, 부자는 기업가가 되어 고향에 돌아와 사람들을 초대해서 만났다(전개-30年后, 富翁成为一个企业家, 回到家乡邀请人们见面) – 밥을 먹으러 오는 사람은 모두 선물을 가지고 와야 했다(절정-来吃饭的人都要带礼物) – 생활이 어려운 친구의 물로 술을 대신한 선물은 더욱 깊은 마음을 표현했다(결과-日子艰难的朋友的以水代酒的礼物, 表达更浓的感情)
  ③ 이제 요약문의 스토리를 구상해보자.
  한 부자는 어릴 때 집이 매우 가난해서, 친구들이 그를 도와주었다. 30년 후, 부자는 기업가가 되어 고향에 돌아와 사람들을 초대해서 만났다. 밥을 먹으러 오는 사람은 선물을 가지고 와서 감사를 표해야 했다. 그중 가장 힘들게 살아가는 친구가 부자에게 물로 술을 대신한 선물을 주어 더욱 깊은 마음을 표현했다.(有一个富翁小时候家里很穷, 于是伙伴们帮助他。30年后, 富翁成为一个企业家, 回到家乡邀请人们见面。来吃饭的人都要带礼物表示谢意。其中日子过得非常艰难的朋友给富翁以水代酒的礼物, 表达更浓的感情。)

- 독해 후, 키워드와 사건의 전개에 따라 지문에 적합한 제목을 붙여라.
  友情(우정)

(총439자)

友情

　　有一个富翁，他小的时候家里很穷，什么新的、好玩的东西也没有，父母因为忙于农活，对他无私的照顾帮助他。但和他一起长大的小伙伴一定们有一半是他的。这种感情让他觉得非常珍贵。
　　30年过去了，他已经不再是那个穷孩子了。他通过自己的艰苦努力，终于成就了辉煌的事业。随着年龄的增长，他的思乡之情也越浓。于是，他回到了故乡，他走遍了全村，跟叔叔伯伯们，还有兄弟姐妹们都送上了礼物，感谢他们这些年照顾自己的父母。晚上，他专门在家请客，让小时候的伙伴们一起聚一聚。
　　当地农村参加酒席的话，要带上礼物表示谢意。富翁心理打算是等他们回家的时候让他们把带来的礼物拿回家，并且再给每人送一个礼物。一个小时候的旧友，他现在的情况就跟当年的富翁一样，非常穷。他给富翁带来了一瓶酒。富翁把酒打开，给每个朋友倒上。大家干杯后都不说话，富翁说，这酒是他喝过的中最好、最有味道的酒。然后大家举杯畅饮。
　　其实他们都知道喝的根本就是一瓶水。

🟢 **해석** 우정

　　한 부자가 있었다. 그는 어렸을 적 집이 너무 가난해서 어떤 새롭고 재미난 물건이 없었고, 부모는 농사일로 바빴기 때문에 그를 제대로 보살피지 못했다. 하지만 그와 함께 자란 친구들이 사심 없이 그를 도와서 다들 뭐만 있으면 반드시 그 반은 그의 것이었다. 이런 느낌은 그에게 매우 아끼고 사랑하는 것을 느끼게 했다.
　　30년이 흘렀고, 그는 이미 더 이상 그 가난한 아이가 아니었다. 그는 스스로 노력하고 고생해서, 마침내 멋진 사업을 이루어냈다. 나이가 들어감에 따라, 그의 고향을 그리는 마음도 점점 깊어졌다. 그래서 그는 고향으로 돌아와 온 마을을 돌아다니며, 삼촌과 숙부들 그리고 형제자매들 모두에게 선물하며, 그간 자신의 부모님을 돌봐준 것에 대해 감사를 표했다. 저녁에, 그는 일부러 집으로 손님들을 초대해 어릴 적 친구들이 함께 모이게 했다.
　　현지 농촌에서는 잔치에 참석하면 선물을 가지고 와서 감사함을 표해야 했다. 부자는 마음속으로 그들이 집으로 돌아갈 때 그들에게 가져온 선물들을 돌려보내고, 또 모두에게 선물을 할 생각이었다. 어렸을 적 친구 한 명은 현재 상황이 그때의 부자처럼 매우 가난했다. 그는 부자에게 술을 한 병 가지고 왔다. 부자는 술을 따서 모든 친구에게 따라 주었다. 다들 건배 후 말이 없었고, 부자는 이 술은 그가 마셔 본 술 가운데 최고로 좋고 맛있는 술이라고 말했다. 그 후 다들 잔을 들어 술을 실컷 마셨다.
　　사실 그들이 마신 것이 물인 것을 모두 알고 있었다.

연습 6

　　星期六的下午，有一位40多岁的中年女人领着一个小男孩走进了美国著名企业"巨象集团"总部大厦楼下的花园，他们在一张长椅上坐下来。她不停地跟男孩在说着什么，好像非常生气，男孩乖乖地听着什么也没说。在他们旁边的不远处，有一位头发花白、穿着朴素的老人正在修剪树枝。

　　忽然，中年女人从随身携带的包包里揪出了一团白花花的卫生纸，一甩手把它抛到老人刚剪过的树下。老人诧异地转过头朝中年女人看了一眼。中年女人反而满不在乎地看着老人。老人什么也没有说，走过去，弯下腰捡起那团纸，把它扔进一旁装垃圾的垃圾桶里。过了几分钟，中年女人又揪出一团卫生纸扔了过来。老人再次走过去把那团纸拾起来扔到垃圾桶里，然后回原处继续工作。可是，老人刚拿起剪刀，第三团卫生纸又落在了他眼前的树木旁……就这样，老人一连捡了那中年女人扔的六七团纸，可是他始终没有因此露出不满和厌烦的神色。

　　"你看见了吧！"中年女人指了指修剪树枝的老人对男孩说："我希望你能明白，你如果现在不好好上学，将来就会跟他一样没出息，只能做这些卑微低贱的工作！薪水不够养活自己的家人，而且还会永远被别人看不起。"

　　老人放下剪刀走过来，对中年女人说："夫人，这里是集团的私家花园，按规定只有集团员工才能进来。你为什么能够进来？"

　　"我当然能进来！我是'巨象集团'所属一家公司的部门经理，都在这座大厦里工作两年了！"中年女人炫耀地说着，同时还拿出一张证件在老人眼前晃了晃。

　　"我能借你的手机用一下吗？"老人压低了声音说道。

　　中年女人非常不情愿地把手机递给老人，同时又不失时机地开导儿子："你看这些穷人因为没知识，这么大年纪了没钱连手机都买不起。多可怜啊，你今后一定要努力啊！"

　　老人在一旁打完电话后把手机还给了妇人。过了不到五分钟，有一名男子匆匆地走过来，恭恭敬敬地站在老人面前。老人对来人说："我现在提议免去这位女士在'巨象集团'的职务！" "是，我立刻按您的指示去办！"那人连声应道。

토요일 오후, 마흔이 넘은 한 중년 여인이 사내아이를 데리고 미국의 유명 기업인 '거상그룹' 본부 건물 아래 정원에 들어와 벤치에 앉았다. 그녀는 계속해서 사내아이에게 뭐라고 말을 했는데, 굉장히 화가 난 듯했고 사내아이는 얌전히 들으며 아무 말도 하지 않았다. 그들 옆 멀지 않은 곳에 백발에 소박한 옷차림을 한 노인이 마침 나뭇가지를 치고 있었다.

갑자기, 중년 여인이 지니고 있던 가방에서 하얀 휴지 한 뭉치를 꺼내더니 그것을 노인이 막 손질한 나무 아래로 던졌다. 노인은 의아해하며 몸을 돌려 중년 여인 쪽을 쳐다보았다. 중년 여인은 오히려 눈 하나 깜짝하지 않고 노인을 바라보았다. 노인은 아무 말도 하지 않고 걸어가 허리 숙여 그 휴지를 주워 옆의 쓰레기가 담겨있는 쓰레기통에다 버렸다. 몇 분이 지나자, 중년 여인은 또 휴지 뭉치를 꺼내서 던졌다. 노인은 또 걸어가 그 휴지를 주워 쓰레기통에 버리고, 원래 자리로 돌아가 계속 일을 했다. 그러나 노인이 막 가위를 집었을 때, 세 번째 휴지 뭉치가 그의 눈앞 나무 옆에 또 떨어졌다… 이렇게, 노인은 그 중년 여인이 던진 여섯 일곱의 휴지 뭉치까지 주웠지만, 그는 그래도 불만스럽거나 짜증 내는 표정을 드러내지 않았다.

"너 봤지!" 중년 여인은 나무를 다듬고 있는 노인을 가리키며 사내아이에게 "네가 잘 알아들었기를 바란다. 니가 만약 지금 제대로 학교를 안 다니면, 앞으로 저 사람처럼 변변치 못한 사람이 돼서 저렇게 보잘것없고 비천한 일만 하게 될 거야! 월급으로 가족을 부양하기도 힘들고 또 영원히 남들한테 무시당하게 될 거야."라고 말했다.

노인은 가위를 내려놓고 중년 여인에게 다가가서 "사모님, 이곳은 기업의 개인 정원이라 규정에 따르면 기업 사원들만이 들어올 수 있습니다. 어떻게 들어오실 수 있었나요?"라고 물었다.

"당연히 들어올 수 있죠! 나는 '거상그룹' 소속 회사의 부서 책임자라고요. 이 건물에서 일한 지 2년 됐어요!" 중년 여인은 자랑하듯 말하면서, 동시에 사원증을 꺼내 노인의 눈앞에서 흔들었다.

"제가 휴대전화를 좀 빌릴 수 있겠습니까?" 노인이 낮은 소리로 물었다.

중년 여인은 정말 원치 않는 듯 휴대전화를 노인에게 건넸고, 동시에 기회를 놓치지 않고 아들에게 훈계하길 "봐라, 이렇게 가난한 사람들은 지식이 없어서, 이렇게 나이가 들었어도 돈이 없어서 휴대전화도 살 수가 없잖아. 얼마나 불쌍하니, 너는 오늘부터 반드시 열심히 해야 한다!"라고 했다.

노인은 옆에서 통화를 끝내고 휴대전화를 여인에게 돌려주었다. 5분도 안 돼서, 남자 한 명이 급하게 다가와 아주 공손하게 노인 앞에 섰다. 노인은 그에게 "나는 지금 이 여인에게 '거상그룹'에서의 직무를 박탈하겠네!"라고 말했고, "네, 바로 지시대로 처리하겠습니다!"라고 그 사람이 연이어 대답했다.

노인은 지시 후 곧장 사내아이에게로 가서 손으로 아이의 머리를 쓰다듬으며, 의미심장하게 말했다. "네가 알았으면 한다. 이 세상에서 가장 중요한 것은 모든 사람을 존중할 줄 아는 것을 배우는 것이란다…" 말을 마치고, 노인은 세 사람을 두고 천천히 떠났다.

老人吩咐完后径直朝小男孩走去，他用手抚了抚男孩的头，意味深长地说："我希望你明白，在这世界上最重要的是要学会尊重每一个人……"说完，老人撇下3人缓缓而去。

中年女人被眼前骤然发生的事情惊呆了。她认识那个男子，他是巨象集团主管任免各级员工的一个高级职员。"你……你怎么会对这个老园丁那么尊敬呢？他到底是个什么人物？"她大惑不解地问。

"你说什么？他是老园丁？难道你不知道他是我们集团的总裁詹姆斯先生吗？"中年女人一下子瘫坐在长椅上，什么话也说不出来了。

중년 여인은 눈앞에서 갑자기 발생한 일 때문에 놀라 어리둥절했다. 그녀는 그 남자를 알았다. 그는 거상그룹에서 직원들의 인사권을 맡고 있는 고위직 직원이었다. "당신은… 당신은 어째서 늙은 정원사에게 그렇게 존경을 표하세요? 저 사람은 대체 어떤 사람이죠?" 그녀는 의혹이 풀리지 않는 듯 물었다.

"무슨 소리를 하는 겁니까? 저분이 늙은 정원사라니요? 설마 저분이 우리 그룹 제임스 회장님이신 걸 몰랐단 말입니까?" 중년 여인은 순간 의자 위에서 굳어버려 어떤 말도 하지 못했다.

원문 분석

- 이 글의 키워드는?

  존중(尊重)

- 단서 찾기

  ① 이 글의 요약에 필요한 요소를 찾아보자. (누가, 언제, 어디서)

  중년 여인, 남자아이, 노인, 고위직 직원(中年女人、小男孩、老人、高级职员) - 토요일 오후(星期六下午) - 화원(花园)

  ② 그렇다면 이 글의 흐름은? (키워드를 포함해서 판단하라)

  중년 여인이 사내아이를 데리고 기업의 공원에 들어갔다(발단-中年女人带着小男孩走进了集团的公园) - 중년 여인은 노인에게 몇 번이나 휴지를 던졌고, 노인은 휴지를 모두 주웠다(전개-中年女人把纸团几次扔到老人，老人都捡了团纸) - 중년 여인이 사내아이를 교육했다(절정-中年女人教育小男孩) - 중년 여인은 퇴직 당했다(결말-中年女人被辞退)

  ③ 이제 요약문의 스토리를 구상해보자.

  중년 여인이 사내아이를 데리고 기업의 공원에 들어갔다. 갑자기 노인에게 휴지를 던졌고, 노인은 몇 번이나 휴지를 주웠다. 중년 여인이 사내아이를 교육하고, 노인은 중년 여인에게 어떻게 이 건물을 들어왔는지 물었다. 중년 여인은 자신이 이 건물 소속 회사의 부서 책임자라고 자랑하듯 말했다. 잠시 후, 그녀는 퇴직을 당했고, 그리고 나서 노인은 사내아이에게 모든 사람을 존중하는 것을 배워야 한다고 말했다.(中年女人带着小男孩走进了集团的公园。忽然一甩手把纸团扔到老人，老人几次捡纸团。中年女人教育小男孩后，老人对中年女人问怎么能够进来这座大厦里。中年女人炫耀地说了她是所属一家公司的部门经理。一会儿，她被辞退，然后老人对男孩说要学会尊重每一个人。)

- 독해 후, 키워드와 사건의 전개에 따라 지문에 적합한 제목을 붙여라.

  모든 사람을 존중하는 것을 배우자 (学会尊重每一个人)

(총482자)

学会尊重每一个人

　　星期六下午，一位中年女人带着一个小男孩走进了美国著名企业的花园，看上去她非常生气，因为她不停地对男孩说着什么。在他们旁边，有个老人在剪树枝。

　　忽然，中年女人从包里揪出一团卫生纸，扔到树下。老人看了看，什么也没说，走过去捡起来，扔进了垃圾桶，然后，继续修剪树枝。过了几分钟，中年女人又扔了一团，老人再次捡起来扔进垃圾桶。第三团、第四团……老人捡了六七团，但始终没露出不满。

　　中年女人指着老人，告诉男孩，如果不好好学习，将来就跟这个老人一样没出息，被人看不起。老人走过去问中年女人，这里是集团的花园，她怎么进来的？中年女人骄傲地告诉他，她是这里的一个部门经理。老人问她借手机，打了一个电话，在老人打电话的时候，她仍不忘教育男孩，因为老人没努力所以老了没钱买手机。

　　一会儿，集团任免员工的一个高级职员走过来，老人让他把中年女士的职务免去，然后他语重心长地告诉男孩，要学会尊重每一个人。中年女人惊呆了，她听到高级职员的说明才知道那个看上去是个老园丁的老人原来是集团总裁。

　　해석　모든 사람을 존중하는 것을 배우자

　　토요일 오후, 마흔 넘은 중년 여인 한 명이 사내아이를 데리고 미국의 유명 기업 정원에 들어왔다. 그녀는 계속해서 사내아이에게 뭐라고 말을 했기 때문에, 매우 화가 난 듯 보였다. 그들 옆에서는 한 노인이 나뭇가지를 자르고 있었다.

　　갑자기, 중년 여인이 가방에서 휴지 한 뭉치를 꺼내더니 나무 아래로 던졌다. 노인은 보더니 아무 말도 하지 않고 걸어가서 줍고는 쓰레기통에다 버렸다. 그리고 계속해서 나뭇가지를 잘랐다. 몇 분 후, 중년 여인은 또 한 뭉치를 던졌고, 노인은 다시 주워서 쓰레기통에 버렸다. 세 번째, 네 번째… 노인은 여섯 일곱 번을 주웠으나 계속 불만의 표정을 드러내지 않았다.

　　중년 여인은 노인을 가리키며 사내아이에게 만약 공부를 제대로 안 하면, 앞으로 저 노인처럼 변변치 못한 사람이 돼서 남들에게 무시당할 것이라고 말했다. 노인은 중년 여인에게 다가가 이곳은 기업의 정원인데 어떻게 들어왔느냐?고 물었다. 중년 여인은 거만하게 자신은 이곳의 부서 책임자라고 말했다. 노인은 그녀에게 휴대전화를 빌려달라고 해서 전화를 했다. 노인이 통화할 때, 그녀는 노인이 노력하지 않았기 때문에 늙어서도 휴대전화 살 돈이 없는 것이라고 잊지 않고 사내아이를 교육했다.

　　잠시 후, 인사담당의 고위직 인사가 다가왔고, 노인은 그에게 중년 여인의 직무를 박탈하라고 했다. 그리고 나서, 그는 의미심장하게 사내아이에게 모든 사람을 존중하는 법을 배워야 한다고 말했다. 중년 여인은 놀라 멍해졌다. 그녀는 고위직 직원의 설명을 듣고 비로소 늙은 정원사처럼 보였던 노인이 사실은 그룹 회장이었다는 것을 알았다.

GRADE 3

요약 쓰기 실전
모범답안 및 풀이

요약 쓰기 실전

p. 102 ~ 127

1

　　上小学时，我一直是个非常自卑的女孩子。因为丑，因为笨，因为脾气倔强，因为不会讨老师欢心。每次调座位，老师都把我安排到最后两排，但我个子其实很矮。前面的位子都是给好学生准备的。后来，我干脆赌气主动要求老师把我和最后一排的一位男同学调换一下位置，固定地坐在最后一排去。

　　"为什么？"老师平淡地问。

　　"因为我眼睛好，他近视。"

　　我没告诉老师，其实我是全班同学中视力最差的一个。

　　坐在最后一排的几乎都是调皮的男同学，我和他们无话可说。想要听课却又看不清讲台上的板书。所以每次上课，只是用眼睛盯着黑板，做一些毫无意义的联想——我从小就是个脑袋里充满怪念头的人。比如说：梅花为什么叫梅花？我能不能变成一朵梅花？我若是梅花会是白梅还是红梅？……

　　这样混了半个学期。学校给我们换了个新班主任。她年轻漂亮，不像个老师，倒很像我的表姐。

　　"我叫白明，倒着读就是'明白'，也就是说对每个同学的情况我都能知道得明明白白。"她微笑着自我介绍。我心想，她真有那么大神通？她会知道我不想坐最后一排吗？她会知道……

　　没想到一天语文自习课上，我像往常一样摊开练习册假装做起来。其实我除了做些造句、看图作文之类适合我发挥的题目外，其他的根本懒得做。可她偏偏抽走了我的练习册，翻阅起来。

　　这几分钟是世界上最漫长也最短暂的几分钟。我害怕地等待着习惯性的发怒，却惊奇地听见她轻柔的笑声。

　　"这些句子非常好，很有想象力。'花朵儿们在树枝上聚精会神地倾听春天'，多有灵性啊。"

　　她轻轻地拍了拍我的头，走上了讲台，以我的练习册为范本讲起了造句。那半个小时

　　초등학생 시절, 나는 줄곧 굉장한 열등감을 가진 여자아이였다. 못생기고, 멍청하고, 고집이 세며, 선생님의 사랑을 받지 못했기 때문이었다. 매번 자리를 바꿀 때면, 선생님은 나를 뒤에서 두 번째 자리에 배치하셨는데 사실 나는 키가 매우 작았다. 앞자리는 늘 착한 학생들에게 준비된 것이었다. 나중에 나는 아예 울컥해서 선생님께 나와 제일 뒷자리의 한 남학생 자리를 바꿔달라고 해서 고정으로 제일 뒷자리에 앉았다.

　　"왜 그래?" 선생님은 아무렇지도 않게 물었다.

　　"저는 시력이 좋은데, 쟤는 근시예요."

　　선생님께는 말하지 않았지만, 사실 나는 전체 학급에서 가장 시력이 나쁜 학생 중 하나였다.

　　제일 뒷자리에 앉은 학생들은 대부분이 장난꾸러기 남학생들이라, 나는 그들과 할 말이 없었다. 수업을 듣고 싶어도 오히려 교탁 위의 칠판 글자가 보이지 않았다. 그래서 수업 때마다, 그저 눈으로 칠판을 주시하면서 무의미한 연상을 했다. 나는 어릴 적부터 머릿속 가득 이상한 생각을 하는 사람이었다. 예를 들면, 매화는 왜 매화라고 할까? 내가 매화꽃으로 변할 수는 없을까? 내가 만약 매화라면 흰 매화가 좋을까 아니면 빨간 매화? …

　　이렇게 학기의 절반을 대충 보냈고, 새 담임 선생님으로 바뀌었다. 그녀는 젊고 아름다웠으며, 선생님 같지 않고 오히려 내 사촌 언니 같았다.

　　"나는 바이밍(白明)이라고 해요. 거꾸로 읽으면 '밍바이(明白)'가 되죠. 다시 말해, 여러분의 상황을 나는 명명백백하게 알 수 있어요."라고 미소 지으며 자신을 소개했다. 나는 마음속으로 그녀는 정말 그렇게 신통할까? 그녀는 내가 제일 뒷자리에 앉는 걸 싫어한다는 것을 알까? 그녀는 알 거야…라고 생각했다.

　　뜻밖에도 하루는 국어 자습시간에 나는 평소와 같이 연습장을 펼쳐 문제를 푸는 척했다. 사실 나는 글짓기, 그림 보고 작문하기 등의 내 능력을 발휘할 수 있는 문제 외에 다른 것들은 아예 하기가 싫었다. 하지만 그녀는 굳이 내 연습장을 가져가서 훑어보기 시작했다.

　　그 몇 분은 세상에서 가장 길고도 짧은 몇 분이었다. 나는 일반적인 화를 두렵게 기다리고 있었으나, 놀랍게도 그녀의 경쾌한 웃음소리를 들었다.

　　"이 문장들 매우 좋구나, 상상력이 뛰어나. '꽃들이 가지 위에서 봄의 소리를 열중해서 듣고 있네.'라니 매우 생동감 넘치는데."

　　그녀는 가볍게 내 머리를 치고는 교탁으로 걸어가서, 내 연습장을 본보기 삼아 글짓기에 관해 설명했다. 그 30분의 시간은 내가 학교에 다닌 이래 처음으로 기쁨과 행복을 느낀 순간이었다. 나는 내가 당시에 분명히 약간의 어지럼증을 느끼고 심취했을 것으로 생각한다. 수업이 끝나고 아이들이 연이어 내 연습장을 빌리고자 했을 때에야, 나는 비로소 꿈에서 막 깬 듯 놀라 허둥대며 연습장을 책가방 안으로 밀어 넣었다.

时光是我上学以来第一次感觉快乐和幸福的时刻。我想我当时肯定有些晕眩和迷醉了。直到下课后同学们纷纷向我借练习册时,我才如梦初醒,惊慌失措地把练习册塞进书包里。要是让同学们看见那上面大片大片的空白区,我该多丢人哪。

以后的日子里,白老师特别注意查阅我的练习册和作业本,关切地询问我其他课的成绩。在我的努力下,我的各科成绩竟然很快进步起来。可由于眼睛近视看不清板书,便也给学习造成了一些不大不小的障碍。但我没有告诉白老师。我问自己：你有什么资格向老师提要求？

一天她来到班里旁听数学课,因为没有课本,便和我坐在一起合看。做练习时,"这是7,不是1。……这是8,不是3……"她轻声纠正着："怎么抄错这么多？你近视？"我没有说话,眼泪竟大滴大滴落下来。

日子慢慢过去,终于有一天,在一次语文测试中,我得了第一名,白老师给了我一份特别的奖励。我被换到了第一排。我的热泪夺眶而出。

만약 아이들이 그 연습장 위의 크디큰 빈자리를 본다면 얼마나 부끄러울까.

그 후로, 바이 선생님은 특별히 내 연습장과 숙제 공책에 주의를 기울였고, 다른 과목의 성적도 관심을 두고 물어보았다. 나의 노력에 각 과목의 성적은 놀랍게도 아주 빨리 올라갔다. 하지만 눈이 근시라 칠판 글씨가 잘 보이지 않는 것이 학습에 크고 작은 방해를 주었다. 하지만 나는 바이 선생님께 말하지 않았다. 나는 자신에게 "네가 무슨 자격으로 선생님께 요구한다는 거야?"라고 물었다.

하루는 그녀가 교실에서 산수 수업을 방청하고 있었는데, 교과서가 없어서 나와 함께 앉아서 같이 보고 있었다. 연습 문제를 풀 때, "이건 7이지 1이 아니야. …이건 8이지 3이 아니야…"라며 그녀가 작은 소리로 바로 잡아 주었다. "왜 이렇게 틀리게 쓰는 게 많아? 너 근시니?" 나는 말 없이 눈물을 뚝뚝 흘렸다.

시간은 천천히 흘러가 드디어 어느 날, 첫 번째 국어 시험에서 나는 1등을 했고, 바이 선생님은 내게 특별한 상을 주었다. 나를 제일 앞자리로 보낸 것이다. 나는 눈물이 솟구쳐 올랐다.

필수 어휘 赌气 dǔqì 图 (불만족스럽거나 꾸중을 들어서) 울컥하다 | 毫无 háowú 조금도 ~이 없다 | 摊开 tānkāi 图 나란히 벌여 놓다, 고르게 펼쳐 놓다 | 轻柔 qīngróu 圈 가볍고 부드럽다 | 聚精会神 jùjīng huìshén 정신을 집중하다, 열중하다 | 晕眩 yūnxuàn 현기증이 나다, 어질어질하다 | 迷醉 mízuì 图 심취하다 | 如梦初醒 rúmèng chūxǐng 막 꿈에서 깨어난 것 같다 | 惊慌 jīnghuāng 图 놀라 허둥지둥 하다 | 失措 shīcuò 图 놀라고 당황하여 어찌할 바를 모르다 | 纠正 jiūzhèng 图 교정하다, 바로잡다 | 夺眶而出 duókuàng érchū 图 눈물이 쏟아지다

모범요약문

(총505자)

　　　　　　坐在最后一排
　　上小学时，我非常自卑，因为丑、笨，而且我脾气倔，不会讨老师喜欢。每次调座位，老师总把我安排在最后两排，后来我赌气要求老师让我坐在最后一排。其实我个子很矮，视力很差。
　　上课时，我看不清黑板上的字，只能用眼睛盯着黑板，进行毫无意义的联想。比如：我能不能变成梅花？
　　半学期后，来了个年轻漂亮的新班主任白明。她说她对我们每个同学的情况都能了如指掌。我对此表示怀疑，难道她知道我不想坐最后一排吗？

		一	天	语	文	自	习	课	，	她	翻	看	了	我	的	练	习	册	。
我	只	做	了	些	造	句	、	看	图	作	文	，	其	他	都	是	空	白	的	。
没	想	到	，	她	居	然	夸	我	的	句	子	很	有	想	象	力	。	并	拿
我	的	句	子	当	范	文	讲	起	造	句	。	我	第	一	次	感	觉	到	快
乐	和	幸	福	。
		以	后	，	白	老	师	特	别	关	心	我	，	在	不	断	努	力	下，
各	科	成	绩	有	所	进	步	。	不	过	，	眼	睛	近	视	给	我	学	习
造	成	了	一	些	障	碍	。
		一	天	，	她	到	班	里	旁	听	数	学	，	看	我	做	练	习	时，
发	现	了	我	总	是	抄	错	题	，	这	才	知	道	我	近	视	。	过	了
些	日	子	，	我	在	一	次	语	文	测	试	中	得	了	第	一	名	，	作
为	奖	励	，	我	被	换	到	了	第	一	排	。	那	时	，	我	感	动	得
流	下	眼	泪	。

해석 제일 뒷자리에 앉다

초등학생 시절, 나는 굉장한 열등감을 가졌다. 못생기고, 멍청하고, 고집 세고, 선생님의 예쁨을 받지 못했기 때문이었다. 매번 자리 조정을 할 때면 선생님께서는 늘 나를 뒤에서 두 번째 자리에 배치하셨는데, 나중에는 울컥해서 선생님께 제일 뒷자리에 앉게 해달라고 했다. 사실 나는 키도 매우 작았고 시력도 나빴다.

수업 시간에, 나는 칠판의 글자가 잘 보이지 않아, 눈으로 칠판을 노려보며 아무 의미 없는 연상들을 하곤 했다. 예를 들면 내가 매화로 변할 수 있을까?하는 것이다.

학기의 반이 흘렀고, 젊고 예쁜 새로운 담임으로 바이밍 선생님께서 오셨다. 그녀는 우리 학생들 개개인의 상황을 제 손금을 보듯 훤히 잘 알 수 있다고 했다. 나는 약간 의심하며 설마 내가 제일 뒷자리에 앉는 걸 싫어한다는 것을 알까? 했다.

하루는 국어 자습시간에 그녀는 내 연습장을 펴서 봤다. 나는 글짓기와 그림 보고 작문하기만 했을 뿐 다른 것들은 손도 안 댔다. 뜻밖에도 그녀는 내 글짓기가 상상력이 풍부하다며 나를 칭찬했다. 또 내 글짓기를 본보기로 삼아 글짓기에 관해 설명했다. 나는 처음으로 기쁨과 행복을 느꼈다.

그 후로, 바이 선생님은 특별히 나에게 관심을 주셨고, 계속 노력하여 각 과목의 성적이 다 올랐다. 하지만, 근시가 학습에 약간 방해를 주었다.

하루는 그녀가 교실에서 산수 수업을 방청하고 있었는데, 내가 연습 문제를 풀때 계속 문제를 틀리게 베껴 쓰는 것을 보고는 내가 근시임을 알았다. 시간이 흘러, 나는 첫 번째 국어 시험에서 1등을 했고 상으로 제일 앞자리로 옮겼다. 그때, 나는 감동해서 눈물을 흘렸다.

2

好朋友把她在乡下的妈妈接到城里，老人家60多了，当我让孩子叫她奶奶的时候，她笑着说："我年轻的时候，因为皮肤黑，别人叫我黑嫂，现在年纪大了都叫我黑婆，你也这么叫吧。"

周末的时候，我跟朋友带着黑婆到了附近的广场。这里老人多，有的扭秧歌，有的打太极拳，有的跳健身舞，有的唱京剧，非常热闹。黑婆好奇地看着周围的一切，就像刘姥姥进了大观园。她迷惑地问："这些人是什么组织的？"一句话把我们都逗乐了。我们告诉她这些人都退休了，早上到广场锻炼身体，也是

친한 친구가 고향에 계신 어머니를 도시로 모셨는데, 올해 예순이 넘으셨다. 내가 아이에게 그녀를 할머니라고 부르라고 했을 때, 그녀는 웃으며 "내가 젊었을 때는 까만 피부 때문에 사람들이 깜씨 아주머니라고 불렀다. 지금은 나이가 들어 다들 깜씨 할머니라고 부르니 너도 그렇게 부르거라."라고 하셨다.

주말에 나는 친구와 함께 깜씨 할머니를 모시고 근처의 광장으로 갔다. 그곳에는 어르신들이 많았는데, 어떤 분들은 양가 춤을 추었고, 태극권을 하는 분들, 에어로빅하는 분들도 있었으며, 경극을 부르고 있는 분들로 매우 왁자지껄했다. 깜씨 할머니는 신기한 듯 주변을 쭉 둘러보았는데, 마치 번잡하고 화려함에 놀라 눈이 어지러운듯했다. 그녀는 푹 빠져 "이 사람들은 어떤 조직이냐?"라고 물었고, 이 한 마디가 우리를 웃겼다. 우리는 그녀에게 이들은 모두 퇴직을 해서 아침에 광

自娱自乐，自发组织在一起。朋友告诉黑婆，可以到广场锻炼身体，然后听听京剧。黑婆说："这样我就成了城里人了吗？"一句话，又把大家逗乐了。

之后的几天，朋友说黑婆每天早早就去了广场，因为她的性格开朗，很快就和许多老人成了熟人，她迷上了秧歌，健身舞，唱京剧……有时候在家也会扭扭，唱上几句。说农村人早上醒来就是喂鸡，喂猪，喂羊……然后就是在地里种粮食，再回到家里忙做饭。整天忙忙碌碌，就算是老人也没有时间这样娱乐，在农村也还要做力所能及的家务和劳动。看看城里人的生活，这才叫生活，农村人的生活真的叫白活了。朋友说没有想到老人来到这儿会这样的开心，开始害怕老人不习惯城市的高楼林立，家人上班后的寂寞。老人有这样的感觉她就放心了。

没有想到的是黑婆来到城里不到半个月，她就闹着要回老家。朋友说无论她和老公如何劝说，老人都不改变。朋友说，我妈挺喜欢你的，你到广场找她，就说是路过，和她聊聊，她为什么要回老家？

到广场的时候，老远就看见黑婆一个人呆呆的坐在石椅，我和她打招呼她才看到我。我就和她聊广场上的老人，这儿的生活，是想让她喜欢的秧歌，健身舞，唱秦腔……留住她。老人说："一开始我觉得这里的生活就象是电视里的生活。是我做梦都梦不到的幸福生活。现在新鲜感没了，城里的生活，电视里的生活也都一样，无论孩子对我如何的好，我就是想我的家了。那儿空气新鲜，早上喂喂鸡，喂猪，喂羊……看着它们吃饱的样子，不知心里有多么开心。在家帮孩子们在地里干活，看着绿油油的田地，别提有多高兴了。空闲的时候，和周围邻居说说生活中发生的哪怕是芝麻小事，也觉得新鲜。城里的老人是没有事做了才到广场来，回到家里是紧闭的房门，寂寞啊。这里走到那儿都是人，很吵啊。我要回老家，孩子不让，你给她说说让我回去吧。"

听了老人的话，我明白老人为什么要回老家了。我告诉朋友，还是让黑婆回家吧，因为无论老人生活在什么地方，只要老人快乐、开心、健康，就是儿女最大的快乐。

장에서 몸을 단련하면서 또한 스스로 즐기는 것으로, 자발적으로 함께 하는 것이라고 알려 드렸다. 친구는 깜씨 할머니께 광장에서 몸도 단련하고, 경극을 들어도 된다고 했다. 깜씨 할머니는 "이렇게 하면 나도 도시 사람이 되는 거냐?"라고 하셨고, 이 말은 다시 한 번 모두를 웃겼다.

며칠이 지나고, 친구는 깜씨 할머니가 매일 아침 광장으로 가시는데, 성격이 활발하셔서 금방 많은 어르신과 친해지셨으며, 양가, 에어로빅, 경극 부르기에 푹 빠지셨다고… 가끔은 집에서도 춤을 추시고 노래를 몇 소절 부르신다고 했다. 농촌 사람들은 아침에 일어나면서부터 닭 모이 주고, 돼지 모이 주고, 양 모이…그리고는 밭에 곡식을 심고 또 집으로 돌아가서 밥을 한다고 했다. 종일 눈코 뜰 새 없이 바쁘니, 노인조차도 이렇게 즐길 시간이 없고 농촌에서도 자기 능력으로 할 수 있는 집안일과 노동을 해야만 한다고 하셨다. 도시 사람들의 생활을 보니 이것이 사람 사는 것이고, 농촌 사람들은 헛사는 것이라고 말씀하셨다. 친구는 노인네가 도시에 와서 이렇게 신이나 하실 줄은 몰랐다며, 처음에는 노인네가 도시의 높은 빌딩과 숲, 식구들이 출근한 뒤의 외로움에 적응 안 되면 어떡하나 하고 두려웠다고 했다. 노인네가 이렇게 좋아하시니 안심된다고 했다.

생각지도 못하게 깜씨 할머니는 도시에 온 지 보름 만에 고향 집으로 가겠다고 억지를 부리셨다. 친구는 남편과 함께 아무리 말려도 노인네가 맘을 바꾸지 않는다고 말했다. 친구는 우리 엄마가 너를 많이 좋아하시니, 네가 광장에 가서 엄마에게 지나가는 길이었다며 얘기를 해보고, 왜 고향으로 돌아가겠다?고 하는 것인지 물어보라고 했다.

광장에 다다랐을 때, 멀리서 깜씨 할머니 혼자 멍하니 돌 의자에 앉아 계신 것을 보았다. 내가 그녀에게 인사를 하자 그제야 나를 보았다. 나는 그녀와 광장에 있는 어르신들과 이곳에서의 생활에 대해 얘기를 나눴는데, 좋아하시는 양가, 에어로빅, 진강 부르기…로 그녀를 붙잡을 생각이었다. 어르신은 "처음에 나는 이곳에서의 생활이 TV의 생활과 같다고 생각했어. 내가 꿈조차 꿔보지 못한 행복한 생활 말이야. 그런데 지금은 신선함도 사라졌고, 도시 생활은 TV 속 생활과 똑같아서 아이들이 나한테 아무리 잘한다 하더라도, 나는 내 집이 그리워. 그곳의 공기는 신선하지, 아침에 닭 모이 주고, 돼지 모이 주고, 양 모이 주고… 그것들이 배부른 모습을 보면 마음이 얼마나 즐거운지 몰라. 집에서 아이들을 도와서 농사일 짓고, 푸른 밭을 보면 얼마나 기쁜지 말도 마. 한가할 때는 주위 이웃들과 살면서 생기는 그런 소소한 일들을 얘기하는 것도 신선하다는 생각이 들어. 도시 노인들은 할 일이 없어야 광장으로 오는 것이고, 집에 돌아가면 닫힌 방문에 외롭지. 여기는 어딜 가나 사람이라 너무 시끄러워. 나는 고향으로 가고 싶은데 딸이 못 가게 하니, 네가 나를 좀 돌아가게 해다오."라고 말씀하셨다.

어르신의 말을 듣고, 나는 어르신이 왜 고향에 돌아가고 싶어하시는지 알게 되었다. 나는 친구에게 깜씨 할머니를 집으로 가시게 하는 것이 낫겠다고 했고, 노인이 어디서 사시던, 기쁘고, 즐겁고, 건강하시기만 하면 그것이 바로 자식들에게는 가장 큰 기쁨이기 때문이라고 했다.

필수 어휘 扭秧歌 niǔyāngge 통 앙가 춤을 추다, 모내기 춤을 추다 | 刘姥姥进大观园 Liú lǎolao jìn Dàguānyuán 유노파가 대관원에 들어가다, 번잡하고 화려함에 놀라 눈이 어지럽다 | 迷惑 míhuò 통 미혹되다 | 秦腔 qínqiāng 명 진강(중국 서북 지방에 유행하는 지방극) | 唠 lào 통 이야기하다, 한담하다 | 紧闭 jǐnbì 통 꼭 닫다

모범 요약문

(총 475자)

　　　　　　　　　黑婆
　　好朋友把乡下的妈妈接到了城里，她60多岁，她让我的孩子叫她黑婆就行了。
　　周末，我跟朋友带她到了广场。黑婆看到广场上热闹的情景，就像刘姥姥进了大观园，以为他们都是一些组织的。朋友建议黑婆可以到广场锻炼身体，听听京剧。"这样我就成了城里人了吗？"一句话，逗得大家都笑了。
　　黑婆性格开朗，很快就跟老人们熟悉了。她说农村人每天就是养牲畜、种粮食、在家做饭，整天忙碌。就算是老人在农村也还要干家务和劳动，城里人的生活才是真正的生活。朋友开始还担心老人不习惯，她能有这种感觉朋友也就放心了。
　　可不到半个月，朋友就说老人闹着回老家。让我假装路过广场碰到她，问问她为什么致意要回老家。
　　老远就看见黑婆一个人在广场的石椅上发呆，我跟她打了招呼，然后跟她聊这里的生活。黑婆告诉我，这里的生活很好，像看电视。但新鲜感没了，她很想念农村的新鲜空气，农村新的田地和邻居们。广场上的老人是因为没事做才来玩的，回到家都是一个人，太寂寞。我恍然大悟，建议朋友让黑婆回家吧。

해석 깜씨 할머니

　　친한 친구가 고향에 계신 어머니를 도시로 모셨는데, 올해 예순이 넘으셨다. 그녀는 내 아이에게 자신을 깜씨 할머니라고 부르면 된다고 했다.
　　주말에 나는 친구와 그녀를 모시고 광장으로 갔다. 깜씨 할머니는 광장의 떠들썩한 장면을 보시고는 번잡하고 화려함에 놀라 눈이 어지러운듯하셨는데, 그들이 모두 무리 지어 있었기 때문이었다. 친구는 깜씨 할머니께 광장에서 운동을 해도 되고 경극을 들어도 된다고 했다. "이렇게 하면 나도 도시 사람이 되는 거냐?"는 한마디에 우리는 모두 웃었다.
　　깜씨 할머니는 성격이 활발하셔서 금방 노인분들과 친해지게 되었다. 그녀는 농촌 사람들은 매일 가축을 기르고, 곡식을 심고, 집에서 밥을 해야 해서 하루 종일 바쁘다고 했다. 노인이라 하더라도 농촌에서는 집안일도 하고 노동도 해야 한다며, 도시 사람들 사는 것이 진짜 사는 것이라고 했다. 친구는 처음에는 노인네가 적응을 못할까 봐 걱정했는데, 이런 느낌을 받으셨다고 하니 친구도 안심된다고 했다.
　　하지만 보름도 안 돼서 친구는 노인네가 고향으로 돌아가겠노라고 한다고 했다. 나더러 광장을 지나는 길인 척하면서 그녀를 만나 왜 고향으로 돌아가겠다고 하는 것인지 물어보라고 했다.

멀리서 깜씨 할머니가 홀로 광장의 돌의자에 멍하니 앉아 계신 것을 보고는 인사를 하고, 이곳의 생활에 대해 얘기를 나눴다. 깜씨 할머니는 이곳의 생활은 너무 좋아서 마치 TV를 보는 것 같다고 하셨다. 하지만, 신선함이 없어졌다고 하셨고, 농촌의 신선한 공기, 농촌의 논밭과 이웃들이 그립다고 했다. 광장의 노인들은 할 일이 없어야 나와 노는 것이고, 집에 돌아가면 모두 혼자라 너무 외롭다고 했다. 나는 문득 모든 것을 알게 되었고 친구에게 깜씨 할머니를 고향으로 가시게 하라고 했다.

3

那还是我童年时候的事。小学四年级时，我们的班主任姓孙，他长得很普通，年纪有五十多岁了，心肠比较好，有很多好的教学方法，不过唯一的问题就是他的脾气怪怪的。

这天下午有节劳动课。孙老师带着我们来到学校的后山上，四个人一组，让我们把地上的枯树枝都捡起来。

我和三名同学跑向后山顶，边跑边捡。在一棵大树旁边，我发现了一堆枯干的小树枝，急忙奔了过去。跑着跑着，我的脚一滑，跌进了一个深深的坑里。那个坑太深了，我爬不上去，三名同学吓得大呼小叫，想了很多法也没能把我拉上来。

他们喊来了孙老师。孙老师站在坑边上，看了看我，看了看坑，然后才沉着脸坚决地说："跌进坑里，别急着向上看！你不要指望我们把你拉上来，你最好还是自己想办法吧！"全班同学面面相觑，也没人敢吱声。"老师，老师，我上不去！请救救我！"我在坑里急得大叫。"在里面呆着吧，我们走！"孙老师像陌生人一样大声扔给我一句话，带着同学们走了。

孙老师真的走了，而且不管我的死活。我一屁股瘫坐在坑里，嘴一张，"哇哇"地大哭起来，"老师！老师！我出不去！你们快回来啊！"一边哭一边生气地在坑里打滚，突然我无意间看见了一道亮光。那是什么？于是我擦干眼泪，我坐起来向亮光处爬去。透出亮光的地方有一个洞，我钻了进去，越钻越亮，不一会儿到了山坡上，一挺身我居然跳了出来。

这时，孙老师和同学们都站在山坡上，好像是专门来接我似的，大家看到我都很高兴，山坡上响起了真诚而热烈的掌声。老师猛地抱起我原地转了两圈。我所有的不快，一扫而光，不解地问："孙老师，你怎么知道坑里有洞能爬出来呢？""老师看你没摔坏。""老师在上面就看见有光了。""老师想让你学会自己

그것이 내가 어렸을 적 일이다. 초등학교 4학년 때, 우리 반 담임은 성이 손씨였는데, 평범한 생김새에 나이는 50세가 넘으셨으며, 마음씨도 좋은 편이었고, 좋은 교수 방법을 많이 가지고 계셨으나, 유일한 문제는 성격이 좀 이상하다는 것이었다.

이날 오후 노동 수업시간이었다. 손 선생님은 우리를 데리고 학교 뒷산으로 갔는데, 4인 1조로 우리한테 땅 위의 마른 나무 가지를 줍게 했다.

나와 3명의 친구는 뒷산 꼭대기로 올라 뛰어다니며 주웠다. 큰 나무 옆에서, 나는 말라버린 작은 나뭇가지들을 발견하고는 재빨리 달려갔다. 계속 뛰다가 나는 발이 미끄러져 깊고 깊은 구덩이에 빠져버렸다. 구덩이가 너무 깊어 기어 올라갈 수 없었고, 3명의 친구는 몹시 놀라 마구 소리를 지르며, 온갖 방법을 총동원했으나 나를 끌어올릴 수 없었다.

그들은 소리쳐서 손 선생님을 불렀다. 손 선생님은 구덩이 옆에 서서, 나와 구덩이를 번갈아 보고는, 어두운 얼굴로 단호하게 "구덩이에 빠졌으니, 급하게 위쪽으로 쳐다보지 마라! 우리가 너를 끌어당겨 줄 것이라는 희망을 품지 말고, 스스로 방법을 찾아보는 것이 나을 거다!"라고 말씀하셨다. 우리 반 아이들은 어리둥절해서 서로 바라보며 감히 소리를 내는 사람이 없었다. "선생님, 선생님, 못 올라가겠어요! 살려주세요!" 나는 구덩이 속에서 조급해하며 크게 소리 질렀다. "그 속에 있어라, 우리는 간다!" 손 선생님은 모르는 사람처럼 크게 소리치며 나에게 한 마디 던지시고는 아이들을 데리고 가버렸다.

손 선생님은 정말 가버렸다. 게다가 내가 죽고 사는 것 따위는 상관도 하지 않았다. 나는 구덩이 속에서 털썩 주저앉아서 "엉엉"하고 입을 벌리고 크게 울기 시작했다. "선생님! 선생님! 못 나가겠어요! 빨리 돌아오세요!" 울면서 화를 내면서 구덩이 속에서 데굴데굴 굴렀는데, 갑자기 무의식적으로 밝은 빛 한줄기를 보았다. 저게 뭐지? 그래서 나는 눈물을 닦고는 앉아서 빛을 따라 기어갔다. 빛이 비치는 곳에 구멍이 하나 있어 들어갔는데, 들어갈수록 밝아졌으며, 얼마 지나지 않아 산비탈에 도착했고, 몸을 펴자 뜻밖에도 뛰어나오게 되었다.

이때, 손 선생님과 아이들은 모두 산비탈에 서 있었는데, 마치 나를 마중 나온 듯했다. 모두 나를 보고는 기뻐했으며, 산비탈에서는 진심이 담긴 열렬한 박수소리가 울려 퍼졌다. 선생님은 격하게 나를 안고는 그 자리에서 두 바퀴를 돌았다. 나의 모든 불쾌함은 순식간에 사라졌다. 나는 이해가 되지 않아 "손 선생님, 구덩이 속에 구멍이 있어서 기어 나올 수 있다는 것을 어떻게 아셨어요?"라고 묻자, "선생님께선 네가 넘어졌는데 다치진 않은 걸 아셨어." "선생님은 위에서 빛이 있는

出来。"没等老师开口，阳光下同学们晃动着聪明的小脑袋争着抢着告诉我。

孙老师蹲在我面前伸出宽大的手掌拍掉我身上的尘土，亲切地抚摸着我的脑袋，慈祥地点着头。同学们探着身子，咧开小嘴上下打量我。这时，老师慢慢地站起来，环视一下四周，将一只手指竖到嘴边，示意我们安静。然后，他走到高处一字一句地说："孩子们，记住，跌进坑里，别急着向上看，一心寻求别人的帮助，常常会使人看不见自己脚下最方便的路。"

三十多年过去了，我仍然无法忘记儿时跌进坑里自己爬出来的经历，老师的话一直印在我的脑海里。直到今天，每当生活中遇到失败和意想不到的打击时，我总是这样提醒和勉励自己：跌进坑里，别急着向上看，一心寻求别人的帮助，常常会使人看不见自己脚下最方便的路。

걸 보셨지." "선생님은 네가 스스로 나오는 법을 배우길 바랐셨대." 선생님께서 대답하시기 전에, 햇살 아래서 학생들은 똑똑한 머리를 이리저리 굴리며 앞다투어 내게 말해 주었다.

손 선생님은 내 앞에 쪼그리고 앉아서 큰 손으로 내 몸의 흙을 털어주며, 따뜻하게 내 머리를 쓰다듬으시고는 자상하게 고개를 끄덕거렸다. 아이들은 몸을 내밀고 입을 벌린 채 나를 아래위로 훑어보았다. 이때, 선생님은 천천히 일어나 사방을 한 번 보고는 손가락 하나를 입 옆에 댔는데, 조용히 하라는 표시였다. 그리고 그는 높은 곳으로 가 또박또박 말씀하셨다. "너희는 기억해야 한다. 구덩이에 빠졌을 때는 다급하게 위를 쳐다보지 말아라. 남의 도움을 바라는 마음은, 늘 사람으로 하여금 자신의 발아래 가장 편한 길을 보지 못하게 하니까."

30여 년이 흘렀지만, 나는 아직도 어렸을 적 구덩이에 빠져 스스로 올라왔던 경험을 잊을 수가 없고, 선생님의 말씀이 계속 머릿속에 각인되어 있다. 오늘에 이르기까지 살면서 겪었던 실패와 생각지도 못한 충격을 받을 때마다, 나는 늘 이렇게 자신을 일깨우고 격려한다. 구덩이에 빠졌을 때는 다급하게 위를 쳐다보지 말자. 남의 도움을 바라는 마음은 늘 자신의 발아래 가장 편한 길을 보지 못하게 하니까.

필수 어휘 指望 zhǐwàng 동 기대하다, 꼭 믿다 | 面面相觑 miànmiàn xiāngqù 성 어리둥절해서 서로 쳐다보고만 있다 | 吱声 zhīshēng 동 소리를 내다 | 打滚 dǎgǔn 동 (데굴데굴) 구르다 | 山坡 shānpō 명 산비탈 | 晃动 huàngdòng 동 흔들다, 흔들거리다 | 尘土 chéntǔ 명 먼지, 흙먼지 | 抚摸 fǔmō 동 어루만지다, 쓰다듬다 | 慈祥 cíxiáng 형 자상하다, 인자하다 | 打击 dǎjī 동 공격하다, 타격을 주다 | 勉励 miǎnlì 동 격려하다

(총464자)

모범 요약문

			跌	进	坑	里	，	别	急	着	向	上	看
	我	小	学	四	年	级	的	班	主	任	老	师	姓	孙	，	他	是	个
很	好	的	人	，	有	很	好	的	教	学	方	法	，	但	就	是	脾	气	有
点	怪	。	一	天	下	午	的	劳	动	课	，	他	带	我	们	全	班	去	山
上	捡	枯	树	枝	。														
	我	和	三	个	同	学	跑	向	后	山	顶	，	边	跑	边	捡	。	在
一	棵	大	树	旁	，	我	发	现	了	一	堆	小	树	枝	，	急	忙	跑	过
去	，	结	果	不	小	心	脚	一	滑	掉	进	了	一	个	深	坑	里	。
我	爬	不	上	去	，	三	个	同	学	想	尽	各	种	办	法	也	没	把	我
拉	上	去	。																
	他	们	找	来	了	孙	老	师	。	他	看	看	我	和	周	围	的	情
况	后	说	，	跌	进	坑	里	，	别	急	着	向	上	看	，	要	自	己	想
办	法	。	我	乞	求	他	们	可	以	帮	帮	我	，	把	我	救	上	去	，
可	孙	老	师	很	坚	决	地	带	着	所	有	的	同	学	离	开	了	。
	无	助	的	我	在	坑	里	一	边	哭	一	边	打	滚	，	突	然	发
现	了	亮	光	，	我	顺	着	亮	光	发	现	那	里	原	来	有	一	个	洞
那	个	洞	居	然	通	向	山	坡	，	我	出	来	了	。	同	学	们	和	老

师	早	就	在	山	坡	那	里	等	我	了	。"	老	师	看	你	没	摔	坏	。"
"	老	师	看	到	有	光	,	希	望	你	自	己	出	来	。"	同	学	们	的
话	,	让	疑	惑	的	我	明	白	了	孙	老	师	的	用	心	。	孙	老	师
告	诉	我	们	,"	跌	进	坑	里	,	别	急	着	向	上	看	。"	,	其	实
最	方	便	的	路	可	能	已	经	在	脚	下	了	。						
		孙	老	师	的	话	,	一	直	在	我	脑	海	里	,	提	醒	我	、
鼓	励	我	。																

400

해석 구덩이에 빠지면, 급하게 위로 쳐다보지 마라

　　내가 초등학교 4학년 때 담임선생님은 성이 손씨였고, 그는 좋은 분이며 좋은 교수 방법을 많이 가지고 계셨으나, 성격이 좀 이상하셨다. 어느 날 오후 노동 수업에, 선생님은 반 전체를 데리고 산에 가서 마른 나뭇가지를 주웠다.

　　나와 3명의 친구는 뒷산 꼭대기로 뛰어 올라가, 뛰어다니면서 주웠다. 큰 나무 옆에서, 나는 작은 나뭇가지 무더기를 발견하고는 재빨리 달려가다 발이 미끄러져 깊은 구덩이에 빠져버렸다. 나는 기어 올라갈 수 없었고, 3명의 친구가 온갖 방법을 총동원했어도 나를 끌어올릴 수는 없었다.

　　그들은 손 선생님을 모셔 왔다. 선생님은 나와 주위 상황을 살피시고는, 구덩이에 빠졌으니 급하게 위로 쳐다보지 말고 스스로 방법을 찾아보라고 하셨다. 나는 선생님과 아이들에게 구해달라고 애걸하였으나, 손 선생님은 단호히 모든 학생을 데리고 떠나버렸다.

　　무력해진 나는 구덩이 속에서 울면서 데굴데굴 구르다가, 갑자기 빛을 보게 되었고, 빛을 따라가다가 그곳이 굴이었음을 알게 되었다. 그 굴은 뜻밖에도 산비탈과 통해 있어서 나는 나왔다. 친구들과 선생님은 일찌감치 산비탈에서 나를 기다리고 있었다. "선생님께선 네가 다치지 않은 걸 아셨어." "선생님께서 빛을 보고 네가 스스로 나오길 바라신 거야." 친구들 말에, 의심을 품고 있던 나는 손 선생님의 의도를 깨달았다. 손 선생님은 우리에게 "구덩이에 빠지면, 다급하게 위를 쳐다보지 마라."고 하셨다. 사실 가장 편한 길은 어쩌면 이미 발아래 있을 것이다.

　　손 선생님의 말씀은 나의 뇌리에 계속 남아 나를 일깨우고 격려하고 있다.

4 기출

　　他和她相识在一个宴会上。那时的她年轻美丽，身边有很多追求者，而他却是一个很普通的人。因此，当宴会结束，他邀请她一块去喝咖啡的时侯，她很吃惊，然而，出于礼貌，她还是答应了。

　　坐在咖啡馆里，两个人之间的气氛很尴尬，没有什么话题，她只想尽快结束。但是当小姐把咖啡端上来的时候，他却突然说："麻烦你拿点盐过来，我喝咖啡习惯放点盐。"当时，她愣了，小姐也愣了，她们的目光都集中到了他身上，以至于他的脸都红了。

　　小姐把盐拿过来了，他放了点进去，慢慢地喝着。她好奇地问："你为什么要加盐呢？"他沉默了一下，说："小时候，我家住在海边，我老是在海里泡着，海浪打过来，海水涌进嘴里，又苦又咸。现在，很久没回家了，咖啡里加盐，就算是想家的一种表现吧，可以把距离拉近一点。"

　　그와 그녀는 연회에서 서로 알게 되었다. 그때의 그녀는 젊고 아름다우며, 주변에 구애하는 사람이 많았지만, 그는 오히려 평범한 사람이었다. 그러한 이유로, 그 연회가 끝나고, 그가 그녀에게 함께 커피 한 잔 마시러 가자고 요구했을 때, 그녀는 매우 놀랐다. 그러나, 예의를 보이며 그녀도 대답했다.

　　카페에 앉은 두 사람의 사이의 분위기는 매우 어색했고, 어떠한 화제도 없었으며, 그녀는 그저 빨리 끝나기만을 바랄 뿐이었다. 그러나 종업원이 커피잔을 가져왔을 때, 그가 갑자기 "실례지만 소금 좀 갖다 주세요. 저는 커피 마실 때 소금을 넣어 마시거든요." 그때, 그녀는 어리둥절해 보였고, 종업원 또한 어리둥절했다. 그녀들의 눈빛이 모두 그에게로 집중되었고, 그의 얼굴이 빨개졌다.

　　종업원이 소금을 가져왔고, 그는 소금을 넣고 천천히 마셨다. 그녀는 신기해하며 물었다. "당신은 왜 소금을 넣나요?" 그는 잠시 침묵하더니 말했다. "어릴 적, 우리 집은 해변에 있어서 전 늘 바닷속에서 몸을 담그고 있었어요. 파도가 칠 때 바닷물이 입으로 들어왔는데, 쓰면서도 짰어요. 지금은 집에 못 간 지 오래되어서, 커피에 소금을 넣는 것은, 집에 대한 그리움의 표현이라 할 수 있고, 거리를 조금 가깝게 당길 수 있거든요."

　　그녀는 갑자기 마음이 움직였다. 왜냐하면 이 이야기는 남

她突然被打动了，因为这是她第一次听到男人在她面前说想家。她认为，想家的男人必定是顾家的男人，而顾家的男人必定是爱家的男人。她忽然有一种倾诉的欲望，跟他说起了自己远在千里之外的故乡。冷冰冰的气氛渐渐变得融洽起来，两个人聊了很久，并且，她没有拒绝他送她回家。

再以后，两个人频繁地约会，她发现他实际上是一个很好的男人，大度、细心、体贴，符合她所欣赏的优秀男人应该具有的所有特性。她暗自庆幸，幸亏当时的礼貌，才没有和他擦肩而过。她带他去遍了城里的每家咖啡馆，每次都是她说："请拿些盐来好吗？我的朋友喜欢咖啡里加盐。"再后来，就像童话书里所写的一样，王子和公主结婚了，从此过着幸福的生活。他们确实过得很幸福，而且一过就是40多年，直到前不久他得病去世。

故事似乎要结束了，如果没有那封信的话。那封信是他临终前写给她的："原谅我一直都欺骗了你，还记得第一次请你喝咖啡吗？当时气氛差极了，我很难受，也很紧张，不知怎么想的，竟然对小姐说拿些盐来。其实我不加盐的，当时既然说出来了，只好将错就错了。没想到竟然引起了你的好奇心，这一下，让我喝了大半辈子加盐的咖啡。有好多次，我都想告诉你，可我怕你会生气，更怕你会因此离开我。现在我终于不怕了，因为我就要死了，死人总是很容易被原谅的，对不对？今生得到你是我最大的幸福，如果有来生，我还希望能娶到你，只是，我可不想再喝加盐的咖啡了，咖啡里加盐，你不知道那味道有多难喝。咖啡里加盐，我真的不知道自己那时是怎么想的！"

信的内容让她吃惊，同时有一种被骗的感觉。然而，他不知道，她多想告诉他，她是多么高兴，有人为了她，能够做出这样一生一世的欺骗……

필수 어휘 尴尬 gāngà ⑱ 부자연스럽다. 어색하다. 난처하다 | 以致(于) yǐzhì(yú) ㉠ ~을 가져오다. ~을 초래하다. ~에 이르다 | 倾诉 qīngsù ⑧ 이것저것 다 말하다 | 大度 dàdù ⑱ 너그럽다. 도량이 크다 | 体贴 tǐtiē ⑧ 자상하게 돌보다. 보살피다 | 暗自 ànzì ⑨ 뒷전에서, 남몰래, 속으로 | 庆幸 qìngxìng ⑧ (예상보다 결과가 좋아) 축하할 만하다. 다행스러워하다 | 擦肩而过 cājiān érguò ⑧ 바로 옆에 있으나 마주치지 못하다. 닿을 듯 말듯 하면서도 인연이 닿지 않다 | 欺骗 qīpiàn ⑧ 속이다, 사기치다, 기만하다 | 将错就错 jiāngcuò jiùcuò ⑧ 잘못인 줄 알면서도 그대로 밀고 나가다 | 今生 jīnshēng ⑲ 현세, 이승, 한평생 | 来生 láishēng ⑲ 내세 | 一生一世 yìshēng yíshì ⑲ 일생일대, 한평생

(총480자)

加盐的咖啡

在宴会上，普通的他认识了漂亮的她。他请她喝咖啡，出于礼貌，她答应了他的邀请。

在咖啡馆里，没什么话说，女人很想离开。当服务员把咖啡拿来的时候，他说，请你拿点盐，我习惯喝咖啡时放盐。她好奇男的为什么要加盐。他解释道，他在海边长大，总在海里泡着，海水又苦又咸。现在，很久没回家了，咖啡加盐是想家的表现。

她被打动了，因为她认为男人想家就是顾家，顾家必然爱家。气氛变得融洽，他们聊了很久。

后来，她逐渐了解到他是个非常优秀的男人，很庆幸自己认识了他。所以，她带他去很多咖啡馆，每次都要帮他要点盐。后来他们结婚了，过得很幸福。一过就是40年，他去世前留了封信给她。

他希望她能原谅他欺骗的，因为当年他是因为紧张想小姐要了盐，将错就错，却正好引起了她的兴趣。可是害怕说出来，会失去她，所以他一直都没告诉她。他喝了几十年的加盐咖啡，但其实加了盐的咖啡很难喝。

虽然她看到信有种被欺骗的感觉，但是她感到高兴，丈夫为了她做出了一辈子的欺骗。

> **해석** 소금을 넣은 커피
>
> 　　연회에서 평범한 그가 예쁜 그녀를 알게 되었다. 그는 그녀에게 커피를 마시자고 했고, 예의상 그녀는 그의 요청을 받아들였다.
> 　　카페에서 아무 말이 없어 그녀는 얼른 떠나고 싶었다. 종업원이 커피를 가져왔을 때, 그는 커피를 마실 때 소금을 넣는 것이 습관 되었기 때문에 소금을 가져다 달라고 말했다. 그녀는 남자가 왜 소금을 넣는지 호기심이 생겼다. 그는 자신이 해변에서 자랐고, 항상 바닷속에서 몸을 담그고 있었는데 바닷물은 쓰면서도 짜다고 설명했다. 이제는 집에 못 간 지 오래되어서 커피에 소금을 넣는 것은 집을 그리워하는 표현이라고 말했다.
> 　　그녀는 마음이 움직였다. 왜냐하면 그녀는 남자가 집을 그리워하는 것은 가정을 돌보는 것이고, 가정을 돌보면 분명히 가정을 사랑하는 것이라고 여겼기 때문이다. 분위기도 좋아졌고, 그들은 오랫동안 이야기를 나누었다.
> 　　후에, 그녀는 점차 그가 매우 좋은 남자라는 것을 알게 되었고, 자신이 그를 알게 된 것이 매우 행복했다. 그래서 그녀는 많은 카페에 그를 데리고 가서, 매번 그를 도와 소금을 달라고 했다. 후에 그들은 결혼하여 행복한 날을 보냈다. 40여 년이 흐른 뒤, 그는 그녀에게 편지를 남긴 채 숨을 거두었다.
> 　　그는 자신이 속인 것을 그녀가 용서해 주기를 바랐다. 그해 그가 몹시 긴장했기 때문에 종업원에게 소금을 달라고 말했고, 잘못인 줄 알았지만 오히려 그녀의 흥미를 끌었다. 그러나 그녀를 잃을 것 같아 말하기 두려웠고, 그래서 그는 그녀에게 계속 말하지 못했다. 그는 몇 십 년 동안 소금을 넣어 커피를 마셨는데, 사실은 소금을 넣은 커피는 마시기 매우 힘들었다고 했다.
> 　　비록 그녀는 편지를 보고 속은 기분이 들었지만, 남편이 그녀를 위해 한평생을 속인 것에 기뻤다.

5

　　一个炎热的夏天中午，我跟几个同事一边喝茶，一边谈论最近闷热干燥的天气。

　　门口一瘸一拐地走进一个老人，看上去是农村进城来买东西或者是办什么事的。老人穿着一身破烂的衣服，背着一个麻布做的大包。这个大包看上去有些重，显得本来就驼背的老人更为单薄。他把身体的重心大部份都压到手上的拐杖上，所以走起路来很不协调。

　　"请问老人家，您有什么事吗？"我疑惑地问他。以前有这类似的人走进我们保险公司，都是来城里办社保手续走错地方的。我暗想可能他也是吧。

　　"小伙子，我想问你一下，这往东镇的路要往哪边走呀？"老人停下来说。

　　"东镇？"我对面的同事接话着，更加疑惑地说。"老人家，您知道东镇离这市里还有多远吗？您要去那里吗？"

　　"是呀，我知道，我家就是那里的，老伴去世几个月了，我是到这边来找亲戚，可是没有找到，所以我得回家去。可是我找不到路了。"

　　"原来是这样呀，我告诉您吧，您从这到马路对面，坐2路车到汽车站就可以找到去东镇的车了。"对面的同事是个比我还热心的家伙。听他这样给老人一说，我也就没说什么了。

　　"小伙子呀，你就是告诉我怎么走也没有用了，我到了车站也找不到回去的路呀。我来这个城里快一个星期了，身上就剩两块五毛钱了，我知道去东镇要二十五块才够呀。"老人说这话的时候，眼睛里闪出几丝凄凉与无奈。

　　我们不忍心多看老人，多看一眼心里就猛地触动一下。想想这样一个老人要是走路到东镇该是多么困难的事。也可能半路有个什么事情，身边都没个人照顾。几个同事相互看了一眼，很有默契地想到了一块。

　　"老人家，这样吧，我们给您凑点钱，您还是去坐车吧？"说完我们每个人从口袋里拿出五块。六个人正好三十块，多出的几块他可以去买点东西路上吃。

　　"不行不行，年轻人呀，我怎么能要你们的钱呢？你们上班也不容易呀。你们告诉我怎么走就可以了。我还走得动。"

뜨거운 한 여름날 오후, 나는 동료 몇 명과 차를 마시면서 최근의 무덥고 건조한 날씨 얘기를 하고 있었다.

입구에 절뚝거리며 노인 한 분이 들어왔는데, 보아하니 농촌에서 도시로 와서 물건을 사거나 어떤 일을 처리하기 위해서 온 것일 터였다. 노인은 남루한 차림이었으며 삼베로 만든 큰 봇짐을 등에 지고 있었다. 이 큰 봇짐은 조금 무거워 보였으며, 원래 등이 굽은 노인을 더욱 약해 보이게 했다. 그는 몸의 중심을 대부분 손에 든 지팡이에 싣고 있어서 걸음걸이가 매우 부자연스러웠다.

"어르신, 무슨 일 있으세요?" 나는 궁금한 듯 물었다. 예전에도 이런 부류의 사람들이 우리 보험회사에 들어왔었는데, 대부분이 도시에 와서 사회 보험 절차를 밟으려다 장소를 잘 못 찾아온 것이었다. 나는 속으로 아마 그도 같은 경우일 거라고 생각했다.

"젊은 양반, 하나만 물어보세, 동전으로 가려면 어느 쪽으로 가야 하나?" 노인이 멈춰 서서 물었다.

"동전이요?" 내 맞은편의 동료가 말을 받아서는 더욱 궁금한 듯 "어르신, 동전이 여기서 얼마나 먼지 아세요? 거기 가시는 거세요?"라고 말했다.

"그래, 나도 안다네. 우리 집이 거기야. 할멈이 죽은 지 몇 개월이 돼서 이곳에 친척을 찾으러 왔는데, 못 찾고 집으로 돌아가야만 하게 됐네. 근데 길을 못 찾아서 말이야."

"그렇게 된 거군요. 제가 알려 드릴게요. 여기서 길 맞은편까지 가셔서 2번 버스 타시고 정류장에 가시면 동전으로 가는 버스를 찾으실 수 있어요." 맞은편의 동료는 나보다 더 열성적인 친구였다. 그가 이렇게 노인에게 얘기하는 것을 들었고 나도 별말 하지 않았다.

"젊은 양반, 나한테 어떻게 가야 한다고 말해 봐야 소용없네, 나는 정류장에 가도 돌아가는 길을 못 찾을 걸세. 이 도시에 온 지 일주일이 다 되어 가서, 2위안 5마오가 남았는데, 동전으로 가려면 25위안은 있어야 해." 노인이 이 말을 할 때 눈에는 약간의 처량함과 무력함이 스쳐 지나갔다.

우리는 참지 못하고 노인을 몇 번 더 바라보았는데, 자꾸 보니 마음이 갑자기 움직였다. 이런 노인이 만약 걸어서 동전까지 간다면 얼마나 고된 일일지 생각했다. 또 가는 길에 무슨 일이 생긴다 해도 곁에서 돌봐줄 사람이 없었다. 몇몇 동료끼리 서로 바라 보았고, 텔레파시가 통한 듯 생각들이 일치했다.

"어르신, 이렇게 하시죠. 우리가 돈을 좀 모아 드릴 테니 차를 타고 가시죠?" 말을 마치고 우리는 각자 호주머니에서 5위안씩 꺼냈다. 6명이라 마침 30위안이 모였고, 약간 넘은 돈으로는 뭐를 좀 사서 길에서 드시면 됐다.

"안돼, 안돼, 젊은 양반, 내가 어떻게 당신들의 돈을 요구할 수가 있겠나? 일하기가 얼마나 어려운데. 어떻게 가는지만 알려주면 되네. 나는 아직 움직일 수 있다네."

"어르신, 받으세요. 괜찮습니다." 나는 돈을 노인의 손에 쥐여 주었다.

"참 좋은 사람들이구먼, 착한 사람은 꼭 복 받을 걸세." 말을 마치고, 노인은 절뚝거리며 나갔다.

"휴, 요즘 노인들은 배우자가 없고, 돈도 없으면 정말 불쌍하지." 동료는 탄식했다.

"老人家，您还是拿着吧，别客气了。"我把钱硬塞到老人手里。

"你们都是好心人，好人一定都有好报的。"说完，老人一瘸一拐地出去了。

"哎，你们说，现在的老人，如果没有亲人，没有钱也够可怜的。"同事发表着感叹。

"是呀，那老人可真可怜。也不知道他能找到在哪坐车不？"

"对呀，小王，你快出去看看他找到车站没？不过，说不定他继续到隔壁公司'问路'呢？"对面的家伙突然说。

"呵呵，怎么可能？我可不相信，我出去看看，他找到车站没。"

我急忙跑出去，害怕他走错了方向。可是刚跑到门口我就掉头回公司了。

"恭喜你们！他真的去隔壁公司'问路'了。"

大家顿时一片寂静。

"그래, 저 노인네도 얼마나 안됐어. 어떤 차를 타야 하는지 찾을 수나 있을지 모르겠네?"

"그래, 샤오왕, 너 빨리 나가서 정류장 찾았나 볼래? 근데, 어쩌면 그가 계속 옆 회사로 가서 '길을 물어' 볼 수도 있지 않을까?" 맞은편 동료가 갑자기 말했다.

"하하, 어떻게 그래? 난 안 믿어, 내가 나가 볼게, 정류장 찾았나."

나는 급하게 뛰어나갔고, 그가 방향을 잘못 들어섰을까 봐 걱정됐다. 그러나 입구에 뛰어가 도착하자마자 나는 몸을 돌려 회사로 돌아왔다.

"축하합니다. 여러분! 그는 정말로 옆 회사로 '길을 물어' 보러 갔습니다."

다들 잠시 침묵했다.

필수 어휘 **一瘸一拐** yìqué yìguǎi 절뚝거리다 | **单薄** dānbó 휑 (신체가) 허약하다, (힘, 병력이) 부족하다, 약하다 | **拐杖** guǎizhàng 휑 지팡이 | **凄凉** qīliáng 휑 (신세나 세월이) 처참하다, 처량하다 | **默契** mòqì 휑 마음이 잘 통하다, 호흡이 잘 맞다 | **掉头** diàotóu 통 (사람·차·배 따위가) 방향을 바꾸다(되돌리다)

모범요약문

(총437자)

问路

一天中午，我跟同事们吃完饭后在办公室一边喝茶，一边说着闷热的夏天。有一位穿着破烂衣服的老人走进了办公室,他背着一个包，看上去还有点重。还有挂着拐杖,走起路来，一瘸一拐。我们以为他走错地方了。结果，原来老人是向我们询问去东镇怎么走。因为东镇离我们这里很远，我们担心他走不回去。老人告诉我们，他家就在东镇，因为老伴儿离世，他到这里投奔亲戚，可是没找到，只能回家去了，现在又找不到路。同事很热心地告诉老人到马路对面坐2路车，然后到汽车站就能坐上去东镇的车了。知道老人身上的钱只有两块五毛后，加上担心他，我们六个人热心地每人拿出五块钱给他凑齐了路费，剩下几块，让老人可以买点零食吃。老人一开始执意不肯要我们的钱，但这是大家的好意，最后他还是接受了。老人离开后，

我	担	心	他	找	不	到	对	面	的	车	站	，	所	以	想	出	去	看	看
他	。	另	一	个	同	事	却	有	怀	疑	他	并	非	是	真	的	问	路	，
可	能	是	靠	要	饭	骗	钱	的	。	我	急	忙	跑	出	去	后	，	却	看
到	了	他	果	然	是	去	隔	壁	公	司	"	问	路	"	了	。			

400

해석 길을 묻다

어느 날 오후, 나는 동료와 식사를 한 후 사무실에서 차를 마시면서 무더운 여름 얘기를 나누고 있었다.

남루한 옷차림의 노인 한 분이 사무실로 들어왔는데, 봇짐을 지고 있어서 조금 무거워 보였다. 또한 지팡이를 짚고 있어서 걸을 때 절뚝거렸다. 우리는 그가 장소를 잘못 찾은 것으로 생각했으나, 알고 보니 우리에게 동전까지 어떻게 가는지 물어보려는 것이었다. 동전은 이곳에서 멀어서 우리는 그가 걸어갈 수 없다고 걱정했다. 노인은 우리에게 그의 집이 동전인데, 부인이 죽어 친척에게 의탁하려 했으나, 찾지 못해 집으로 돌아갈 수밖에 없는데 길도 잃었다고 했다. 동료는 열심히 노인에게 길 맞은편에서 2번 버스를 타고 정류장에 가시면 동전으로 가는 버스를 탈 수 있다고 말해 주었다. 노인에게 2위안 5마오만이 있다는 것을 알고 더욱 걱정돼서, 우리 6명이 기꺼이 5위안씩 거둬 차비를 모아 주었고 남는 돈은 간식거리를 사 드시도록 했다.

노인은 처음에는 우리의 돈을 받지 않으려고 했으나, 모두의 호의였기에 결국에는 받았다. 노인이 떠난 후, 나는 그가 맞은편 정류장을 못 찾을까 봐 걱정되어 나가서 그를 보려고 했다. 다른 한 동료는 오히려 의심하며, 그는 진짜로 길을 물어본 것이 아니라 먹고 살기 위해 돈을 사취하려 온 것일 수 있다고 의심했다. 나는 급히 뛰어나갔는데, 그가 역시나 옆 회사에 가서 '길을 묻는'것을 보고 말았다.

6

那年我的一位同学刚从大学毕业，分配在一个离家较远的公司上班。每天清晨7点，公司的班车会准时等候在一个地方接送她和她的同事们。

一个骤然寒冷的清晨，她关闭了闹钟尖锐的铃声后，又稍微懒了一会儿暖被窝像在学校的时候一样。她尽可能最大限度地拖延一些时光，用来怀念以往不必为生活奔波的寒假日子。那一个清晨，她比平时迟了五分钟起床。

可当她匆忙中奔到班车等候的地点时，到达时间已是7点5分。班车已经开走了。站在空荡荡的马路边，一种无助和受挫的感觉第一次向她袭来。

就在她懊悔沮丧的时候，突然看到了公司的那辆蓝色轿车停在不远处的一幢大楼前。她想起了曾有同事指给她看过那是上司的车，她想真是天无绝人之路。她向那车走去，在稍稍犹豫后打开车门悄悄地坐了进去，并为自己的聪明而得意。

为上司开车的是一位慈祥温和的老司机。他从反光镜里已看她多时了。这时，他转过头来对她说："你不应该坐这车。"

"可是我的运气真好。"她如释重负地说。

这时，她的上司拿着公文包飞快地走来。待他在前面习惯的位置上坐定后，她才告诉她

그해에 내 친구 하나가 막 대학을 졸업하고, 집에서 꽤 먼 회사로 배정되어 출근하게 되었다. 매일 아침 7시면, 회사 통근 버스가 정시에 한 곳에서 그녀와 그녀의 동료를 태워갔다.

갑자기 추워진 아침, 그녀는 알람 시계의 날카로운 소리를 꺼버린 후, 잠시 더 누워 있었는데 따뜻한 이불이 마치 학교 다닐 때와 같았다. 그녀는 가능한 한 최대한도로 시간을 끌면서 생활을 위해 바쁘게 뛰어다니지 않아도 되는 예전의 겨울방학을 회상했다. 그날 아침, 그녀는 평소보다 5분 늦게 일어났다.

그러나 그녀가 통근 버스를 기다리는 장소로 서둘러 뛰어갔을때, 도착한 시간은 이미 7시 5분이었다. 통근 버스는 이미 떠나 버렸다. 텅 빈 길가에 서 있는데 어떤 무력감과 좌절감이 처음으로 그녀에게 닥쳐왔다.

그녀가 후회하며 의기소침해 있을 때, 갑자기 회사의 그 푸른색 승용차가 멀지 않은 건물 앞에 서 있는 것을 보았다. 그녀는 이전에 동료가 그녀에게 그 차를 가리키며 상사의 차라고 했던 것이 기억나서, 정말 하늘이 무너져도 솟아날 구멍이 있다고 생각했다. 그녀는 그 차를 향해 다가갔고, 잠시 망설인 후 차 문을 열고 조용히 들어가 앉아서는 자신의 똑똑함에 만족해하고 있었다.

상사를 위해 차를 운전하시는 분은 자상하고 따뜻한 노기사였다. 그는 백미러로 이미 그녀를 오랫동안 보았다. 이때, 그는 고개를 돌려 그녀에게 "이 차를 타서는 안 됩니다."라고 말했다.

"그런데요, 제가 운이 정말 좋아요." 그녀는 무거운 짐을 벗어버린 듯 말했다.

이때, 그녀의 상사가 서류가방을 들고 빠르게 걸어왔다. 그가 습관적으로 앉는 앞자리에 앉기를 기다린 후, 그녀는 상사에게 "통근 버스가 벌써 가버려서요. 차 좀 얻어 타겠습니다."

的上司说："班车开走了，想搭您的车子。"她以为这一切合情合理，因此说话的语气充满了轻松随意。

上司愣了一下。但很快明白了一切后，他坚决地说："不行，你没有资格坐这车。"然后用无可辩驳的语气命令"请你下去！"

她愣住了，这不仅是因从小到大还没有谁对她这样严厉过，还因在这之前她没有想过坐这车是需要一种身份的。当时就凭这两条，以她过去的个性肯定会重重地关上车门以显示她的自尊。可是那一刻，她知道迟到在公司的制度里将对她意味着什么，而且她非常看中这份工作。于是，一向聪明伶俐但缺乏生活经验的她变得从来没有过的软弱。她近乎用乞求的语气对上司说："我会迟到的。"

"迟到是你自己的事。"上司冷淡的语气没有一丝一毫的回旋余地。

她把求助的目光投想司机。可是老司机看着前一言不发。委屈的泪水终于在她的眼眶里打转。然后，她在绝望之余为他们的不近人情而固执地陷入了沉默的对抗。他们在车上僵持了一会儿。她没有想到的是，她的上司打开车门走了出去。

坐在车后坐的她，目瞪口呆地看者有些年迈的上司拿着公文包向前走去。他在凛冽的寒风中拦下了一辆出租车。泪水终于顺着她的脸腮流淌下来。

老司机轻轻地叹了一口气："他就是这样一个严格的人。以后你就会了解他了。他其实也是为你好。"

老司机告诉她自己也迟到过，那还是在公司创业阶段，"那天上司一分钟也没有等我而且不听我的解释。从那以后，我再也没有迟到过。"他说。时间对任何人来说都很重要。

她记下了老司机的话，悄悄地拭去泪水，下了车。那天她走出出租车踏进公司大门的时候，上班的钟点正好敲响。

라고 말했다. 그녀는 모든 것이 합리적이라 생각했기에 말투가 몹시 가볍고 편했다.

상사는 멍했다. 하지만 즉시 모든 것을 알게 된 후, 그는 단호히 "안돼, 당신은 이 차를 탈 자격이 없어."라고 하고는 반박할 수 없는 말투로 "내리게!"라고 명령했다.

그녀는 어리둥절했다. 어렸을 때부터 지금까지 누구도 그녀를 이렇게 엄격하게 대했던 적이 없었을 뿐만 아니라, 또 이제까지 그녀는 이 차를 타려면 어떤 신분이 필요하다고 생각해 본 적이 없었기 때문이었다. 이 두 가지 이유만으로도, 예전의 그녀 성격이었다면 분명히 세게 차 문을 닫는 것으로 그녀의 자존심을 드러냈을 것이었다. 그러나 그 순간, 그녀는 지각이라는 것이 회사 제도 내에서 그녀에게 어떤 의미인지를 알았고, 또한 그녀는 이 일을 아주 중시했다. 그래서 똑똑하고 영리하지만 삶의 경험이 부족했던 그녀는 여태껏 그랬던 적이 없었을 만큼 나약하게 변해버렸다. 그녀는 거의 애걸하는 말투로 상사에게 "지각할 거에요."라고 말했다.

"지각은 자네 일이야." 상사는 냉담한 말투로 실낱만큼도 돌아설 여지가 없어 보였다.

그녀는 도움을 청하는 눈빛을 노기사에게 보냈다. 그러나 기사는 앞만 주시할 뿐 한마디도 하지 않았다. 억울한 눈물이 마침내 그녀의 눈에서 흘러내렸다. 그리고 그녀는 절망한 나머지 그들의 몰인정함에 고집스럽게 침묵의 대항으로 들어갔다. 그들은 차에서 잠시 대치했다. 그녀가 전혀 생각하지 못했던 것은 상사가 문을 열고 나가버린 것이었다.

뒷 좌석에 앉은 그녀는 멍하니 약간 연로한 상사가 서류 가방을 들고 앞으로 가는 것을 바라보았다. 그는 살을 에는 추운 한풍 속에서 택시를 한 대 잡았다. 눈물이 마침내 그녀의 볼을 타고 흘러내렸다.

노기사는 가볍게 한숨을 쉬며 "저분은 원래 저렇게 엄한 분이십니다. 앞으로 저분을 이해해 주세요. 사실은 아가씨를 위해서 그런 거에요."라고 말했다.

노기사는 그녀에게 자신도 지각한 적이 있었고, 그때는 회사를 막 시작했던 때였는데 "그날 상사는 1분도 기다려 주지 않았고 내 말도 듣지를 않으셨죠. 그날 이후로, 나는 다시는 지각한 적이 없어요."라고 말했다. 시간은 누구에게든 아주 소중하다.

그녀는 노기사의 말을 기억하고, 조용히 눈물을 닦고 차에서 내렸다. 그날 그녀가 택시를 타고 회사 입구에 다다랐을 때, 출근 시간을 알리는 종이 울렸다.

필수 어휘 骤然 zhòurán 〖부〗 돌연히, 갑자기 | 被窝 bèiwō 〖명〗 이불 | 拖延 tuōyán 〖동〗 지연하다, 늦추다 | 奔波 bēnbō 〖동〗 분주하다 | 空荡荡 kōngdàngdàng 〖형〗 텅 비다, 황량하다 | 受挫 shòucuò 〖동〗 좌절당하다 | 沮丧 jǔsàng 〖동〗 실망하다, 낙담하다 | 天无绝人之路 tiānwú juérén zhīlù 하늘이 무너져도 솟아날 구멍은 있다 | 如释重负 rúshì zhòngfù 〖성〗 무거운 짐을 벗어 버린 것 같다 | 合情合理 héqíng hélǐ 〖성〗 정리와 사리에 맞다, 인정상 도리상 모두 적절하다 | 辩驳 biànbó 〖동〗 변박하다, 반박하다 | 伶俐 línglì 〖형〗 영리하다, 총명하다 | 一丝一毫 yìsī yìháo 〖성〗 조금도, 털끝만큼도 | 陷入 xiànrù 〖동〗 몰두하다, 열중하다 | 僵持 jiāngchí 〖동〗 양보 없이 맞서다, 대치하다 | 凛冽 lǐnliè 〖형〗 살을 에듯 춥다

(총467자)

迟到

　　大学毕业后，我的一位同学在离家较远的公司上班。一个早晨，她因为贪睡比平时晚了7点5分钟。当她赶到班车等候的地方时，已经5点5分，班车开走五分钟了。

　　突然，她看到一辆蓝色轿车，那是上司的车。她走过去，稍微犹豫后打开车门悄悄地坐了上去。为上司开车的老司机告诉她，不应该坐这个车。但她却说这是自己的运气好。

　　上司坐上车后，发现了她。她跟上司解释，班车开走了，所以想搭他的车子。上司坚决地命令她下去。

　　从小到大没人用这样的口气跟她说话，她也没想到坐这个车还需要一种身份。虽然自尊心受到了严重伤害，可她更看中这份工作，她几乎在乞求上司，让她一起坐着上班吧。上司仍然很坚决，老司机也不说话，他们僵持了一会儿。上司打开车门走了出去，他拦了一辆出租车走了。她委屈地留下了眼泪。

　　老司机告诉她，自己也曾经迟到过，而且上司连解释的机会都没给。上司非常严格。但这之后，老司机再也没迟到。时间对每个人都很重要。她擦掉泪水，打了出租车。到公司时，正好没有迟到。

해석 지각

　　대학 졸업 후, 내 친구는 집에서 좀 떨어진 회사에 출근했다. 어느 날 새벽, 그녀는 늦잠을 자서 평소보다 5분 늦었다. 그녀가 서둘러 통근 버스가 기다리는 곳에 도착했을 때, 이미 7시 5분이었고 차는 5분에 출발했다.

　　문득 그녀는 푸른색 승용차를 보았고, 그것은 상사의 차였다. 그녀가 건너가, 잠시 망설인 뒤 문을 열고 조심스레 앉았다. 상사의 차를 운전하는 노기사는 그녀에게 이 차를 타지 말라고 말했다. 하지만 그녀는 오히려 자기가 운이 좋은 거라고 말했다.

　　상사가 타고난 후, 그녀를 발견했다. 그녀는 상사에게 통근 버스가 출발해서 그의 차를 얻어 타고 싶다고 설명했다. 상사는 그녀에게 내리라고 완강하게 명령했다.

　　어릴 적부터 성인이 되기까지 아무도 그녀에게 이처럼 화난 목소리로 말한 사람이 없었고, 그녀는 이 차를 타는 데 신분이 필요한지 생각지도 못했다. 비록 자존심은 몹시 상했지만, 그녀는 이 일을 더 중시하기 때문에 상사에게 같이 타고 출근할 수 있게 거의 애원했다. 상사는 여전히 매우 견고했고, 노기사도 아무말을 하지 않았다. 그들은 잠시 동안 대치하였다. 상사는 문을 열고 밖을 나갔고, 택시를 세워 타고 갔다. 그녀는 억울해하며 눈물을 흘렸다.

　　노기사는 그녀에게 자기도 지각했던 적이 있었는데, 상사가 해명의 기회조차 주지 않았다고 말했다. 상사는 매우 엄격했다. 하지만 그 후, 노기사는 다시는 지각을 하지 않았다고 했다. 시간은 모든 이에게 매우 중요하다. 그녀는 눈물을 닦아내고 택시를 탔다. 회사에 도착했을 때, 때마침 지각하지 않았다.

7

　　从一开始，她压根儿没有正眼瞧过他。在她的心目中，早已给未来的爱人勾画了严格的标准。而他，不管从什么方面来说，都是在标准线之外的：没有高学历，看不到前途，而且出生在贫穷的农村。

　　但他并不因此气馁和自卑，总是在她需要的时候，乐颠颠地出现在她面前。她的电饭锅坏了，灯坏了，下水道不通了，他不声不响地替她一一修理好……最终，她还是被他打动了。他们结了婚。

　　婚后的生活平淡真实，他每天按时下班，做饭，干家务，从不让她伸一把手。吃完他做的可口的饭菜，她去看电视，他去收拾家务。她喜欢买各式各样的纯棉袜子，喜欢那种软软的，暖暖的，很贴心的感觉。好多双袜子只破了点洞，扔在衣柜里积了一大堆。收拾好家务后，他就坐在她身边，一边陪她看着电视，一边飞针走线，缝补袜子。她欣喜地发现，那些破了洞的袜子，经了他的手，竟变得完好如新。她笑问，会补袜子的男人几乎就没有，你是怎么学的？他笑笑，什么也不说。

　　在许多个温馨的夜晚，袜子就这么一双一双补好了，他折叠好，一层层码在抽屉里，她欢喜地看着，心里充满了甜蜜和温暖。日子一天天悄然滑过，她安然地享受着他的爱，有时偶然的，她也会有一瞬间的失落。但她想想，这样的日子也挺好的，如纯棉袜子，朴素却让人感到温暖。

　　一天，她的一个多年没联系的大学好友和她丈夫突然来他们的小屋造访。女友现在是功成名就，衣锦还乡。闲聊中，他们流露出的富贵和骄傲，让她深深受了刺激，她觉得自己不比这个女友差，相貌、学历、家庭都比她好，可现在自己却是如此的失败。

　　同学夫妇走后，她的心开始暗流涌动。她看着他做饭，洗碗，补袜子，突然觉得，眼前的这个男人真是平庸无能。她陡然升起一股莫名的火，一把夺过他手中的袜子，大声说，补补，你除了会补袜子，还有什么本事呢？她和他大吵了一架。两个人的战争就此拉开序幕。

　　他们终于离婚了。分开的那天，他平静地说，让我再最后为你缝一次袜子吧。他穿针，走线，依旧是那样一丝不苟，她忍不住哭了。看着他的背影消失在街角的尽头，她的泪，滴

　　애초부터, 그녀는 아예 그를 바라본 적이 없었다. 그녀는 마음속에 일찌감치 미래의 남편에 대한 엄격한 기준을 가지고 있었다. 그러나 그는 어떤 면에서도 표준 이하였다. 낮은 학력에 비전은 보이지 않는데다 가난한 농촌 출신이었다.

　　하지만 그는 결코 이 때문에 기죽거나 열등감을 가지지 않았고, 항상 그녀가 필요할 때면 기뻐서 펄쩍 뛰며 그녀 앞에 나타났다. 그녀의 전기밥솥이 망가지거나, 전등이 나가거나, 하수도가 막혔을 때, 그는 묵묵히 그녀를 대신해 하나하나 수리를 했고… 결국, 그녀는 그에게 감동하였다. 그들은 결혼했다.

　　결혼 후의 생활은 평탄하고 진실하였다. 그는 매일 제시간에 퇴근하고, 식사 준비하고, 집안일을 했는데 단 한 번도 그녀에게 시킨 적이 없었다. 그가 요리한 맛있는 음식들을 먹고 나면 그녀는 TV를 보러 갔고, 그는 집안일을 했다. 그녀는 각양각색의 순면 양말을 사는 것을 좋아했는데, 그런 부드럽고, 따뜻하며, 매우 친근한 느낌을 좋아했다. 수많은 양말이 구멍만 나면 옷장 속에다 한 무더기를 던져두었다. 집안일을 끝낸 후, 그는 그녀 곁에 앉아 함께 TV를 보며, 빠르고 능숙한 바느질로 양말을 꿰맸다. 그녀는 재미있게도 구멍 난 양말이 그의 손을 거치면 마치 새것처럼 변하는 것을 알게 되었다. 그녀가 웃으며 양말을 깁는 남자는 거의 없을 텐데, 당신은 어떻게 배우게 된 것이냐?고 묻자, 그는 웃을 뿐 아무 말도 하지 않았다.

　　수많은 따뜻한 밤에, 양말은 그렇게 한 켤레 한 켤레 기워졌고, 그는 잘 접어서 한 층 한 층 겹겹이 서랍장 속에 쌓아두었다. 그녀는 즐겁게 바라봤고, 마음속은 달콤함과 따뜻함이 충만했다. 날은 하루하루 고요히 흘러갔고 그녀는 평안하게 그의 사랑을 누렸는데, 때때로 문득 그녀는 순간 공허함을 느꼈다. 하지만 그녀는 이렇게 사는 것도 참 좋아, 마치 순면 양말처럼 소박함이 따뜻함을 느끼게 해주니라고 생각했다.

　　하루는, 그녀와 몇 년간 연락이 되지 않던 대학 시절 친구와 그녀의 남편이 갑자기 그들의 작은 집을 방문했다. 그 친구는 현재 성공해서 명성을 떨치며 금의환향했다. 얘기 도중 드러난 그들의 부유함과 거만함에 그녀는 깊이 자극받았다. 그녀는 자신이 그 친구에 비해 모자라는 게 없으며, 외모, 학력, 가정환경 모두 그 친구보다 나았으나, 현재의 자신은 이처럼 실패했다고 생각했다.

　　친구 부부가 간 뒤, 그녀의 마음은 조용히 용솟음치기 시작했다. 그녀는 그가 밥을 짓고, 설거지하고, 양말을 깁는 것을 보며, 갑자기 눈앞의 이 남자가 정말 평범하고 무능하다고 느껴졌다. 그녀는 갑자기 알 수 없는 화가 치밀어, 그의 손에 있던 양말을 낚아채고, 꿰매고 또 꿰매고 양말 꿰매는 것 말고 대체 할 줄 아는 것이 뭐가 있냐?고 큰 소리로 외쳤고, 그녀와 그는 크게 싸웠다. 두 사람 간의 전쟁은 이렇게 막이 올랐다.

　　그들은 결국 이혼했다. 헤어지던 그날, 그는 차분하게 마지막으로 당신을 위해 양말을 꿰매주겠노라고 말했다. 그가 바늘에 실을 꿴 뒤 바느질하는 데 늘 그렇듯 빈틈이 없었다. 그녀는 참지 못하고 울었다. 그의 뒷모습이 길모퉁이 끝에서 사라지는 것을 보자, 그녀의 눈물이 그의 손 온기가 남아있던 양말 위로 떨어졌다.

　　몇 년 후, 그녀는 재혼했고, 그녀가 그리던 생활, 별장, 자동

在留有他手的温暖的袜子上。

过了几年，她又结婚了，她终于得到了想要的生活，别墅、车子、金钱、地位。可是她却感觉不到快乐。许多个夜晚，她独自一人守着偌大的房子，等她的丈夫回家，等得心空落落的，就像那空荡荡的房子。这时，她想起了他，想起了那些个温馨的夜晚，他们相守的日子。

她终于明白，只有他是最在乎她的。他对她默默的付出，为她一针一线、细细密密缝补袜子的耐心，全是因为深爱着她啊！她在心里叹息，袜子破了，还可以补好，可她的爱情破了，却是再也回不去了。

차, 돈, 지위를 결국 얻었다. 하지만 그녀는 즐거움을 느낄 수가 없었다. 수많은 밤을, 그녀는 홀로 큰 집을 지켰으며, 남편의 귀가를 기다리는 동안 쓸쓸해진 마음은 마치 그 텅 빈 집 같았다. 이때, 그녀는 그를 생각했고, 그 따스했던 밤, 그들이 함께했던 날들을 생각했다.

그녀는 마침내 깨달았다. 그가 자신을 가장 사랑했음을. 그는 묵묵히 희생했고, 그녀를 위해 한 땀 한 땀 세심하게 양말을 깁는 인내심은 모두 그녀를 진심으로 사랑했기 때문이었다는 것을! 그녀는 마음속으로 탄식했다. 양말은 구멍이 나면 꿰맬 수 있지만, 그녀의 사랑은 깨졌고 오히려 다시는 돌이킬 수 없다고.

필수 어휘

气馁 qìněi 동 기가 죽다, 용기를 잃다 | 自卑 zìbēi 동 스스로 낮추다, 열등감을 가지다 | 乐颠颠 lèdiāndiān 형 기뻐서 어쩔 줄 모르는 모양 | 贴心 tiēxīn 형 가장 친하다, 마음이 맞다 | 飞针走线 fēizhēn zǒuxiàn 성 바느질이 빠르고 솜씨가 매우 좋다 | 缝补 féngbǔ 동 깁고 꿰매다, 바느질하다 | 温馨 wēnxīn 형 따스하다 | 码 mǎ 동 겹겹이 쌓아올리다 | 衣锦还乡 yìjǐn huánxiāng 성 금의환향하다, 출세하여 고향에 돌아가다 | 一丝不苟 yìsī bùgǒu 성 조금도 빈틈이 없다

모범 요약문 (총445자)

缝在袜子里的爱

他没有高学历，没有前途，出生在农村。她，压根就没想过这个人会成为自己的爱人，可是他不气馁，总在她最需要的时候，帮助她。最终，她被打动了。他们结婚了。男人依旧照顾着她，从不让她干家务。吃完饭，男人收拾家务，她去看电视。等收拾完，男人会拿出女人爱穿的破了洞的棉袜子，一边缝补，一边陪她看电视。日子很平淡，但女人感受着男人给她的甜蜜和温暖。

一天，她见到她的一个大学同学和她丈夫女友，现在事业有成，很有钱。她很受刺激，觉得自己不比她差，为什么现在如此平庸。她看着丈夫做饭、洗碗补袜子的样子，终于把自己的不满爆发出来，他们大吵一架。越吵越厉害，最后两人离婚了。分开的那天，他再次为她缝了一次袜子，她忍不住哭了。

几年后，她又结婚了，拥有了她期望的别墅、车子、金钱和地位。但她不快乐，她独自守着大房子，等丈夫回家。可她想起了他，想起了和他相守的日子。她才明白，只有他最爱她。袜子破了，可以补好，爱情破了，就再也回不来了。

해석 꿰맨 양말 속의 사랑

그는 번듯한 학벌도 없었고, 비전도 없는 농촌 출신의 남자였다. 그녀는 아예 이 사람이 자신의 남편이 될 거라고 생각해 본 적이 없었다. 하지만 그는 기죽지 않고 항상 그녀가 가장 필요로 할 때, 그녀를 도와주었다. 결국, 그녀는 감동하였다. 그들은 결혼했다. 남자는 여전히 그녀를 돌봤으며, 그녀가 집안일을 하지 않도록 했다. 식사가 끝나면 남자는 집안일을 하고, 그녀는 TV를 보러 갔다. 다 치우고 나면, 남자는 여자가 즐겨 입는 구멍이 난 면 양말을 꺼내 꿰매면서 그녀와 함께 TV를 보았다. 평범한 나날이었으나, 여자는 남자가 그녀에게 주는 달콤함과 따스함을 느꼈다.

어느 날, 그녀는 자신의 대학 동창과 그녀의 남편을 만났다. 친구는 사업에 성공해서 돈도 많았다. 그녀는 자극을 받아, 자신이 그녀보다 못한 것이 없는데 지금 왜 이렇게 평범할까라고 생각했다. 그녀는 남편이 밥을 하고, 설거지하고, 양말을 꿰매는 모습을 보고는 마침내 불만이 폭발해서 크게 싸웠다. 싸움은 점점 심해졌고, 결국 두 사람은 이혼했다. 헤어지던 그날, 그는 다시 한번 그녀를 위해 양말을 꿰맸고, 그녀는 참지 못하고 울었다.

몇 년 후, 그녀는 재혼해서 바라던 별장, 자동차, 돈과 지위를 가졌다. 하지만 그녀는 즐겁지 않았으며, 홀로 큰 저택을 지키며 남편이 돌아오길 기다렸다. 그러나 그녀는 그를 생각했고, 그와 함께했던 날들을 생각했다. 그녀는 마침내 깨달았다, 그가 자신을 가장 사랑했음을. 양말은 구멍이 나면 꿰맬 수 있지만, 깨진 사랑은 깨지면 다시는 돌이킬 수 없다고.

8

在从纽约到波士顿的火车上，我发现坐在我旁边的老先生是位盲人。为了打发枯燥的旅途时间，我和他聊起了天。而且我的博士论文指导教授就是位盲人，所以我和他谈起话来，一点困难也没有。我还为他倒了一杯热腾腾的咖啡让他喝。

当时正好是洛杉矶种族暴乱的时期，我们很自然就谈论到了种族偏见的问题。

老先生告诉我，他是美国的南方人，从小受到的教育就是，黑人低人一等。他家的佣人是黑人，他从来都不和黑人一起吃饭，也从未和黑人一起上过学。如果和黑人有了接触，在他们看来是非常耻辱的事情。到了北方念大学的时候，有一次他被班上同学指定举办一次郊外野餐会，年轻的他居然在请帖上注明了"我们保留拒绝任何人的权利。"在南方，这句话其实就是"我们不欢迎黑人。"的意思，当时引起了全班的骚动，他还被系主任抓去狠狠地骂了一顿。有时候碰到黑人营业员，在付钱的时候，他总将钱放在柜台上，让黑人自己去拿，避免和黑人的手有任何接触。

听了这些，我笑着问他："那你当然不会和黑人结婚了。"

他大笑起来："我从小排斥，都不和他们来往，怎么会和黑人结婚？说实话，我当时认为任何白人和黑人结婚，都会使父母、使家族蒙羞。"

뉴욕에서 보스턴으로 가는 기차 안에서, 나는 내 옆자리에 앉은 노신사가 맹인인 것을 알게 되었다. 따분한 여행 시간을 보내기 위해 나는 그와 얘기를 나누기 시작했다. 게다가 내 박사 논문지도 교수님도 맹인이어서 나는 그와 이야기하는 데에 전혀 어려움이 없었다. 나는 그가 마실 수 있도록 뜨거운 커피도 따라 주었다.

당시는 마침 LA 인종폭동 때라, 우리는 자연스레 인종차별 문제에 관해 얘기를 나누었다.

노신사는 자신이 미국 남부 출신이어서 어렸을 때부터 흑인은 낮은 계급이라는 교육을 받았다고 했다. 그의 집 일꾼은 흑인이었는데, 단 한 번도 흑인과 함께 식사하거나 함께 학교에 다닌 적도 없었다. 만약 흑인과 접촉하면, 굉장히 치욕적인 일로 여긴다고 했다. 북방에서 대학을 다닐 때, 한 번은 같은 과 친구가 그에게 야외 피크닉 모임의 주최를 맡겼는데, 젊었던 그는 놀랍게도 초대장에 '우리는 어떤 사람을 거절할 권리를 가지고 있습니다.'라고 명시했다. 남방에서, 이 말은 사실 '우리는 흑인을 환영하지 않습니다.'는 뜻이었다. 당시 모든 과에서 소동이 일어났고, 그는 주임 교수님께 잡혀가 심한 꾸중을 들었다. 가끔 흑인 종업원을 만나 돈을 지급할 때면, 그는 늘 돈을 카운터에 놓고 흑인에게 가져가도록 하여 흑인 손과 어떠한 접촉도 피했다.

이런 말을 듣고, 나는 웃으며 "그럼 당연히 흑인과 결혼은 하실 수도 없으셨겠네요."라고 물었다.

그는 크게 웃으며 "어렸을 때부터 배척해서 그들과는 왕래도 하지 않았는데 어떻게 흑인과 결혼을 하겠소? 솔직히 말해, 나는 당시에 어떤 백인이라도 흑인과 결혼을 한다면 그것은 부모와 가족을 수치스럽게 하는 것이라고 생각했다오."라고 말했다.

하지만 일이란 늘 예상을 벗어나는 법, 그가 대학원에 다닐 때 차 사고를 당했다. 비록 그는 큰 재난에서 살아남았지만, 불행하게도 눈이 완전히 실명되어 아무것도 보이지 않았다.

可是，事情总是出乎意料，就他在念研究生的时候，发生了一场车祸。虽然他大难不死，可是不幸的是，他的眼睛完全失明，什么也看不见了。

他进入到一家盲人训练院，在那里学习如何使用盲文的技巧，如何靠手杖走路等等，慢慢地他终于能够独立生活了。他说："最让我苦恼的事情是，从那以后，我弄不清楚对方是白人还是黑人。我跟我的心理辅导员谈论这个问题，他也尽量开导我。在长期的接触中，我非常信赖我的辅导员，什么都告诉他，把他看成了我的良师益友。终于有一天，那位辅导员告诉我，其实他本人就是黑人。我发现自己完全能够接受这个事实，黑人和白人，对我而言，已经没有任何意义。从那以后，我的偏见就完全消失了。在我的眼里，没有了肤色之分，我只知道这个人是好人，不是坏人，这就足够了。"

经过几个小时的旅途，我们聊得很愉快，车快到波士顿了，老先生说："我虽然失去了视力，不过也失去了偏见，这真是一件非常幸福的事。"

在月台上，老先生的太太早已在等着他，当他们两人亲切地拥抱时，我猛然发现他的太太竟是一位满头银发的黑人。眼睛在很多时候误导甚至欺骗了我们，看不见的人其实是幸运的，因为他能够用心去打量观察这个世界，并且"看"得更为真切。

我这才发现，我视力良好，但我的偏见还在，是多么不幸的事。还好，我知道了这些。

그는 맹인 훈련원에 들어가 그곳에서 점자를 사용하는 방법과 어떻게 지팡이를 짚고 길을 가는지 등등을 배웠고, 조금씩 마침내 독립생활이 가능해졌다. 그는 "가장 나를 괴롭힌 것은, 그때 이후로 상대방이 백인인지 흑인인지 구별을 할 수가 없게 되었다는 것이었소. 나는 내 심리치료사와 이 문제를 상담했고, 그는 최대한 나를 일깨워 주었소. 긴 시간을 만나는 동안, 나는 내 치료사를 굉장히 신뢰하게 되어 무엇이든 다 말하게 되었고, 그를 나의 좋은 스승이자 친구로 삼게 되었네. 마침내 하루는 그 치료사가 내게 사실 자신은 흑인이라고 말을 했네. 나는 내가 이 사실을 온전하게 받아들일 수 있음을 알게 되었고, 흑인과 백인은 나에게 있어서 이미 아무런 의미가 없었다네. 그때부터 내 편견은 완전히 사라졌지. 내 눈 속에는 피부색의 구분이 없고, 나는 그저 이 사람이 좋은 사람인지 나쁜 사람이 아닌지만 알면 그걸로 충분하네."라고 말했다.

몇 시간의 여정 동안 우리는 유쾌하게 얘기를 나눴으며, 차가 곧 보스턴에 도착하려고 할 때, 노신사는 "내가 비록 시력은 잃었지만, 편견도 잃었으니, 이건 정말 굉장히 행복한 일일세."라고 말했다.

플랫폼에서는 노신사의 부인이 일찌감치 그를 기다리고 있었다. 두 사람이 다정하게 포옹하는 것을 보았을 때, 나는 갑자기 그의 부인이 은발의 흑인인 것을 보았다. 눈은 대부분 잘못 이끌고 심지어는 우리를 속이기까지 한다. 보지 못하는 사람은 사실 행운인 것이다. 그는 마음으로 이 세상을 관찰할 수 있고, 나아가 더욱 진실하게 '보기' 때문이다.

나는 이제야 알았다. 내가 시력은 좋지만 나의 편견은 아직 존재하고, 이것이 얼마나 불행한 일인가를. 그래도 다행인 것은, 내가 이러한 사실을 안다는 것이다.

필수 어휘

波士顿 Bōshìdùn 명 보스턴 | 枯燥 kūzào 형 바싹 마르다, 무미 건조하다 | 热腾腾 rètēngtēng 형 뜨끈뜨끈한 모양, 김이 무럭무럭 나는 모양 | 洛杉矶 Luòshānjī 명 로스앤젤레스(LA) | 种族 zhǒngzú 명 인종 | 暴乱 bàoluàn 명 폭동 | 耻辱 chǐrǔ 명 치욕 | 骚动 sāodòng 동 소동을 일으키다 | 排斥 páichì 동 배격하다, 배척하다 | 蒙羞 méngxiū 동 수치를 당하다 | 信赖 xìnlài 동 신뢰하다 | 良师益友 liángshī yìyǒu 성 좋은 스승과 유익한 친구 | 误导 wùdǎo 동 잘못 이끌다

모범 요약문

(총507자)

眼见未必为实

在火车上，我和旁边的老先生聊天，他是个盲人。

那时正是美国种族暴乱时期，我们聊到了种族偏见的问题。

老先生是南方人，从小就认为黑人低人一

等	。	他	家	的	佣	人	是	黑	人	，	他	不	和	黑	人	吃	饭	、	上
学	，	甚	至	没	有	任	何	肢	体	上	的	接	触	。	在	大	学	里	组
织	一	次	野	餐	会	时	，	他	居	然	在	请	帖	上	写	着	:	"	我	们
保	留	拒	绝	任	何	人	的	权	利	。	"	这	句	话	的	意	思	是	"	我
们	不	欢	迎	黑	人	。	"	，	全	班	同	学	都	很	惊	讶	，	他	还	被
系	主	任	教	训	了	一	顿	。												
		他	自	然	也	不	会	和	黑	人	结	婚	，	那	会	让	家	族	蒙
羞	。																			
		可	事	情	往	往	会	发	生	变	化	。								
		读	研	究	生	时	，	他	遭	遇	了	车	祸	，	眼	睛	完	全	失
明	。	他	学	习	了	盲	文	、	用	手	杖	走	路	等	等	。	但	他	看
不	到	对	方	是	黑	人	还	是	白	人	。	因	此	他	和	心	理	辅	导
员	沟	通	，	告	诉	了	他	自	己	的	疑	问	。	辅	导	员	开	导	他,
并	成	了	他	的	良	师	益	友	。	当	他	知	道	辅	导	员	就	是	黑
人	时	，	他	发	现	自	己	能	接	受	了	，	因	为	他	只	会	区	分
好	人	还	是	坏	人	，	不	在	乎	黑	人	还	是	白	人	了	。			
		老	先	生	的	太	太	在	月	台	上	接	他	，	她	也	是	位	黑
人	。	眼	睛	有	时	候	误	导	了	我	们	，	看	不	见	的	人	其	实
更	幸	运	，	因	为	他	们	能	"	看	"	得	更	真	切	。	我	很	幸
运	，	明	白	了	这	些	。													

해석 보이는 것이 반드시 진실은 아니다

기차에서 나는 내 옆의 노신사와 이야기를 나누었는데, 그는 맹인이었다.

그때 미국에서는 인종폭동이 일어나던 시기여서, 우리는 인종차별 문제에 대한 이야기를 했다.

노신사는 남방 사람이었는데, 어릴 때부터 흑인은 다른 인종보다 낮은 계급이라고 생각했다고 한다. 그의 집 일꾼은 흑인이었고, 그는 흑인과 밥을 같이 먹지도, 학교에 다니지도, 심지어 어떠한 신체 접촉도 하지 않았다. 대학에서 한 번은 조원 야외 피크닉 모임을 했을 때, 그는 뜻밖에도 초대장에 "우리는 어떤 사람을 거절할 권리를 가지고 있습니다."라고 썼다. 이 문구의 뜻은 "우리는 흑인을 환영하지 않는다."였고, 모든 반 친구들은 놀랐으며, 그는 또 학과장님으로부터 한바탕 훈계를 들었다.

그는 자연스럽게 흑인과는 결혼하지 않을 것으로 생각했고, 그것은 가족에게 굴욕감을 주는 일이었다.

그러나 일은 때때로 변할 수 있다.

대학원에서 공부할 때, 그는 교통사고를 당해 완전히 실명했다. 그는 점자와 지팡이를 짚고 걷는 것 등을 배웠다. 그러나 그는 상대방이 흑인인지 백인인지 볼 수 없었다. 이 때문에 그는 심리지도사와의 소통에서 자신의 의문을 말했다. 지도사는 그를 가르치기 시작하면서 동시에 그의 좋은 스승과 유익한 친구가 되었다. 그는 지도사가 흑인인 걸 알았을 때, 자신이 받아들일 수 있다는 것을 발견했다. 왜냐하면 그는 단지 좋은 사람인지 나쁜 사람인지를 구분할 뿐, 흑인인지 백인인지는 마음에 두지 않았기 때문이다.

노신사의 부인은 플랫폼에서 그를 마중 나와 있었고, 그녀 역시 흑인이었다. 눈은 때때로 우리를 잘못 이끈다. 볼 수 없는 사람은 사실 운이 더 좋은 것이, 그들은 더욱 진실하게 '보기' 때문이다. 나는 운이 좋게도 이런 것들을 이해하였다.

9 기출

　　她记得幼儿园的老师在第一次家长会时就对她说："你的儿子在座位上连三分钟都坐不了，是不是有多动症？你最好带他去医院看一看。"回家的路上，儿子问妈妈，老师跟她说了些什么，她有点儿难过，差点流下泪来。因为全班有30个小朋友，只有她的儿子表现最不好，老师只找她一个家长谈了话。可是，她还是告诉自己的儿子："老师表扬你了，说宝宝原来在座位上坐不了一分钟，现在能坐三分钟。其他的妈妈都非常羡慕你的妈妈，因为全班只有宝宝进步了。"儿子的眼睛顿时亮了起来。那天晚上，她儿子破天荒地吃了两碗米饭。

　　转眼，儿子上小学了。家长会上，老师说："全班有50名同学，这次数学考试，你儿子排第40名，在课上的反应也比较慢，跟不上大家的进度。课下你们家长要多帮帮他啊，不然他就要掉队了。"走出教室，她流下了眼泪。然而，当她回到家里，却对坐在桌前写作业的儿子平静地说："老师对你充满了信心。他说了，你并不是个笨孩子，只要能再细心些，就会超过你的同桌，这次你的同桌排在第21名。"说这话时，她发现儿子黯淡的眼神一下子充满了光亮，沮丧的脸也一下子舒展开来。她甚至发现，儿子温顺得让她吃惊，好像长大了许多。第二天早上，儿子早早从床上爬起来，自己喊着要去上学。这事以前从没发生过。

　　接着，孩子上了初中，又一次家长会。她坐在儿子的座位上，等着老师点儿子的名字。可这次却出乎她的预料，直到家长会结束，都没听到儿子的名字。她有些不习惯，临走时去问老师儿子最近的学习情况。老师告诉她："按您儿子现在的成绩，考普通中学应该没问题了。但要上特别好的高中可能很不容易。"听了这话，她高兴极了，心里暖洋洋的。当走出校门的时候，她发现儿子在等她，皱着眉头，似乎有些忧心忡忡。在回家的路上，她搂着儿子，心里有一种说不出的甜蜜，她告诉儿子："班主任对你非常满意，他说了，只要你再努力一点儿，很有希望考上好的高中。"儿子咬了咬嘴唇，用力地点了点头。

　　그녀는 유치원 선생님이 첫 번째 학부형 회의 때 그녀에게 했던 말을 기억한다. "학부형님의 아들이 자리에 3분도 못 앉아 있어요. 과잉활동증 아닐까요? 한 번 병원에 데리고 가보는 게 좋을 것 같아요." 집에 가는 길에, 아들이 엄마에게 선생님이 무슨 얘기를 했는지 물었다. 그녀는 좀 난처했고, 하마터면 눈물이 날 뻔했다. 왜냐하면, 반에 30명의 아이들이 있는데 그녀의 아들만 태도가 가장 안 좋다고, 선생님이 그녀만 찾아와서 학부형 면담을 했기 때문이다. 하지만 그녀는 아들에게 말했다. "선생님께서 널 칭찬해주셨단다. 우리 아들이 원래는 자리에 1분도 앉아있지 못하는데, 지금은 3분이나 앉아 있을 수 있다고 말이야. 다른 엄마들이 나를 무척이나 부러워하는구나. 왜냐하면 반에서 우리 아들만 발전했기 때문이야." 아들의 눈이 갑자기 빛나기 시작했다. 그날 저녁, 그녀의 아들은 이전과는 다르게 밥 두 그릇을 먹었다.

　　눈 깜짝할 사이에, 아들은 초등학교에 들어갔다. 학부형 회의에서 선생님이 말했다. "우리 반은 모두 50명의 학생이 있습니다. 이번 수학시험에서 아드님이 40등을 했네요. 수업 시간에 반응도 좀 느린 편이고, 진도를 못 따라 옵니다. 방과 후에 학부형께서 많이 도와주셔야 합니다. 그렇지 않으면 뒤처질 겁니다." 교실을 나서며 그녀는 눈물을 흘렸다. 하지만, 그녀가 집에 돌아간 뒤, 책상에 앉아서 숙제하고 있는 아들에게 오히려 조용히 얘기했다. "선생님이 너는 자신감이 매우 충만한 아이라더구나. 너는 결코 부족한 아이도 아니고 말이야. 그저 조금만 더 세심하면 네 짝꿍을 넘어설 수 있을 거라. 이번에 네 짝꿍이 21등을 했다는구나." 이 말을 했을 때, 아들의 어두웠던 눈빛이 갑자기 빛나고, 풀이 죽어있던 얼굴이 갑자기 편안해지는 것을 보았다. 그녀는 심지어 아들의 온순함에 놀랐고, 마치 많이 자란 것 같았다. 이튿날 아침, 아들은 일찍 일어나서 스스로 등교해야 한다고 외쳤다. 이런 일은 전에 없었다.

　　뒤이어, 아이는 중학생이 되었고, 또 학부형 회의가 있었다. 그녀는 아들의 자리에 앉아서 선생님이 아들의 이름을 부르길 기다렸다. 하지만 이번에는 오히려 그녀의 예상을 빗나갔다. 학부형회가 끝날때 까지, 아들의 이름은 한 번도 들리지 않았다. 그녀는 익숙하지 않아, 돌아가기 전 선생님에게 아들의 최근 학습 상황을 물어보았다. 선생님은 그녀에게 "지금 어머님 아들의 성적으로 보통 고등학교에 시험보는 것은 전혀 문제가 없습니다. 하지만 상위권 고등학교에 진학하기에 쉽지 않습니다."라고 말했다. 이 이야기를 듣고, 그녀는 너무 기쁘고 마음이 따뜻해졌다. 교문을 나설 때, 그녀는 아들이 기다리는 것을 보았고 양미간을 찌푸린 것이, 약간 근심 걱정에 쌓인 듯했다. 집에 돌아오는 길에, 그녀는 아들을 껴안으니 기분이 말할 수 없을 정도로 좋아졌다. 그녀는 아들에게 말했다. "담임 선생님이 널 아주 마음에 들어 하시더구나, 선생님이 네가 조금 더 노력하면 좋은 고등학교에 진학할 희망이 있다고 하셨어." 아들은 입술을 깨물며, 힘을 내어 고개를 끄덕였다.

　　시간이 흘러 고등학교를 졸업했다. 첫 대학합격 통지서가 왔을 때, 학교에서 아들에게 학교를 한 번 다녀가게 했다. 그

很快，高中毕业了。第一批大学录取通知书寄来时，学校叫儿子去学校一趟。她有一种预感，儿子被重点大学录取了。因为在儿子填写报名志愿时，她跟儿子说过，相信他能考上重点大学。儿子从学校回来，把一封印有"清华大学招生办公室"字样的特快专递递到她手上，突然，他转身跑到自己的房间里大哭起来，儿子边哭边说："妈妈，我知道我不是个聪明的孩子，可是，这个世界上只有您能欣赏我……"

听了这话，她悲喜交加，再也控制不住十几年来累积在心中的泪水，任它流下，打在手中沉甸甸的信封上……

녀는 아들이 주요대학에 입학했다는 것을 예감했다. 왜냐하면 아들이 등록 지원서를 쓸 때, 주요대학에 붙을 수 있다는 것을 믿으라고 아들에게 이야기했기 때문이다. 아들이 학교에서 돌아와서 '칭화대학 학생 모집 사무실'이 인쇄된 특급우편을 그녀의 손에 건네주었다. 갑자기 그는 몸을 돌려 자신의 방으로 뛰어들어가 큰 소리로 울기 시작했다. 아들은 울면서 말했다. "엄마, 전 제가 똑똑한 아이가 아니라는 걸 알아요. 하지만 세상에서 엄마만이 저를 믿어주었기 때문에…"

이 말을 듣고, 그녀는 희비가 교차했고, 십 수년 동안 쌓아 왔던 마음 속의 눈물을 더 이상 참을 수가 없었다. 흐르는 눈물이 손에 쥐어진 묵직한 편지 위로 하염없이 흘러내렸다…

필수 어휘

破天荒 pòtiānhuāng 이전에 아무도 하지 못한 일을 처음으로 해내다(파천황을 비유함) | **掉队** diàoduì 图 뒤떨어지다, 낙오하다 | **黯淡** àndàn 图 어둡다, 선명하지 않다 | **沮丧** jǔsàng 图 기가 꺾이다, 실망하다 | **暖洋洋** nuǎnyángyáng 图 따뜻하고 훈훈하다, 따사롭다 | **皱着眉头** zhòuzhe méitóu 양미간을 찌푸리다 | **忧心忡忡** yōuxīn chōngchōng 근심 걱정에 싸이다 | **悲喜交加** bēixǐ jiāojiā 희비가 교차하다 | **沉甸甸** chéndiāndiān 图 아주 무겁다, 묵직하다

모범요약문

(총438자)

　　　　　　母亲的爱
　　儿子上幼儿园时，老师建议她带儿子去医院看看，因为儿子在座位上连三分钟都坐不了。这让她感到难过，但她并没批评儿子。而是告诉儿子，老师表扬他进步了，现在能在座位上坐三分钟了。儿子听了很高兴。
　　儿子的小学老师在家长会上告诉她，儿子数学考试排名40，需要她帮助才能跟上大家的进度。她回家跟儿子却说，老师说了儿子再细心些，就会超过他的同桌。儿子听了后，变得很懂事，第二天就主动喊着去上学。
　　儿子初中的家长会上，她没再被老师点名，不过她还是去问了问老师儿子的情况。老师说儿子考个普通中学没问题，如果想上特别好的高中可能够呛。她走出学校时，看到儿子在等她。她告诉儿子说老师对他很满意，只要他再努力一点，就能考上好高中。儿子点了点头。
　　很快，儿子高中毕业了。她有预感儿子能考上重点大学，终于，当儿子把清华大学的通知书递给了她。儿子哭着说，"妈妈，我并不聪明，可只有您一直鼓励我、欣赏我。"听了这话，她也留下了在心里积累了十几年的眼泪。

해석 엄마의 사랑

　　아들이 유치원에 다닐 때, 선생님이 그녀에게 아이가 자리에 3분도 못 앉아있으니 병원에 데려가 보라고 했다. 이 일은 그녀를 매우 힘들게 했지만, 그녀는 아들을 꾸짖지 않았다. 그리고 아들에게 선생님께서 지금은 자리에 3분이나 앉을 수 있게 발전했다는 것을 칭찬했다고 했다. 아들은 듣고 좋아했다.
　　아들의 초등학교 선생님이 학부형 회의에서 그녀를 불러, 아들이 수학시험에서 40등을 했으니, 진도에 따라갈 수 있게 도움이 필요하다고 했다. 그녀는 집에 돌아가 아들에게 오히려, 선생님께서 너가 좀 더 세심하게 하면 짝꿍을 넘어설 수 있다고 말했다고 했다. 아들은 이야기를 듣고는 철이 들었고, 이튿날 스스로 학교에 가겠다고 말했다.
　　아들의 중학교 학부형 회의에서, 그녀는 선생님의 부름을 받지 않았다. 그러나 그녀는 선생님을 찾아가 아들의 상황을 물어봤다. 선생님은 아들은 보통 고등학교에 시험 보는 것은 문제가 없지만, 만약 상위권 고등학교에 진학하고 싶다면 좀 힘들다고 말했다. 그녀는 학교를 나설 때, 그녀를 기다리고 있는 아들을 보았다. 그녀는 아들에게 선생님이 아들을 몹시 마음에 들어 하니, 조금만 더 노력하면 좋은 고등학교에 갈 수 있다고 말했다. 아들은 고개를 끄덕였다.
　　시간이 흐른 뒤, 아들은 고등학교를 졸업하였다. 그녀는 아들이 주요대학에 입학할 수 있다고 예감하고 있었다. 드디어, 아들이 칭화대학교 통지서를 그녀에게 건네주었다. 아들이 울면서 "엄마, 저는 똑똑한 아이가 아니에요. 하지만 엄마가 계속 저를 격려해주시고, 믿어주셨기 때문이에요."라고 말했다. 이 말을 듣고, 그녀도 마음속에 십수년 동안 쌓아왔던 눈물을 흘렸다.

10

　　飞往上海的飞机马上就要起飞了。有一位乘客按响服务铃，要求空姐给他倒一杯水吃药。空姐非常有礼貌地说："先生，飞机正在起飞过程中，为了您的安全，请稍等片刻，等飞机进入平稳飞行后，我会立刻把水给您送过来，可以吗？"
　　15分钟后，飞机早已进入了平稳飞行状态。突然，乘客服务铃急促地响了起来，空姐马上意识到：坏了，刚才因为有太多事情，她忘记给那位乘客倒水了！当空姐来到客舱，看见按响服务铃的人果然是刚才那位乘客。她小心翼翼地把水送到那位乘客跟前，面带微笑地说："先生，实在对不起，由于我的疏忽，延误了您吃药的时间，我感到非常抱歉。"这位乘客抬起左手，指着手表非常生气地说道："怎么回事，有你这样服务的吗？我都等了一刻钟了，难道飞机还在起飞吗？没有水，我怎么吃药啊！"空姐手里端着一杯温水，心里感到一点点委屈，可是，毕竟是她自己疏忽了。她仍然微笑着对客人抱歉，但不管她怎么解释，这位挑剔的乘客都没办法原谅她的疏忽。
　　在接下来的飞行旅途中，为了弥补自己刚才的过失，每次去客舱给乘客们服务的时候，空姐都会特意走到那位乘客面前，面带微笑地询问他是否需要水，或者他需要其他的什么帮助。然而，那位乘客余怒未消，摆出一副很不合作的样子，对她说话依然很不客气。

　　상하이로 향하는 비행기가 곧 이륙을 앞두고 있었다. 한 승객이 스튜어디스에게 약 먹을 물 한 컵만 달라는 서비스 벨을 울렸다. 스튜어디스는 굉장히 예의 바르게 "손님, 비행기가 곧 이륙하니 안전을 위해 잠시만 기다려 주십시오. 비행이 안정되면 즉시 물을 갖다 드리겠습니다. 괜찮겠습니까?"라고 말했다.
　　15분 후, 비행기는 이미 비행이 안정된 상태였다. 갑자기 승객 서비스 벨이 다급하게 울리자, 스튜어디스는 바로 깨달았다. 망했다, 좀 전까지 일이 너무 많았기에 그 승객에게 물을 갖다 주는 것을 깜박한 것이었다! 스튜어디스가 선실에 도착했을 때, 서비스 벨을 누른 사람이 역시 조금 전 그 승객임을 보았다. 그녀는 조심스레 물을 그 손님 앞에 내밀고는 웃음 띤 얼굴로 "손님, 정말 죄송합니다. 제 실수로 약 드시는 시간을 놓치셨네요. 매우 죄송합니다."라고 말했다. 이 승객은 왼손을 들어 시계를 가리키며 매우 화를 내며 "어떻게 된 일입니까, 당신은 이렇게 서비스합니까? 15분이나 기다렸는데, 설마 비행기가 아직도 이륙 중이랍니까? 물 없이 어떻게 약을 먹으라고!"라고 말했다. 스튜어디스는 손에 따뜻한 물을 든 채, 약간의 억울함을 느꼈으나, 어찌 됐건 자신의 부주의함 때문이었다. 그녀는 여전히 웃으며 승객에게 미안하다고 했지만, 그녀가 어떻게 설명하든지 간에 이 까다로운 승객은 그녀의 실수를 용서하지 않았다.
　　계속되는 비행 여정 속에서 자신의 조금 전 과실을 보충하기 위해 매번 선실로 가서 승객에게 서비스를 제공할 때, 스튜어디스는 특별히 그 승객 앞으로 가서 웃음 띤 얼굴로 물이 필요한 건 아닌지 또는 다른 도움이 필요한 것은 아닌지 물었다. 하지만 그 승객은 화가 가라앉지 않아 비협조적인 태도를 보이며, 그녀에게 계속 무례하게 대했다.
　　비행기가 상하이에 거의 도착하기 전, 그 승객은 다시 서비스 벨을 눌러 스튜어디스에게 고객 방명록을 가져다 달라고 했다. 누가 봐도 그는 분명히 메시지를 남겨 그 스튜어디스에게 컴플레인을 걸려는 것이었다. 이때, 비록 스튜어디스는 마

在飞机快到达上海以前，那位乘客再次按响了服务铃，他要求空姐把乘客留言本拿给他。谁都看得出来，他明显地就是要留言投诉这名空姐。这个时候，虽然空姐心里感到很委屈，但她仍然没有丢掉自己的职业道德，她非常有礼貌而且面带微笑地跟那位乘客说道："先生，请允许我再次向您表示真诚的歉意，无论你提出什么意见，我都会欣然接受您的批评！"那位乘客皱了一下眉毛，嘴巴张开准备说什么，可是却又停住，什么也没说。他接过留言本，开始在本子上写了起来。

飞机终于安全降落到了上海虹桥机场，当所有的乘客陆续离开了。空姐本以为这下完了，她怀着忐忑不安的心情慢慢打开了留言本，不料却惊奇地发现，那位乘客最后在本子上写下的并不是一封投诉信，相反地，这是一封热情洋溢的表扬信。

是什么使得这位挑剔的乘客最终没有投诉空姐呢？在信中，空姐读到这样一句话："虽然在起飞后，您出现了失误，但是您表现出了真诚的歉意，特别是你的十二次微笑，深深地打动了我，使我最终决定将这封投诉信写成表扬信！你的服务质量很高，微笑也很美丽。很幸运你们能提供这么好的服务，如果下次有机会的话，我还是会选择乘坐你们的这趟航班！"

음속으로 억울함을 느꼈지만, 그녀는 그래도 자신의 직업정신을 잃지 않고 예의 바르게 웃음 띤 얼굴로 그 승객에게 "손님, 다시 한 번 진심으로 사과의 뜻을 전합니다. 어떤 의견을 말씀하시든 저는 흔쾌히 손님의 지적을 받아들이겠습니다."라고 말했다. 그 승객은 눈썹을 찌푸리고는 무언가 말을 할 준비를 했으나 멈추고는 아무 말도 하지 않았다. 그는 방명록을 받아서 쓰기 시작했다.

비행기는 안전하게 상하이 훙차오 공항에 착륙했다. 모든 승객이 떠났다. 스튜어디스는 이제 큰일 났다고 생각하고는 불안한 마음으로 천천히 방명록을 펼쳤는데, 뜻밖에도 놀라운 것을 발견했다. 그 승객이 마지막으로 방명록에 남긴 것은 불편 신고가 결코 아니라, 반대로 따뜻함이 넘쳐나는 칭찬이었다.

무엇 때문에 그 까다로운 승객이 결국 스튜어디스에게 컴플레인을 걸지 않게 되었을까? 방명록에서 스튜어디스는 이런 글을 읽었다. "비록 이륙한 후, 실수를 저질렀지만, 진심으로 미안함을 표했고, 특히 열두 번의 미소에 깊이 감동 받아 나는 마지막에 이 불편 신고를 칭찬 신고로 쓰기로 결정했습니다! 당신의 서비스 태도는 훌륭하며, 미소도 매우 아름답습니다. 이렇게 멋진 서비스를 받게 되어 행운이었습니다. 만약 다음에 기회가 되면, 나는 또 이 항공을 이용할 것입니다!"

필수 어휘 急促 jícù [형] 촉박하다. 다급하다 | 小心翼翼 xiǎoxīn yìyì [성] 거동이 신중하고 소홀함이 없다. 매우 조심스럽다 | 疏忽 shūhu [형] 부주의 하다 | 실수 | 挑剔 tiāotī [형] 가리는 것이 많다. 까다롭다 | 忐忑 tǎntè [형] 마음이 불안하다. 안절부절 못하다 | 洋溢 yángyì [동] 충만하다

모범요약문

(총483자)

								微	笑										
		飞	机	马	上	就	要	起	飞	了	，	一	位	乘	客	让	空	姐	给
他	倒	一	杯	水	吃	药	。	为	了	乘	客	的	安	全	，	空	姐	告	诉
乘	客	，	等	飞	机	进	入	平	稳	飞	行	后	，	就	会	立	刻	给	他
水	。																		
		15	分	钟	后	，	飞	机	早	就	进	入	了	平	稳	飞	行	状	态。
乘	客	服	务	铃	响	了	，	空	姐	突	然	想	起	，	她	忘	记	给	那
位	乘	客	倒	水	了	。	她	赶	忙	把	水	端	给	那	位	乘	客	，	并
表	示	道	歉	。	可	乘	客	对	她	的	疏	忽	非	常	生	气	，	不	管
她	怎	么	解	释	，	都	不	原	谅	她	。	后	来	，	空	姐	每	次	去
客	舱	服	务	时	，	都	要	格	外	照	顾	一	下	那	位	乘	客	，	微

笑	着	问	他	是	否	需	要	水	或	其	他	服	务	。	可	那	位	乘	客
对	她	仍	不	太	客	气	。												
		飞	机	快	到	上	海	的	时	候	，	那	位	乘	客	让	空	姐	把
乘	客	留	言	本	给	他	。	很	明	显	，	他	肯	定	是	要	留	言	投
诉	这	名	空	姐	。	虽	然	空	姐	心	里	感	到	有	点	委	屈	，	但
她	仍	然	很	有	礼	貌	、	面	带	微	笑	地	向	他	道	歉	，	接	受
他	的	批	评	。															
		飞	机	落	地	后	，	所	有	的	乘	客	离	开	了	，	空	姐	慢
慢	地	打	开	了	留	言	本	，	本	来	以	为	那	位	乘	客	写	的	肯
定	是	封	投	诉	信	，	没	想	到	，	他	写	的	居	然	是	表	扬	信	。
		在	信	中	，	乘	客	告	诉	空	姐	，	虽	然	她	出	现	了	失
误	，	但	她	真	诚	地	道	歉	和	12	次	微	笑	，	感	动	了	他	，
因	为	她	的	服	务	，	如	果	有	机	会	，	乘	客	还	会	坐	这	个
航	班	。																	

해석 미소

비행기가 곧 이륙을 앞두고 있는데, 한 승객이 스튜어디스에게 약 먹을 물 한 컵을 달라고 부탁했다. 승객의 안전을 위해, 스튜어디스는 승객에게 비행이 안정되면 바로 물을 갖다 드리겠다고 했다.

15분 후, 비행기는 이미 비행이 안정된 상태였다. 승객 서비스 벨이 울리자, 스튜어디스는 갑자기 그 승객에게 물을 갖다 주는 것을 깜박한 것이 생각났다. 그녀는 급히 물을 그 손님에게 가져다주며 사과를 했다. 하지만 승객은 그녀의 실수에 몹시 화가 나서는 그녀가 어떻게 설명하든 상관하지 않고 그녀를 용서하지 않았다. 그 후, 스튜어디스는 매번 선실로 가서 서비스할 때마다 특별히 그 승객에게 신경을 써서 미소를 지으며 물이나 다른 서비스가 필요하지 않은지 물었다. 하지만 그 승객은 여전히 그녀에게 무례했다.

비행기가 거의 상하이에 도착할 무렵, 그 승객은 스튜어디스에게 고객 방명록을 가져다 달라고 했다. 분명히, 그는 메시지를 남겨 그 스튜어디스에게 컴플레인을 걸려고 하는 것이었다. 비록 스튜어디스는 좀 억울했지만, 여전히 예의 바르게 웃음 띤 얼굴로 그에게 사과하며 그의 지적을 받아들였다.

비행기가 착륙하고 모든 승객이 다 떠났고, 스튜어디스는 천천히 방명록을 펼쳤다. 본래 그 승객이 남긴 글은 분명히 불편 신고일 것으로 생각했었는데, 뜻밖에도 그가 쓴 것은 칭찬이었다.

방명록에서 승객은 스튜어디스에게 비록 그녀가 실수를 했지만, 진심 어린 사과와 열두 번의 미소에 감동받았으며, 그녀의 서비스 때문에 만약 기회가 되면, 승객은 다시 이 항공을 이용할 것이라고 했다.

新HSK 6급 쓰기 원고지

100

200

300

400

500

※ 잘라내어 필요한 만큼 복사하여 사용하세요!

新HSK 6급 쓰기 합격에서 고득점까지!

★ 기출문제를 바탕으로 출제율 높은 문제유형을 철저하게 분석!
★ 한눈에 쏙쏙 들어오고 단번에 콕콕 기억되는 단계별 문제 풀이 접근법!
★ 충분한 트레이닝을 위한 단원별 TEST는 물론, 10회분에 달하는 실전 문제 수록!
★ 필수 어법과 원고지 작성법 및 문장부호에 대한 부록!
★ 상세한 단어 해석과 문제 풀이의 흐름까지 일목요연하게 보여주는 알짜배기 해설!

동양북스 분야별 추천 교재

관광

중국어뱅크
관광 중국어 1

중국어뱅크
관광 중국어 2

중국어뱅크
의료관광 중국어

실무

중국어뱅크
판매 중국어

중국어뱅크
호텔 중국어

중국어뱅크
항공 서비스 중국어

중국어뱅크
비즈니스 실무
중국어 (초·중급)

중국어뱅크
비즈니스 실무
중국어 (중·고급)

어법

버전업!
삼위일체 중문법

똑똑한 중국어
문법책

중국어 문법·
작문 업그레이드

北京大学
중국어 어법의 모든 것

한자·어휘

중국어뱅크
중국어 간체자

중국어뱅크
중국어 간체자
1000

가장 쉬운
독학 중국어 단어장

新 버전업
중국어 한자 암기박사

문화

중국어뱅크
버전업 사진으로
보고 배우는
중국문화

중국어뱅크
시사 따라잡는 독해
중국 읽기

동양북스 단계별 추천 교재 시리즈

	한어구어		스마트 중국어(회화)	베이직 중국어
입문과정	 중국어뱅크 북경대학 한어구어 1	 중국어뱅크 북경대학 12과로 끝내는 한어구어 上	 중국어뱅크 스마트 중국어 STEP 1	 중국어뱅크 베이직 중국어 1
초급과정	 중국어뱅크 북경대학 한어구어 2	 중국어뱅크 북경대학 12과로 끝내는 한어구어 下	 중국어뱅크 스마트 중국어 STEP 2	 중국어뱅크 베이직 중국어 2
초중급과정	 중국어뱅크 북경대학 한어구어 3	 중국어뱅크 북경대학 한어구어 4	 중국어뱅크 스마트 중국어 STEP 3	 중국어뱅크 베이직 중국어 3
중고급과정	 중국어뱅크 북경대학 한어구어 5	 중국어뱅크 북경대학한어구어 6	 중국어뱅크 스마트 중국어 STEP 4	

드림 중국어	실력업 중국어	교양 중국어		

중국어뱅크 DREAM 중국어 회화 1	중국어뱅크 실력UP 1 (스피드 중국어 STEP 1 개정판)	중국어뱅크 비주얼 중국어 회화 1	중국어뱅크 THE 중국어 1	중국어뱅크 NEW스타일 중국어 1
			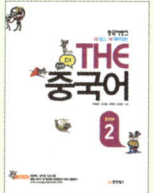	
중국어뱅크 DREAM 중국어 회화 2	중국어뱅크 실력UP 2 (스피드 중국어 STEP 2 개정판)	중국어뱅크 비주얼 중국어 회화 2	중국어뱅크 THE 중국어 2	중국어뱅크 NEW 스타일 중국어 2

심화 과정

			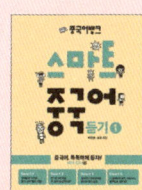	
중국어뱅크 DREAM 중국어 회화 3	중국어뱅크 실력UP 3 (스피드 중국어 STEP 3 개정판)	중국어뱅크 스마트 중국어 독해 STEP 1	중국어뱅크 스마트 중국어 듣기 1	중국어뱅크 스마트 중국어 작문 1
			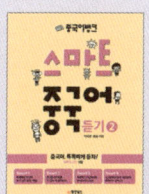	
중국어뱅크 DREAM 중국어 회화 4	중국어뱅크 스피드 중국어 회화 중급 독해편	중국어뱅크 스마트 중국어 독해 STEP 2	중국어뱅크 스마트 중국어 듣기 2	중국어뱅크 스마트 중국어 작문 2

동양북스 단계별 추천 수험서 시리즈

新HSK 모의고사

북경대 新HSK
실전 모의고사 6급 / 5급 / 4급 / 3급 / 2급

북경대학 新HSK
THE 모의고사 6급 / 5급 / 4급

중국어뱅크 新HSK 이거 하나면 끝!
실전 모의고사 6급 / 5급 / 4급 / 3급

중국어뱅크 新HSK
기출 적중문제집 6급 / 5급 / 4급

新HSK 종합서

버전업! 新HSK
한 권이면 끝 6급 / 5급 / 4급 / 3급

新HSK 어휘

新HSK VOCA 5000
6급 / 5급

버전업! 新HSK
VOCA 2500 6급 / 5급

新HSK 회화

新HSK 한권이면 끝
고급 회화

新HSK 한권이면 끝
중급 회화

新HSK 한권이면 끝
초급 회화

新HSK 영역별

新HSK 합격 쓰기
6급 / 5급

북경대 新HSK
듣기·독해 공략 6급

BCT / TSC

新BCT 실전 모의고사 A형 / B형

TSC 한 권이면 끝

TSC VOCA